Memorias
de la casa muerta

❖

Fedor Dostoievski

EMU *editores mexicanos unidos, s. a.*

Grandes de la Literatura

Записки из Мёртвого дома
Traductor: Joaquín Torres Rodríguez

D. R. © Editores Mexicanos Unidos, S. A.
Luis González Obregón 5, Col. Centro.
Cuauhtémoc, 06020, D. F.
Tels. 55 21 88 70 al 74
Fax: 55 12 85 16
editmusa@prodigy.net.mx
www.editmusa.com.mx

Coordinación editorial y diseño de portada: Mabel Laclau Miró
Portada, formación y corrección: Equipo de producción de
Editores Mexicanos Unidos, S. A.

Miembro de la Cámara Nacional
de la Industria Editorial. Reg. Núm. 115.

Edición 2017

ISBN (título)   978-607-14-1755-8
ISBN (colección)   978-968-15-1294-1

ISBN 978-607-14-1755-8

9 786071 417558

Impreso en México
Printed in Mexico

ÍNDICE

❖

PRÓLOGO

❖

Acusado de crímenes contra la seguridad del Estado, Fedor Dostoievski fue condenado a muerte por el gobierno del zar Nicolás I el 23 de abril de 1849. En su juventud el gran escritor ruso se había sentido atraído por las ideas del socialismo utópico de Charles Fourier y eso llevó al "mejor conocedor del alma humana de todos los tiempos", según opinión de Stefan Zweig, a unirse al llamado círculo Petrashevski, grupo de intelectuales que se reunía para leer y comentar textos de la actualidad rusa desde una posición crítica hacia la política zarista.

Después de meses de aislamiento, a sus veintiocho años, Dostoievski fue trasladado con otros veinticinco detenidos que como él serían ejecutados. Ya frente al pelotón de fusilamiento, con los ojos vendados y esperando el disparo final, llegó el perdón del zar, que les conmutaba la pena y se las cambiaba por la de trabajos forzados en la cárcel de Omsk, Siberia.

Memorias de la casa muerta recoge las experiencias vividas en la prisión de Omsk y fueron publicadas por primera vez entre 1861 y 1862, en la revista *Tiempo* que Fedor Dostoievski fundó con su hermano Mijaíl. La soledad entre muchos, el frío que parte los huesos, los duros trabajos forzados, la convivencia con criminales, descrita con la humanidad característica del escritor, y la vida compartida en las peores condiciones circulan por sus páginas.

Abundan las reflexiones sobre la psicología criminal, tema que será constante en la obra de Dostoievski y alcanzará la cumbre en su novela Crimen y castigo, así como la idea del sufrimiento como liberación y salvación espiritual, idea que también acompañará su escritura y su vida.

Memorias de la casa muerta habla del primer año de prisión de Dostoievski. El argumento cuenta el caso del noble Aleksandr Petróvich Goriánchicov, llevado a Siberia por matar a su mujer durante el primer año de matrimonio. Dostoievski se inventa un doble para hablar de lo que le pasa a él —tan ajeno a los habitantes del lugar como un noble por su carácter de intelectual—, y también lo hace para evitar las represalias que podrían caer sobre su cabeza, considerados sus juicios negativos sobre la prisión de Omsk. La soledad del protagonista es abrumadora. Expulsado del trato con su gente, debe convivir con criminales y campesinos que tampoco lo reconocen como a un igual. Aleksandr Petróvich sigue siendo un noble para ellos, una persona muy distinta a las del pueblo, un extraño en quien no pueden confiar. Por el texto van y vienen granujas y abusadores de todo tipo, la ruindad abyecta de los delatores y la crueldad profesional de los guardias; pero también la inteligencia natural de la gente del pueblo, las fiestas de Navidad y la religiosidad primitiva de la estepa, los sueños de volver al mundo que dejaron, la casa, los amigos y la familia. La esperanza como último refugio de los indigentes, como el recurso que les queda para evitar el suicidio. "La única libertad para el hombre encarcelado está en los libros", la frase, dicha por el protagonista de la novela, no esconde la voz de Dostoievski.

Tres planteos integran el relato y crean el todo conmovedor de la novela. El primero son las reflexiones sobre el destino del narrador: el choque brutal del ingreso en la cárcel, los años de prisión que le aguardan, el doble aislamiento de haber sido privado de su título y sus derechos y ser rechazado por los presos. La amargura, magistralmente expresada, de los primeros meses en el helado mundo siberiano que será después, poco a poco, seguida por cierta aceptación de las penurias atravesadas por el noble. La rutina atroz que, sin embargo, no logra destruirlo, le permite alcanzar un punto de equilibrio entre la resignación y la esperanza. Se trata de un hombre que está aprendiendo a vivir de nuevo. El segundo planteo se refiere a las condiciones de la vida en Omsk. El ambiente pestífero de los barracones donde los presos duermen hacinados, la suciedad omnipresente, la compañía constante de insectos, arañas y ratas, los ominosos grilletes, la excesiva dureza del personal carcelario y los castigos físicos… Todo acentúa la idea de que en la prisión los hombres dejan de ser hombres para ser únicamente criminales. Subhumanos a los que constantemente se les recuerda que han sido expulsados de la sociedad. Finalmente, las Memorias ofrecen una rica galería de personajes. El ojo inquisidor de Dostoievski, determinado a encontrar siempre al hombre detrás del criminal, descubre fondos de humanidad en la peor escoria carcelaria. Desgraciados que han matado a otro ser para quitarle una cebolla, rebeldes que han derramado sangre para defender su libertad, desesperados que han recurrido a la violencia para cortar una cadena de abusos intolerable, muchos que cayeron en el crimen borrachos, vencidos por el demonio del alcohol y que no saben por qué ni a quién han matado... con esos individuos debía convivir, día tras día, Aleksandr Petróvich... de ellos hablaba el escritor que había resuelto regalarles otra vida. Dostoievski ya era un cristiano convencido al escribir este libro. La lectura constante de la Biblia, y quizá también la epifanía de encontrar en el pueblo bajo los valores que su alma buscaba sin haber hallado en personas de mejores condiciones, le habían mostrado el fin de una tierra baldía y el comienzo de un camino. El nihilismo y el socialismo a los que se arrimara en sus años jóvenes, ya no tenían nada que ofrecerle. Recordaba a quienes fueron sus compañeros en el círculo Petrashevski y pensaba que no conocían al pueblo ruso, no habían compartido su pan ni sus penurias y se empeñaban en confundir el alma eslava con ideas europeas, que aunque resultaban atractivas y novedosas hablaban de una realidad distinta. Pacifista y tradicionalista, fiel seguidor del cristianismo ortodoxo ruso, Dostoievski parecía haber usado los cinco años de su cautiverio para preparar dos empresas: armar en su cabeza lo que serían las *Memorias de la casa muerta* y encontrarse a sí mismo. Todavía no estaba listo para convertirse en uno de los gigantes de la literatura rusa y universal, pero —repetimos— ya estaba en el camino.

UNA VIDA DIFÍCIL

Fedor Dostoievski nació en Moscú, en 1821, en el hospital para gente pobre donde su padre trabajaba como médico, quien era un hombre despótico y brutal, que tanto maltrataba a la familia como a sus subordinados, y eso llevó a Fedor a refugiarse en la protección y el cariño de su madre, dulce mujer que murió prematuramente, cuando el futuro escritor tenía dieciséis años.

Menos tardaron las primeras flores en marchitarse en la tumba de la madre que el padre en desprenderse de sus dos hijos, Fedor y Mijaíl, internándolos en una escuela de ingenieros. A los dieciocho años Fedor padeció una gran conmoción al enterarse de la muerte del padre, quien fue torturado y asesinado por un furioso grupo de campesinos que lo obligó a beber vodka hasta morir. Sigmund Freud ha dicho que Dostoievski sintió ese crimen como suyo, y que se sintió culpable por haberlo deseado inconscientemente.

A los veinte años Dostoievski terminó sus estudios y radicó en San Petersburgo, donde ganó sus primeros rublos haciendo traducciones. Allí conoció a Balzac, en 1844, cuando el escritor francés estuvo de visita en la ciudad. Para pagar una deuda, Dostoievski decidió traducir Eugenia Grandet, y ese hecho marcó el nacimiento de su vocación literaria. El primer fruto de su pluma fue la novela epistolar *Pobres gentes,* publicada en 1846, que le dio una fama inicial ruidosa, que muy pronto se demostró efímera, al publicar otros textos: *El doble, Noches blancas, Niétochka Nezvánova,* prácticamente sin repercusión.

Luego de su paso por la prisión siberiana de Omsk, y de otros cinco años en los que estuvo destinado por la fuerza en un cuerpo de tiradores del ejército ruso en Kazajistán, servicio del que más tarde también fue amnistiado por su epilepsia, Dostoievski se casó con María Dmitrievna Isáyeva, una viuda de escasos recursos, y tuvo que enfrentar la segunda parte de su condena, la prohibición de publicar cualquier texto y de residir en Moscú o San Petersburgo. Medida aproximada a un destierro, con la que se le apartaba de la actividad literaria y de los centros urbanos de mayor efervescencia política. Residió un tiempo en la pequeña ciudad de Tver, escribiendo sin cesar entre las diez de la noche y las seis de la mañana, durmiendo hasta la tarde, paseando después de comer y devorando los periódicos en un café, deteniéndose en las noticias criminales para buscar hechos que pudieran servir a sus escritos, hasta que las limitaciones a su trabajo de escritor y su lugar de residencia fueron levantadas y decidió regresar a San Petersburgo.

Sin amigos, sin ningún eco del éxito que le diera *Pobres gentes*, fundó con su hermano Mijaíl la revista literaria *Tiempo* y publicó en ella, con escaso éxito, su obra *Humillados y ofendidos* en 1861. Pero al año siguiente, con *Memorias de la casa muerta* retomó su popularidad, recuperando y aumentando el prestigio alcanzado por su primera novela. Vino después el enamoramiento y la borrascosa relación sentimental del escritor con Apollinaria Suslova, joven radical que con sus desplantes y desprecios le iba a *regalar*, quizá a terminar de infundir en su espíritu, proclive a atormentarse buscando la verdad, un sentimiento que ya le era conocido y que aparecerá con frecuencia en obras posteriores, el de la humillación como forma de purificación.

En 1864 Dostoievski publicó las *Memorias del subsuelo*, texto al que el crítico literario Walter Kaufmann considerara "La mejor obertura para el existencialismo", novela en la que Dostoievski trabajó en profundidad la idea del doble. Los personajes dialogan consigo mismos, escrutan la realidad de sus propios motivos… "¿Por qué habré hecho yo esto?... ¿Qué será lo que siento?…", se preguntan en diálogos que a veces invocan la fatalidad, como si estuvieran atados a un determinismo inevitable, y que a menudo se convierten en desdoblamientos de la personalidad a través de los cuales el autor analiza palabras y conductas para desentrañar las contradicciones y complejidades de los seres humanos. En ese mismo año Fedor Dostoievski sufrió la muerte de su esposa y de su hermano mayor, Mijaíl. Escrupulosamente atado a sus obligaciones familiares, asumió la responsabilidad de cuidar de la esposa y los cuatro hijos de su hermano, e igualmente se hizo cargo de las enormes deudas dejadas por su hermano. Algunos acreedores se presentaban a cobrar sin documentos que avalaran sus pretensiones, basándose únicamente en su palabra, y Dostoievski debía trabajar a marchas forzadas para seguir pagando deudas que no eran suyas y mantener a una familia que tampoco lo era. El escribir a diario para ganar el pan de mucha gente, y la tiranía de verse obligado a cumplir con los plazos en la entrega de los trabajos encargados, terminaron por crear las condiciones que lo llevarían a su segundo matrimonio. Obligado a escribir una novela en un tiempo muy breve, decidió contratar los servicios de la taquígrafa Anna Grigorievna Snitkina. El premio nobel de literatura J.M. Coetzee cuenta que al entrevistarla, Dostoievski la sometió primero a una prueba de dictado, de la que la mujer salió airosa, y le ofreció luego un cigarrillo que fue rechazado por Anna Grigorievna, siendo esta una segunda y definitiva prueba en la que el escritor buscaba asegurarse de que su futura colaboradora no fuera una mujer liberada que pudiera llegar a ser nihilista.

Ayudado por Anna Grigorievna, Dostoievski escribió y corrigió en un mes *El jugador,* inspirándose en su propia ludopatía, dolencia que lo acompañaba hasta parecerse a una segunda piel, tal vez a ese doble que tanto frecuentaba su escritura, y que lo llevaba a perder grandes sumas de dinero en el juego. Pese a nutrirse de sus experiencias como jugador, y tal vez por la velocidad con que la escribió, el resultado fue una obra ligera y divertida, ajustada al ritmo de la farsa cómica en el estilo de una comedia teatral.

El buen recibimiento de *El jugador* le permitió continuar con la escritura de *Crimen y castigo,* proyecto que había interrumpido para ocuparse de sus constantes obligaciones. Su capacidad de trabajo, más la eficacia de su nueva ayudante, le ayudaron a terminar y publicar esa obra entre 1865 y 1866. *Crimen y castigo* sería la primera en la serie de grandes novelas que iban a consagrarlo como uno de los genios de su época. Y como era un hombre a quien le resultaba difícil vivir solo, tres meses después se casó con su taquígrafa. Él tenía cuarenta y cinco años y Anna veintiuno. Dadas las incesantes presiones de sus acreedores, Dostoievski propuso a Anna marcharse al extranjero y durante cuatro años el matrimonio vivió en Alemania, Suiza, Italia y después, de nuevo Alemania, en hoteles o apartamentos alquilados.

Fue ese un período de penurias sin tregua, en el que apenas disponían de lo suficiente para comer y dependían de los adelantos que les enviaba el editor. A veces Anna Grigorievna debía empeñar ropas y joyas para pagar las deudas contraídas por su marido, víctima de su pasión incontenible por el vertiginoso girar de una ruleta. Cuanto más conocía Europa, más reafirmaba el escritor sus convicciones de que el camino por el que debía marchar Rusia para encontrar su grandeza no se encontraba en el viejo continente, sino en la exaltación de los propios caracteres y cualidades del alma eslava. En esos años su mujer dio a luz dos niñas. La muerte de la primera a los tres meses de vida, mientras Dostoievski preparaba la publicación de *El idiota* en la revista *Mundo Ruso,* destrozó a sus padres, pero el dolor compartido los volvió más cercanos El gran apoyo de Anna a su marido se demostró en todas las circunstancias, especialmente en la naturalidad y buen humor con que se ocupaba de cuidarlo en sus crisis de epilepsia, vieja enfermedad con la que el escritor libraba batallas incesantes. De regreso de ellas solía tener accesos de mal humor y rabia que su esposa se acostumbró a soportar y calmar. Dostoievski protestaba en Florencia porque sus habitantes cantaban en las calles cuando él quería dormir; en Ginebra se quejaba de las casas suizas que no tenían doble cristal; criticaba a los alemanes; rechazaba Europa. Sufría. Por suerte para él, Anna lo cuidaba.

De a poco fue creciendo en él una actitud nueva hacia su mujer, de mayor respeto por sus opiniones, hasta llegar a darle participación en su escritura. Sobre *El idiota,* su esposa ha contado que Dostoievski afirmaba que jamás había tenido una idea más poética y más rica, pero que no había sido capaz de expresar ni la décima parte de lo que quería decir. Víctima de su demonio interior, seguía jugando y perdiendo dinero. Anna solía guardar una parte del presupuesto doméstico para las partidas de su marido. Él lo perdía todo, regresaba a casa asegurando que no la merecía, que ella era un ángel y el un cerdo, pero que además necesitaba más dinero. Con el éxito de *El idiota* en 1868 y la publicación de *Los demonios* en 1870,

Dostoievski alcanzó inmensa fama y pudo regresar a su país, donde fue recibido con entusiasmo. Convencido de tener un destino que cumplir como guía espiritual de su país y disfrutando de enorme popularidad, encaró la publicación de una obra en la que puso enormes expectativas, a la que tituló *Diario de un escritor*. En ella Dostoievski desempolva su pluma de periodista, actúa directamente sobre la experiencia cotidiana, es un educador, un cronista del alma rusa y un apóstol para el cual todo lo político y social comienza y termina en la religión, en el modo en que hombres y mujeres se relacionan con su creador. Sus ideas, que consideraba ligadas al futuro de Rusia, eran las de un cristiano ortodoxo y un eslavófilo moderado que proponía la continuidad de las tradiciones rusas como la mejor vía para la superación nacional.

Aunque había aceptado algunas ideas conservadoras reconocía verdades del feminismo y escribió "Todavía podemos esperar mucho de la mujer rusa". Las desigualdades sociales lo habían preocupado siempre pero su rechazo al socialismo y el nihilismo lo llevaban a enfocarlas desde un cristianismo ascético. Dijo sobre ellas: "Al considerar la libertad como el aumento de necesidades y su pronta saturación, se altera su sentido… la consecuencia es un aluvión de deseos insensatos, ilusorios y costumbres absurdas". Infatigable creador, en 1870 publicó *El eterno marido,* una de sus obras más características y conocidas, cuyo tema es la crisis existencial de un hombre de cincuenta años que debe enfrentar el oprobio de admitir que ha sido siempre engañado por su mujer, al punto de que ni siquiera su hija es de verdad suya, y que agranda la galería de personajes humillados y ofendidos creados por su genio.

La apocalíptica novela *Los demonios,* especie de *Crimen y castigo* colectivo, donde el crimen abarca todo el espectro social a través de los mecanismos perversos de una revolución enloquecida, lo llenó de gloria, disipó cualquier duda que pudiera existir sobre su talento y más que nunca consagró la autoridad y el peso de su palabra en Rusia. Y aunque su obra siguiente, *El adolescente,* caso de un hijo natural que conduce al lector a la cuestión de la disolución de la familia rusa, no tuvo repercusiones importantes, Dostoievski ya estaba instalado en su tierra como un profeta del presente. La desgracia, sin embargo, se empeñaba en golpearlo. Su hijo Alexey nació en 1875 y murió al poco tiempo, como si la vida le exigiera al artista del dolor que nunca dejara de serlo.

Los hermanos Karamazov está fechada en 1879, se publicó en noviembre de 1980, y para el autor y para muchos es su obra superior, la mejor de todas. Hablando de ella, Sigmund Freud ha dicho: "El capítulo 'El gran inquisidor' de *Los hermanos Karamazov* es una de las cumbres de la literatura universal". El tema central, omnipresente en la novela es, nada más y nada menos que la responsabilidad moral, asunto que ni Dostoievski ni nadie ha logrado resolver a satisfacción universal, pero que nadie ha planteado como lo hiciera el genio ruso, con tanta pasión, minuciosidad y universalidad.

De su salud ya precaria, acosada por la epilepsia y el asma, y de los problemas económicos derivados de su afición al juego y de las deudas de su hermano que seguía pagando, mientras Rusia iniciaba una modernización por la que marcharía sin descanso hacia la revolución bolchevique de 1917, Dostoievski se levantaba para cuestionar a la razón como fundamento valedero de una buena sociedad. "Era el único psicólogo del que se podía aprender algo, y conocerlo fue uno de los accidentes más felices de mi vida", dijo de él Friedrich Niezstche.

Murió en San Petersburgo el nueve de febrero de 1981. En su lápida puede leerse un versículo de San Juan, también usado como epígrafe en *Los hermanos Karamazov*: "En verdad, en verdad os digo que si el grano de trigo que cae en la tierra no muere, queda solo, pero si muere produce mucho fruto". Cerramos este prólogo con una anécdota que muestra el ir y venir del universo de Dostoievski. En la prisión siberiana de Omsk, donde el lector entrará para compartir las apasionantes *Memorias de la casa muerta*, el escritor conoció a tres hermanos chergueses que habían cometido un crimen obedeciendo las órdenes del mayor. Los tres se querían tiernamente y los mayores sentían una ternura paternal por el menor. Éste era pura inocencia y bondad. Era el hombre naturalmente bueno y Dostoievski veía en él a un niño. Si no eran los hermanos Karamazov, se les parecían mucho.

En la celda de una cárcel puede caber el mundo y en la historia de un hombre verse la de la humanidad entera. El libro que el lector tiene en sus manos es un pedazo del cielo y del infierno.

ROLO DIEZ, *prolífico escritor argentino con más de una docena de obras publicadas. Es reconocido por sus novelas de género negro y criminal.*

También ha publicado novela juvenil. Ha ganado importantes reconocimientos como el Premio Internacional Dashiell Hammett de Novela Negra (Gijón, España, 1995 y 2004), el Premio Nacional de Novela José Rubén Romero (México, 1999), el Premio Internacional Umbriel (España, 2003) y el Premio Internacional Gran Angular otorgado por la Fundación SM (España 2004).

PRIMERA PARTE
INTRODUCCIÓN

En medio de las estepas, de las montañas y de los inextricables bosques de las más apartadas regiones de Siberia, se encuentran de vez en cuando pequeñas ciudades de mil o dos mil habitantes, con edificios de madera, bastante feas, y dos iglesias, una en el centro de la población y la otra en el cementerio; en una palabra, ciudades que más bien parecen aldeas de los alrededores de Moscú, que ciudades propiamente dichas. La mayor parte de sus habitantes está compuesta de agentes de policía, asesores y otros empleados subalternos. Hace muchísimo frío en Siberia, es cierto; pero en cambio es muy lucrativo el servicio que allí prestan los funcionarios del Estado.

Son sus moradores gentes sencillas, sin ideas liberales y de costumbres antiguas que ha ido afianzando el tiempo. Los empleados, que constituyen con perfecto derecho la nobleza de Siberia, son, o naturales del país, indígenas siberianos, o procedentes de Rusia. Estos últimos llegan directamente de la capital, seducidos por los elevados sueldos que disfrutan, por las subvenciones extraordinarias para gastos de viaje, y acariciando otras esperanzas no menos halagüeñas para el porvenir. Los que aciertan a resolver el problema de la vida, se establecen definitiva- mente en Siberia, resarciéndoles más tarde con excesiva abundancia los copiosos frutos que recogen; en cuanto a los imprevisores que no saben resolver aquel problema, se aburren pronto y reniegan de Siberia y de la idea que se les ocurrió de solicitar aquel empleo. Permanecen, devora- dos por la impaciencia, los tres años de su compromiso y se apresuran a repatriarse, hablando pestes de Siberia. Pero no tienen razón; es este país un verdadero paraíso no sólo por lo que concierne al servicio público, sino por otros muchos motivos. El clima es excelente; los comerciantes son ricos y hospitalarios, y la población europea es muy numerosa. Las mujeres jóvenes, de moralidad intachable, semejan capullos de rosas. La caza corre por las calles al encuentro del cazador; se bebe champaña en abundancia; el caviar es exquisito y la mies produce a veces el quince por ciento; en una palabra, es una tierra bendita que basta saber aprovecharla, como suelen hacer muchos.

En una de estas ciudades —una ciudad alegre y muy satisfecha de sí misma, cuyos vecinos dejaron en mí un recuerdo imborrable— encontré al desterrado Aleksandr Petróvich Goriánchikov, ex gentilhombre y propietario ruso. Había sido condenado a trabajos forzados de segunda clase por haber matado a su esposa. Cumplida su condena —diez años de trabajos forzados—, continuaba viviendo allí, tranquilo y olvidado, en calidad de colono, en la pequeña ciudad de K. Se había inscrito en uno de los cantones de los alrededores, pero residía en K, donde se ganaba la vida dando lecciones a los niños.

Es frecuente encontrar en Siberia deportados que se ocupan de la enseñanza en la niñez. Se les tiene consideración porque enseñan bien, especialmente la lengua francesa, tan necesaria en la vida, y de la cual, a no ser por ellos, no se tendría la más ligera noción en las poblaciones más apartadas de Siberia. La primera vez que vi a Aleksandr Petróvich fue en casa de un funcionario, Iván Ivánich Gvósdikov, respetable y hospitalario anciano, padre de cinco muchachas en las que se podían fundar las más bellas esperanzas. Aleksandr Petróvich les daba sus lecciones cuatro veces por semana, a razón de treinta kopeks de plata por lección. Era este un hombre excesivamente pálido y flaco, joven aún, pues no pasaba de los treinta y cinco años, pequeño de estatura y vestido esmeradamente a la europea. Cuando se le dirigía la palabra, miraba fijamente y escuchaba con aire meditabundo como si se le propusiese la solución de un problema o creyera que se trataba de arrancarle algún secreto.

Respondía con claridad y concisión, pero pensando de tal modo cada palabra que, sin saber por qué, se sentía uno molesto y embarazado, deseando que acabase cuanto antes la conversación.

Pedí a Iván Ivánich informes acerca de un sujeto tan singular, y me contestó que Goriánchikov era un hombre de conducta ejemplar, pues de lo contrario no le hubiese confiado la instrucción de sus hijas, pero que, no obstante, su misantropía había llegado al extremo que rehuía la sociedad de las personas cultas, leía mucho, hablaba muy poco y no se prestaba jamás a una conversación en que fuera preciso hablar con el corazón en la mano.

Aseguraban algunos que estaba loco, pero esto no era inconveniente para que incluso las familias más conspicuas recurrieran a los servicios de Aleksandr Petróvich y no le escaseáran sus atenciones, porque podía ser muy útil para escribir solicitudes. Se creía que pertenecía a una encumbrada estirpe rusa, y era muy probable que entre sus parientes hubiera alguno que ocupase una posición elevada; mas era notorio que había roto toda relación familiar desde el día de su deportación. No tenía motivos para esto, pues era sabido que había matado a su mujer por celos, en el primer año de su matrimonio, y se había entregado espontáneamente a la justicia, logrando así que la pena que se le impuso fuese menos severa. Los delincuentes como él son tenidos más bien como desgraciados dignos de compasión; sin embargo, Petróvich vivía obstinadamente retraído, sin aparecer en sociedad más que para dar sus lecciones.

Al principio no me llamó la atención, pero luego, sin que pudiese explicarme el motivo, comenzó a interesarme sobremanera aquel hombre enigmático. Discurrir con él era completamente imposible. Respondía sí a todas mis preguntas, y aun parecía que se consideraba obligado a hacerlo; pero en cuanto me contestaba yo no me atrevía a seguir el interrogatorio. Después de esas tentativas de conversación, observaba en su rostro una extraña expresión de pesar y de agotamiento. Recuerdo que una hermosa noche de verano salí con él de casa de Iván Ivánich, y se me ocurrió invitarlo a que entrase en mi vivienda para fumar un cigarro juntos. Pues bien, no sabría describir el desasosiego que se apoderó de él: aturdido, desconcertado por completo, balbució algunas palabras incoherentes y, de pronto, después de haberme mirado con aire ofendido, huyó en dirección opuesta a la que llevábamos. Yo quedé clavado en mi sitio por la sorpresa. En lo sucesivo, cada vez que me encontraba, parecía que se apoderaba de él un invencible terror. Sin embargo, no me desanimé. Aquel hombre me atraía. Un mes después entré inesperadamente en casa de Goriánchikov. Era evidente que en aquella ocasión obraba a tontas y a locas, y sin pizca de delicadeza, pero…

Vivía Petróvich en un extremo de la ciudad, en casa de una vieja burguesa, cuya hija estaba tísica. Ésta tenía una niña ilegítima, de diez años de edad, a la que, en el momento en que yo entré, Aleksandr Petróvich estaba dando lecciones de lectura.

Al verme, se turbó como si lo hubiera sorprendido en flagrante delito, se levantó bruscamente y se quedó mirándome con ojos atónitos.

Nos sentamos, al fin, pero sin que él apartase sus ojos de mí, como si sospechara aviesas intenciones de mi parte. Comprendí que era excesivamente desconfiado, y en sus miradas recelosas se leía esta doble pregunta: "¿A qué has venido y por qué no te vas en seguida?".

Le hablé de nuestra pequeña ciudad y de las noticias del día, y él callaba y sonreía con sonrisa de mal agüero. No tardé en comprobar que ignoraba en absoluto lo que sucedía en la población y que no le interesaba saberlo. Cambié entonces de conversación y le hablé de nuestro país y de sus necesidades, pero Aleksandr Petróvich me escuchaba en silencio, mirándome de un modo tan extraño, que me hizo arrepentirme de abordar aquel tema.

Muy poco faltó para que lo ofendiese ofreciéndole los libros, intensos aún, y los periódicos que acababa de recibir en el último correo. Petróvich lanzó a los libros una mirada codiciosa, pero en seguida cambió de parecer y rehusó mi ofrecimiento, so pretexto de que no disponía de tiempo para dedicarse a la lectura. Finalmente me despedí de él, y al abandonar su casa sentí el corazón oprimido, lamentando haber atormentado a aquel hombre que rehuía obstinadamente la sociedad de sus semejantes.

Había notado, entretanto, que poseía muy pocos libros, y me separé de él, persuadido de que no era un lector tan asiduo como me habían asegurado. No obstante, más tarde, en dos ocasiones distintas pasé en carruaje frente a su casa, a horas avanzadas de la noche, y me sorprendió que estuviesen iluminadas las ventanas de su cuarto. ¿Qué haría a semejantes horas? ¿Escribía, acaso? Y en caso afirmativo, ¿qué era lo que escribía?

Permanecí tres meses ausente de la ciudad, y supe con pena, a mi regreso, que Aleksandr Petróvich había muerto durante el invierno, sin llamar siquiera al médico, y que casi no se acordaban ya de él. La habitación que ocupó en vida había quedado desalquilada y no tardé en entablar conocimiento con su patrona, con objeto de saber por ella qué vida solía hacer su huésped y, sobre todo, si escribía. Le entregué veinte kopeks a cambio de un cesto lleno de papeles manuscritos que había dejado el difunto, y me confesó que había empleado dos cuadernillos para encender el fuego.

Era la patrona una anciana triste y taciturna, y nada interesante pude saber por ella acerca de su huésped. Me dijo, sin embargo, que no trabajaba casi nunca y que se pasaba meses enteros sin abrir un libro ni tomar la pluma; en cambio, paseaba toda la noche por su habitación, entregado a profundas reflexiones, hablando, a veces, en voz alta. Había cobrado mucho cariño a Katia, la nietecita de la patrona, desde el momento en que supo su nombre.

El día de santa Catalina mandaba celebrar una misa de Réquiem por el alma de una difunta que jamás nombró. Detestaba las visitas y no salía de casa sino para dar sus lecciones, y aun miraba con malos ojos a su propia patrona cuando, una vez por semana, hacía la limpieza de su cuarto. En los tres años que había vivido en su casa no le dirigió la palabra sino en muy contadas ocasiones.

Pregunté a Katia si se acordaba de su profesor, y la niña volvió la cabeza hacia la pared para ocultar sus lágrimas. ¡Aquel hombre, pues, se había hecho querer por alguien!

Me llevé los papeles y empleé casi todo el día en examinarlos. La mayor parte no tenía importancia, pues eran ejercicios escolares; pero al fin di con un legajo bastante voluminoso y escrito con letra menudísima.

Era un relato incoherente y fragmentario de los diez años que había pasado Aleksandr Petróvich cumpliendo su condena a trabajos forzados.

El relato se interrumpía a menudo con anécdotas y episodios horribles, escritos con mano convulsa, que denunciaban el estado de ánimo del escritor.

Leí repetidas veces aquellos fragmentos y casi llegué a persuadirme de que eran la obra de un loco. Pero aquellas memorias de un presidiario: Memorias de la casa muerta, como el autor titulaba su manuscrito, me pareció que no carecía de interés: un mundo completamente nuevo, desconocido hasta entonces, la singularidad de algunos hechos y las observaciones que se hacían sobre aquel pueblo decaído, encerraba algo que me seducía, y leí el manuscrito con curiosidad. Tal vez me he engañado, pero, de cualquier modo, publico algunos capítulos.

El lector juzgará.

I
LA CASA MUERTA

Nuestro presidio estaba situado en un ángulo de la ciudadela; detrás de los baluartes. Si se mira por los intersticios de la empalizada con la esperanza de ver algo, no se divisa otra cosa que un jirón de cielo y otro baluarte de tierra cubierto de altas hierbas de la estepa. De día y de noche, constantemente, lo recorren en todas direcciones los vigilantes y centinelas. Se piensa entonces en que transcurrirán así años y años, mirando siempre por la misma hendidura y viendo el mismo baluarte, los mismos centinelas y el mismo jirón de cielo, no del que se extiende sobre el presidio, sino de otro cielo lejano y libre.

Figúrense un gran patio de doscientos pasos de largo por ciento cincuenta de ancho, rodeado de una empalizada hexagonal, irregular, construida con vigas profundamente enclavadas, que forman, por decirlo así, la muralla exterior de la fortaleza. En un lado de la empalizada, hay una puerta sólida, vigilada constantemente por un cuerpo de guardia, que sólo se abre para dejar paso a los presidiarios que van al trabajo. Detras de aquella puerta se encuentran la luz y la libertad: allí vive la gente libre.

Dentro de la empalizada no pensaba en aquel mundo que para el condenado tiene algo de maravilloso y fantástico, como cuento de hadas; no era así el nuestro, excepcionalísimo, que no se parecía a ningún otro. Aquí, los usos, las costumbres y las leyes especiales que nos rigen son excepcionales, únicas. Es el presidio una casa muerta-viva, una vida sin objeto, hombres sin iguales. Éste es el mundo que me propongo describir.

Cuando se penetra en el recinto, se ven en seguida algunas construcciones de madera, toscamente hechas con tablones sin desbastar y de un solo piso, que rodean un patio vastísimo: son los departamentos de los condenados, que viven allí divididos en varias categorías. En el fondo se ve otro edificio: la cocina, dividida en dos piezas. Más allá aún existe otra dependencia que sirve a la vez de cantina, de granero y de cobertizo. El centro del recinto forma una plaza bastante amplia. Aquí es donde se reúnen los penados. Se pasa lista tres veces al día: por la mañana, a mediodía y por la noche, y aún más si los soldados de guardia son desconfiados y se les ocurre contar el número.

En derredor, entre la empalizada y las dependencias del presidio, queda un espacio muy ancho donde los detenidos misántropos y de carácter cerrado gustan de pasear, cuando no se trabaja, entregados a sus pensamientos favoritos, lejos de toda mirada indiscreta.

Cuando los encontraba en estos paseos, me complacía en observar sus rostros tristes y sombríos, tratando de adivinar sus pensamientos.

Uno de los penados se entretenía contando invariablemente las estacas de la empalizada. Había mil quinientas y podía decir a ojos cerrados el lugar que ocupaba cada una.

Cada estaca representaba para él un día de reclusión: descontaba diariamente una, y así sabía de una manera exacta los días que le quedaban todavía de encierro.

Se consideraba dichoso cuando acababa uno de los lados del hexágono, sin preocuparse en que habían de transcurrir muchos años hasta el día en que lo pusieran en libertad. ¡Pero en el presidio se aprende a tener paciencia!

Cierto día vi a un recluso que, habiendo cumplido su condena, se despedía de sus camaradas. Había sido condenado a veinte años de trabajos forzados y no se le rebajó ni un solo día. Alguno lo había visto llegar joven, despreocupado, sin pensar en su delito ni en el castigo; mas ahora era un viejo de cabellos grises y de rostro triste y pensativo. Recorrió silenciosamente las seis cuadras: rezaba primero ante la imagen santa y se inclinaba luego profundamente ante sus camaradas, rogándoles que conservasen buena memoria de él.

Recuerdo también que una tarde fue llamado al locutorio uno de los presos, un labrador siberiano bastante acomodado. Seis meses antes había recibido la noticia de que su mujer se había vuelto a casar, y fácil es suponer el dolor que esto le causara. Aquella tarde, su ex esposa había ido a visitarlo para entregarle una limosna. Permanecieron juntos unos instantes, lloraron y se separaron para siempre… Observé la extraña expresión del rostro de aquel preso cuando volvió a la cuadra… ¡Ah, se aprende allí a soportarlo todo!

Al iniciarse el crepúsculo, se nos obligaba a retirarnos a nuestras cuadras respectivas, donde permanecíamos encerrados toda la noche. ¡Cuán penoso me resultaba abandonar el patio! Era la cuadra una sala larga, baja de techo, sofocante, débilmente alumbrada por algunas velas de sebo, en la que se respiraba un aire pesado, nauseabundo. No comprendo cómo pude pasar diez años en aquel lugar pestilente, en el que languidecíamos treinta hombres.

En invierno, especialmente, nos encerraban muy temprano y era preciso esperar cuatro horas hasta que tocasen a silencio y durmiese cada cual, y era aquello un tumulto continuo, una batalla de gritos, de blasfemias, de risotadas, de arrastrar de cadenas; un ambiente infecto, un humo espeso, una confusión de cabezas rapadas, de frentes ostentando el denigrante estigma, de infelices harapientos, sórdidos, repugnantes. ¡Sí, el hombre es un animal indestructible! Se podría también definir diciendo que es un animal que se acostumbra a todo, y tal vez sería esta la definición más adecuada que se haya dado hasta hoy.

La población de aquel penal ascendía a doscientos cincuenta presos. Este número era casi invariable, pues los nuevos condenados sustituían bien pronto a los que eran puestos en libertad y a los que morían. Había allí gente de todos los países. Podría decirse que estaban representadas todas las comarcas de Rusia. No faltaban tampoco extranjeros y algunos montañeses del Cáucaso.

Los penados estaban clasificados por categorías según la gravedad de su delito y, por consiguiente, de la duración de la condena. Todos, o casi todos los delitos, estaban representados en la población de aquella penitenciaría, compuesta, en su mayor parte, de deportados civiles, condenados a trabajos forzados (gravemente condenados, como se decía en la jerga del presidio). Estos delincuentes estaban privados de todos los derechos civiles, eran miembros corrompidos de la sociedad que los seccionaba de su cuerpo después de haberlos marcado en la frente con el hierro candente que debía testificar perpetuamente y en forma visible su oprobio. Permanecían en el presidio por un espacio de tiempo que oscilaba entre los ocho y los doce años. Cumplida su condena eran enviados a un lugar siberiano donde se les inscribía en calidad de colonos.

Los delincuentes de la sección militar no estaban privados de sus derechos civiles, y el tiempo de su prisión era relativamente corto. Una vez terminada su condena se les enviaba al punto de su procedencia, donde ingresaban como soldados en los batallones de línea siberianos. Muchos de éstos volvían pronto, condenados por delitos graves, pero no ya por un periodo breve sino por veinte años lo menos. Entonces formaban parte de una sección que se llamaba de perpetuidad; sin embargo, a los perpetuos no se les privaba de sus derechos civiles. Existía también una sección bastante numerosa; compuesta de los más terribles malhechores, veteranos casi todos del delito, llamada sección especial, y a ella eran enviados criminales de todos los puntos de Rusia. Se consideraban, con sobrado motivo, condenados a perpetuidad, pues no se fijaba el periodo de su reclusión. La ley les exigía un trabajo doble y aun triple del que ejecutaban los demás, y permanecían en las cárceles hasta que se emprendían en Siberia los trabajos forzados más penosos.

—Ustedes han venido aquí por un tiempo determinado —decían a sus compañeros de prisión—; nosotros, por el contrario, hemos de pasarnos en presidio toda la vida.

Más tarde oí decir que aquella sección fue abolida. Al mismo tiempo retiraron también a los condenados civiles para dejar únicamente en aquella penitenciaría a los condenados militares, organizados en una compañía disciplinaria.

La administración, naturalmente, ha cambiado y, por consiguiente, lo que yo describo son los usos de otra época, abolidos por completo hace ya mucho tiempo. Sí, ha pasado mucho tiempo desde entonces. ¡Me parece un sueño!

Recuerdo mi ingreso en el penal una tarde de diciembre, a la hora del crepúsculo. Los forzados volvían del trabajo: era el momento de la revista. Un sargento bigotudo me abrió la puerta de aquella horrible vivienda donde tenía que permanecer tantos años y experimentar tantas emociones, y de la cual no me habría podido formar ni una idea aproximada de no haberlo sufrido. ¿Habría podido imaginarse, por ejemplo, el sufrimiento lancinante y terrible que ocasiona el hecho de no estar solo, ni un minuto siquiera, durante diez años? ¿Cómo habría podido suponer lo que era estar continuamente acompañado por la escolta, durante el trabajo, y por doscientos camaradas en el presidio y solo jamás?

Había allí homicidas por imprudencia, asesinos profesionales, simples rateros, capitanes de bandidos y maestros consumados en el arte de pasar al suyo el dinero de los bolsillos de los transeúntes y de apoderarse de cuanto se ponía al alcance de sus manos. Sería, no obstante, muy difícil decir por qué se encontraban algunos forzados en el presidio. Cada cual tenía una historia confusa y oscura, penosa como el despertar de una borrachera.

Los presidiarios hablaban generalmente muy poco de su pasado. Lejos de contar sus hazañas, se esforzaban por olvidarlas. Entre mis compañeros, había algunos homicidas tan alegres y despreocupados, que se podía apostar, con seguridad de ganar, que nada les reprochaba su conciencia; pero había también rostros sombríos y pensativos.

Era muy raro que alguno recordase su propia historia, porque esto se consideraba de mal gusto; y si alguna vez, para matar el tiempo, un presidiario contaba su vida a otro compañero, este lo escuchaba con aire distraído, como dando a entender que nada podía decirle que lo asombrara.

—Aquí —solían decir con cínico orgullo—, cada cual sabe dónde le aprieta el zapato y ha hecho tanto como el más guapo.

Recuerdo que, cierto día, un bandolero borracho (los presidiarios suelen emborracharse de vez en cuando) contó que había matado y descuartizado a un niño de cinco años, al que había atraído engañándolo con un juguete y conducido a un cobertizo donde lo asesinó. Sus compañeros celebraban siempre con grandes risas sus relatos ingeniosos, pero en aquella ocasión lo obligaron a callar, no porque una salvajada semejante excitase su indignación, sino porque no era permitido entre ellos que se hablase de tales hechos.

Debo hacer notar que los presidiarios poseían cierto grado de instrucción. La mitad de ellos, por lo menos, sabía leer y escribir. ¿Dónde se podría hallar en Rusia, en cualquier grupo popular, doscientos cincuenta hombres que conozcan siquiera las primeras letras? Más tarde he oído decir y aun afirmar, fundándose en este hecho, que la instrucción desmoraliza al pueblo. ¡Qué error! La instrucción es completamente ajena a esa decadencia moral. Fuerza es convenir en que desarrolla en el pueblo el espíritu de resolución, pero eso está muy lejos de ser un defecto.

Cada sección tenía indumentaria diferente: en una se llevaba chaquetilla de paño mitad color chocolate y mitad ceniza, y los pantalones los mismos colores cambiados en cada pernera. Cierto día, una muchachita que vendía panecillos blancos (kalachi) se acercó a nosotros mientras trabajábamos y, después de mirarme largo rato, lanzó una carcajada exclamando:

—¡Qué feos están! No han tenido bastante paño ceniza ni chocolate para hacerse el traje de un mismo color.

Otros penados llevaban la chaquetilla toda color ceniza pero las mangas obscuras. El rasurado también era variado: algunos llevaban afeitada la cabeza desde la nuca hasta la frente, mientras otros la tenían desde una oreja a otra.

Aquella extraña familia ofrecía semejanza tal, que a primera vista se le conocía. Aun los que más descollaban, los que involuntariamente dominaban a los demás forzados, trataban de adquirir el tono general de la casa. Todos los reclusos, salvo raras excepciones, cuya alegría era inagotable, atrayéndose por esto mismo el desprecio de sus compañeros, eran envidiosos, vanidosos hasta un grado indecible, presuntuosos, quisquillosos, formalistas en exceso y estaban constantemente tristes. No asombrarse de nada constituía para ellos la cima de la dignidad, y por esto estaban siempre sobre aviso. Pero a menudo se trocaba la altivez en vileza.

No faltaban hombres verdaderamente fuertes, y eran éstos de carácter abierto y sinceros, pero, cosa extraña, su vanidad era a la vez excesiva, morbosa. La vanidad era siempre el vicio predominante. La mayor parte de los presidiarios era pervertida y depravada, y de aquí que las calumnias y los insultos lloviesen como granizo. Nuestra vida era infernal, insufrible y, sin embargo, nadie se habría atrevido a sublevarse contra los reglamentos interiores del penal y las costumbres establecidas.

Por esta razón todos se sometían de buen o mal grado. Ciertos caracteres intratables no se doblegaban fácilmente, pero acababan por doblegarse. Forzados que, mientras estuvieron en libertad, habían colmado todas las medidas e, impulsados por su vanidad sobreexcitada, habían cometido los más horribles delitos, siendo la pesadilla, el terror y el espanto de comarcas enteras, quedaban domados en poco tiempo merced a nuestro régimen penitenciario.

El novato que trataba de orientarse, descubría al punto que allí no se sorprendería a ninguno y sin darse cuenta se sometía, poniéndose al mismo tono de sus compañeros. Los presidiarios estaban penetrados de cierto sentimiento de dignidad personal, como si el título de forzado equivaliese a un título honorífico. Por lo demás, no se notaba en ellos ningún signo de vergüenza o de arrepentimiento, sino una especie de sumisión exterior, oficial, por decirlo así, que a veces los hacía hablar cuerdamente de su conducta pasada.

—Somos gente perdida —decían—, no hemos sabido vivir en libertad, y ahora debemos recorrer a viva fuerza la calle verde y pasar para que nos cuenten como a bestias.

—No has querido obedecer a tu padre ni a tu madre, y ahora tienes que prestar ciega obediencia al vergajo.

—El que no quiso bordar tiene ahora que romper piedras.

Esto se decía y se repetía a guisa de sentencias morales o proverbios, pero sin que ninguno los tomase en serio.

¿Cómo había de confesar alguno de ellos sus iniquidades? Si alguna persona ajena al presidio intentase siquiera reprochar sus delitos a los forzados, habría de taparse los oídos y huir a todo correr del aluvión de insultos y de amenazas que caería sobre ella. ¡Y de qué refinamiento hacen gala los presidiarios cuando de injurias se trata!

Insultan con gusto, como artistas. La injuria es para ellos una verdadera ciencia; no se esfuerzan por ofender tanto con la expresión como con el sentido ultrajante, con el espíritu de la frase envenenada; sus incesantes reyertas contribuían extraordinariamente al desarrollo de aquel arte especial.

Como sólo trabajaban bajo la amenaza del látigo, eran perezosos y depravados. Los que aún no habían sido corrompidos por completo, lo eran en cuanto pisaban el penal. Recluidos a pesar suyo, eran enteramente extraños los unos a los otros.

—El diablo —decían— ha tenido que romper tres pares de lapti antes de reunirnos aquí.

Las intrigas, las calumnias, las frases picantes, la envidia y las reyertas eran lo que informaba aquella vida infernal. No hay lengua maligna que pueda compararse con la de aquellos desdichados que tienen siempre la injuria en los labios.

Como antes he dicho, había entre los presidiarios hombres de carácter de hierro, indómitos y resueltos, acostumbrados a dominarse a sí mismos. Estos eran también involuntariamente estimados, pues, a pesar de ser muy celosos de su fama, procuraban no hacerla pesar sobre ninguno y no se insultaban entre sí, sino por graves motivos. Su conducta se ajustaba a la más estricta dignidad. Eran razonables y casi siempre obedientes, no por principios o porque tuvieran conciencia de sus deberes, sino por mutuo acuerdo entre ellos y la administración, acuerdo de cuyas ventajas todos estaban bien penetrados. Por otra parte, se les trataba con alguna consideración.

Recuerdo que cierto día fue llamado para ser apaleado un forzado valiente y decidido, conocido por sus tendencias de fiera. Era verano y no trabajábamos. El ayudante, jefe directo y administrador del presidio, se hallaba ya en el cuerpo de guardia situado en la gran puerta de la empalizada para asistir al espectáculo.

Aquel mayor era un ser fatal para los forzados, que temblaban como niños en su presencia. Severo hasta la insensatez, se arrojaba sobre ellos, según decían, pero lo que realmente les imponía era su mirada, penetrante como la del lince. Nada se le escapaba. Veía hasta sin mirar, por decirlo así. Desde la puerta del presidio decía lo que estaba ocurriendo en el lado opuesto del recinto: por eso lo llamaban los presidiarios: "Ocho ojos".

Su sistema era contraproducente, pues sólo conseguía irritar más y más a gente demasiado irascible. A no ser por el comandante, hombre bien educado y juicioso que moderaba las intemperancias del director, no sé a cuántas desventuras habría éste dado lugar. No comprendo cómo pudo llegar sano y salvo a la edad de la jubilación. El forzado palideció cuando fue llamado. Por lo común, se tendía animosamente, sin dar muestras de temor ni proferir palabra para recibir los terribles varazos, y se levantaba sonriente. Soportaba aquel contratiempo valerosa y filosóficamente. Verdad es que nunca se le castigaba sin motivo y se le infligía la pena con toda clase de precauciones. Pero aquella vez se creía inocente.

Palideció intensamente, como he dicho, y acercándose poco a poco a la escolta, logró esconderse en la manga una cuchilla de zapatero. Los registros eran frecuentes, inesperados y minuciosos; estaba terminantemente prohibido que los reclusos tuviesen consigo instrumentos cortantes, y las infracciones eran castigadas con severidad inaudita, pero no es posible impedir que los presidiarios se procuren los objetos que consideran necesarios, y las armas blancas no escaseaban en la penitenciaría. Si a veces se conseguía quitarlas a los penados, no tardaban en procurarse otras nuevas.

Todos los forzados se precipitaron hacia la empalizada con el corazón palpitante para mirar con avidez a través de las ranuras. Ninguno dudaba de que Petrov no se dejaría vapulear aquel día y que había sonado para el director su última hora. Mas, por fortuna, en el momento decisivo, éste montó en su carruaje y se marchó, confiando el mando de la ejecución a un oficial subalterno.

—¡Dios lo ha salvado! —exclamaron los presidiarios.

En cuanto a Petrov, sufrió pacientemente el castigo, pues, habiéndose marchado el director, su cólera se había extinguido. El presidiario es sumiso y obediente hasta cierto punto, pero hay un límite que conviene no traspasar. Nada hay más curioso que estos arranques de ira y de desobediencia. A veces, un hombre que ha tolerado durante largos años los más crueles castigos, se rebela por una bagatela, por una nimiedad. Se podría decir que es loco… Verdad que esto es lo que se dice.

He dicho que durante los varios años que permanecí entre ellos no observé en los presidiarios el menor síntoma de arrepentimiento por los delitos que habían cometido, pues la mayor parte opinaba que tenía perfecto derecho para hacer lo que le viniera en gana. Ciertamente, la vanidad, los malos ejemplos y la falsa vergüenza era lo que predominaba; sin embargo, ¿quién ha podido sondear la profundidad de aquellos corazones entregados a la perversidad, y los ha encontrado cerrados a todo noble sentimiento?

De cualquier modo, parece natural que en tanto tiempo descubriese yo algún indicio, por fugaz que fuese, de remordimiento, de pesar, de sufrimiento moral; sin embargo, no fue así. No se puede juzgar el delito con frases hechas, y su filosofía es mucho más compleja de lo que se cree. Lo único cierto es que ni el sistema de trabajos forzados logra corregir a los delincuentes: sirve sólo para castigarlos y asegurar a la sociedad contra nuevos atentados por parte de aquellos. La reclusión y los trabajos forzosos no hacen más que fomentar en esos hombres un odio profundo, la sed de los placeres prohibidos y una espantosa despreocupación.

Por otra parte, estoy persuadido de que el régimen celular no alcanza más que un objeto aparente y engañoso. Priva al delincuente de toda su fuerza y energía, enerva su alma, debilita y espanta, y presenta luego una momia disecada y medio loca como un modelo de arrepentimiento y de corrección.

Solamente en un presidio se puede oír contar con sonrisa infantil mal contenida los hechos más horripilantes. No podré olvidar jamás a un parricida, que había sido noble y funcionario público. Este joven fue la desgracia de su padre, un verdadero hijo pródigo. En vano trataba aquél de contenerlo a fuerza de cariño paternal en la pendiente por la que resbalaba; y como el hijo estaba cargado de deudas y creía que su padre, además de sus bienes inmuebles, poseía una fortuna en metálico, lo asesinó para entrar más pronto en posesión de la herencia. Su crimen no fue descubierto hasta un mes después, y durante ese tiempo el asesino, que había dado parte a la justicia de la desaparición de su padre, continuó su vida de desórdenes.

Finalmente, durante su ausencia, la policía descubrió el cadáver del anciano en una zanja, cubierto de piedras. La cabeza estaba separada del tronco y apoyada sobre una almohada que, para mayor escarnio, el asesino había colocado debajo; el cuerpo conservaba todas sus ropas. El joven no confesó su crimen; sin embargo, fue degradado, despojado de todos sus privilegios de nobleza y condenado a trabajos forzosos.

En todo el tiempo que lo traté hizo alarde de una despreocupación inconcebible. Era el hombre más aturdido y ligero que he conocido, aunque no tenía nada de tonto.

No observé jamás en él una crueldad excesiva. Los demás presidiarios lo detestaban, no por razón de su delito, del que no se hablaba nunca, sino porque no sabía contenerse. De vez en cuando hacía alguna referencia acerca de su padre, y cierto día, ponderando la robusta complexión hereditaria de su familia, dijo:

—Mi padre, por ejemplo, no estuvo jamás enfermo hasta su muerte.

Era, pues, la suya una insensibilidad animal llevada a tal grado que parecía imposible. No hay duda de que debía haber allí un defecto orgánico, una monstruosidad física y moral desconocida hasta hoy por la ciencia, y no un mero delito.

Yo no quería, naturalmente, prestar fe a un delito tan horroroso, pero me contaron minuciosamente la espantosa historia algunos paisanos del asesino; y hube de rendirme a la evidencia.

Los forzados lo habían oído gritar en sueños:

—¡Sujétalo! ¡Sujétalo! ¡Córtale la cabeza! ¡La cabeza! ¡La cabeza!

Casi todos los presidiarios sueñan en voz alta o deliran, hablando de cuchillos, de puñales o de hachas, y profiriendo injurias y amenazas durante sus horribles pesadillas.

—Somos gente deshecha, estamos destrozados por dentro —decían—, y por eso gritamos por las noches.

Los trabajos forzosos no eran en el presidio una ocupación sino una obligación ineludible: cada cual realizaba la tarea que le era impuesta o trabajaban las horas señaladas por el reglamento, y volvían a su encierro. ¡Pero cómo detestaban esta obligación! Si el forzado no tuviese un trabajo personal al que dedicara voluntariamente toda su inteligencia, la reclusión sería para él insoportable. ¿Cómo habrían podido vivir de una manera normal y natural aquellos hombres robustos, que deseaban una larga vida y habían sido colocados juntos contra su voluntad cuando la sociedad los arrojó de su seno?

Bastaría que viviesen en perpetua holganza para que se desarrollasen en ellos los instintos más perversos, aun aquellos con que ni soñar habrían podido. El hombre no puede vivir sin trabajo, sin propiedad legal y normal; de lo contrario se pervierte y se trueca en fiera. Así, pues, cada presidiario, por necesidad natural y por instinto de conservación, tenía allí un oficio, una ocupación cualquiera.

Los interminables días de verano se pasaban distraídamente con los trabajos forzosos y la noche era tan corta que apenas había tiempo para dormir; pero en el invierno cambiaban las cosas, pues, según el reglamento, los forzados debían retirarse a su encierro al anochecer.

¿Qué podían hacer sino trabajar durante aquellas noches inacabables? Así, las cuadras, a pesar de sus rejas y cadenas, ofrecían el aspecto de un vasto taller. El trabajo realmente era permitido, pero se prohibía a los presidiarios que tuviesen en su poder los utensilios y herramientas sin los cuales no se podía hacer ninguna clase de trabajo. Se trabajaba, por lo tanto, con mucho sigilo, y los vigilantes se hacían de la vista gorda, como suele decirse. Muchos detenidos entraban en el penal sin saber qué hacer de sus manos, pero muy pronto aprendían un oficio de sus compañeros y resultaban excelentes operarios. Allí había zapateros, sastres, escultores, cerrajeros y doradores. Un judío llamado Isaí Bumschtein era a la vez platero y prestamista. Todos, pues, trabajaban con provecho, porque de la ciudad les hacían muchos encargos y podían, por consiguiente, disponer de un puñado de monedas.

El dinero es una libertad sonante y desbordante, un tesoro inapreciable para el que está enteramente privado de la libertad verdadera. Si el presidiario tiene dinero en el bolsillo, se resigna con su situación, aunque carezca de facilidades para gastarlo. Aunque ocasiones para gastar dinero nunca faltan en ninguna parte, tanto más cuanto que el fruto prohibido es doblemente sabroso. En los presidios también se vende aguardiente y tabaco, aunque esté prohibida la venta de ambos artículos. El dinero y el tabaco preservan a los forzados del escorbuto, de la misma manera que el trabajo los salva del crimen; sin ellos, se destruirían recíprocamente como arañas encerradas en un vaso de cristal.

No obstante, según queda dicho, el trabajo y el dinero eran cosas ilícitas en el presidio y durante la noche se practicaban frecuentes registros para confiscar todo lo que no estaba legalmente autorizado. Por muy escondido que lo tuviesen, se descubría a menudo el peculio de uno y de otro, y esta era la razón principal por la cual, lejos de conservar el dinero, se apresuraban a cambiarlo por aguardiente. Al que le descubrían su dinero, no sólo se lo quitaban sino que, por añadidura, recibía un buen número de palos. Mas a los pocos días del registro, los presidiarios recuperaban los objetos que les habían confiscado y se volvía a las andadas.

El que no se ocupaba en un trabajo manual, comerciaba de un modo u otro. Los procedimientos de compra y venta eran por demás originales. Unos eran barateros que revendían a veces objetos a los que sólo un presidiario podía conceder valor alguno. Hasta un jirón de guiñapo tenía su precio y podía ser útil.

Merced a la pobreza de los forzados, el dinero adquiría para ellos un valor excesivamente superior al que tenía en realidad. Los más penosos y largos trabajos se pagaban a veces con unos cuantos kopeks. Varios reclusos prestaban dinero y sacaban buenas ganancias. El recluso entregaba al usurero objetos de su pertenencia a cambio de unas monedas, y aquél se los devolvía cuando se le abonaba el capital a crecidísimos intereses. Si no los rescataba en el plazo establecido, el prestamista los vendía irremisiblemente en subasta. De tal modo se ejercía la usura en el presidio, que a veces se empeñaban objetos pertenecientes al Estado, como ropa blanca, zapatos y otras cosas indispensables. Cuando el usurero aceptaba semejantes prendas, corría el riesgo de perder cuando menos lo pensaba el capital y los intereses, pues apenas recibía el propietario el importe de la pignoración, denunciaba el hecho al subteniente (vigilante en jefe de presidio) y el prestamista se veía obligado a devolver los objetos, sin que a la superioridad se le diese jamás cuenta de estos pecadillos. A veces se suscitaba una reyerta entre el propietario y el usurero, y entonces éste devolvía los objetos empeñados, por temor de que, como tal vez habría hecho él en su lugar, aquél denunciase la industria a que se dedicaba.

Los presidiarios se robaban mutuamente sin la menor aprensión. Cada cual disponía de un cofrecillo provisto de un pequeño candado, en el que guardaba los objetos que recibía de la administración del penal, pero allí no había candados que valieran ni cofrecillo respetado. El lector no puede imaginarse qué hábiles ladrones había entre nosotros.

Un forzado al que, dicho sea sin vanidad, le fui simpático me robó un día la Biblia, único libro que es permitido tener en el presidio, y el mismo día me lo confesó, no porque estuviese arrepentido, sino movido a lástima al ver que la buscaba inútilmente.

Entre nuestros compañeros de cadena había algunos llamados cantineros, los cuales vendían aguardiente, y con este comercio se enriquecían relativamente, desde luego. Más adelante hablaré de esto, pues semejante tráfico es tan lucrativo que vale la pena no pasarlo por alto.

Muchos de los reclusos habían sido condenados por contrabandistas. Esto explica la introducción clandestina de aguardiente en el penal, a pesar de la estrechísima vigilancia que se ejercía y a despecho de los centinelas. El contrabando constituye un delito especial.

¿Podría suponer alguien que el dinero, el único beneficio de su profesión, no tiene para el contrabandista más que una importancia secundaria? Sin embargo, nada más cierto. El contrabandista trabaja a menudo por vocación; en su clase, es un poeta. Arriesga todo lo que posee, se expone a terribles peligros, derrocha astucia, traza sus planes, sale del atolladero y opera en ciertas ocasiones con una especie de inspiración.

Esta pasión es tan violenta como la del juego. Conocí a un presidiario de estatura colosal, que era el hombre más humilde, pacífico y sumiso del mundo. Todos se preguntaban por qué había sido deportada una criatura tan inofensiva. Era de carácter tan dócil y de tal modo sociable, que durante todo el tiempo de su condena no tuvo con ningún camarada el más ligero roce. Oriundo de la Prusia occidental, en cuya frontera habitaba, había sido deportado por el delito de contrabando.

Naturalmente, no pudo resistirse a la tentación de introducir clandestinamente aguardiente en el penal. ¡Cuántas veces fue castigado por este motivo! Y bien sabe Dios que tenía un miedo cerval al látigo. Este negocio le reportaba un beneficio irrisorio; era un empresario que lo arriesgaba todo. Cada vez que lo castigaban lloraba desconsoladamente como una vieja y juraba por Dios y los santos que no lo volvería a hacer. Se mantenía firme en su propósito durante un mes, y volvía a dejarse vencer por su pasión… Gracias a estos diletantes del contrabando, en el presidio no faltaba jamás el aguardiente.

La limosna era otra fuente de ingresos que si bien no enriquecía a los reclusos resultaba muy beneficiosa. Las clases elevadas de Rusia ignoraban cuánto se interesan el comercio, la burguesía y el pueblo por los desgraciados que gimen en el destierro o en los presidios de Siberia.

La limosna no faltaba ningún día y consistía unas veces en panecillos blancos y, otras, las menos, en dinero contante y sonante. Se dividía la limosna en partes iguales entre los presidiarios, y si no bastaban los panecillos se partían por la mitad y aun en trozos pequeños, con objeto de que hubiese para todos. Recuerdo que la primera limosna que recibí fue una moneda de cobre. A los pocos días de mi llegada, una mañana, al volver solo del trabajo, sin más compañía que un soldado, tropecé con una mujer y su hija, una muchachita de diez años, preciosa como un ángel. Ya las había visto otras dos veces.

La madre era viuda de un pobre soldado que había sido condenado por un Consejo de Guerra y murió en la enfermería del penal cuando yo me encontraba con él. ¡Qué lágrimas tan ardientes derramaron ambas al dar el adiós postrero al ser querido!

Apenas me vio, la niña se puso encendida como la grana y deslizó unas palabras al oído de su madre. Esta se detuvo y entregó un cuarto de kopek a la pequeñuela, que se acercó a mí diciendo:

—Tome este kopek, pobrecito; en nombre de Cristo.

Acepté la moneda, y la niña, alborozada, fue a reunirse de nuevo con su madre. Conservé mucho tiempo aquel kopek.

II
LAS PRIMERAS IMPRESIONES

Las primeras semanas y, en general, el principio de mi reclusión es lo que recuerdo más vivamente. En cambio, los años subsiguientes han dejado en mi mente huellas muy confusas; es más, algunas épocas de mi vida de recluso se han borrado por completo de mi memoria: de ellas no conservo más que una impresión única, siempre la misma, penosa, monótona, sofocante. Mas todo lo que vi y experimenté en aquellos primeros años, me parece que fue ayer. No podía ser de otra manera.

Recuerdo perfectamente que al principio aquella vida me aturdía porque no ofrecía nada de particular, de extraordinario o, por mejor decir, de inesperado. Sólo más tarde, cuando hube vivido largo tiempo en el presidio, comprendí cuán excepcional era aquella existencia y me quedé asombrado.

Y confieso que este estupor no me abandonó un solo instante en todo el periodo de mi condena; no podía en modo alguno amoldarme a semejante vida. Al entrar en el presidio, sentí una repugnancia invencible, pero luego, ¡cosa extraña!, la vida me pareció menos angustiosa de lo que me había imaginado.

En efecto, los forzados, aunque cargados de cadenas, paseaban libremente por todas las dependencias del presidio, se insultaban mutuamente, cantaban, fumaban, bebían aguardiente (aunque raras veces) y aun organizaban partidas de naipes por la noche. Los trabajos no me parecieron muy penosos, no los consideraba como un castigo excesivo, y tardé mucho tiempo en convencerme de que si no resultaban dolorosos por sí mismos, lo eran, y extraordinariamente, porque había que ejecutarlos a fuerza y por miedo al látigo. El muchik trabaja, seguramente, más que el forzado, pues no tiene descanso de día ni de noche, ni en verano ni en invierno, pero trabaja por su propio interés y, por consiguiente, sufre menos que el presidiario, el cual realiza un trabajo del que no ha de sacar ningún provecho.

Un día se me ocurrió la idea de que si se quería aniquilar a un hombre, castigarlo atrozmente y hacer que el asesino más empedernido retrocediese aterrado ante semejante tortura, bastaría dar al trabajo de este hombre un carácter de inutilidad perfecta, llevarlo, si se quiere, a realizar lo absurdo.

Los trabajos forzosos, tal como están hoy organizados, no ofrecen ningún interés a los condenados, pero tienen su razón de ser: el presidiario hace ladrillos, cava la tierra, blanquea, construye, y todas estas ocupaciones tienen significación y objeto. A veces, se encariña con la obra que realiza y pone en ella mayor destreza y hasta trabaja con verdadera fruición. Pero si se le condena, por ejemplo, a transvasar agua de una tinaja a otra y viceversa, o a transportar espuertas de tierra de un lugar a otro para volver luego a trasladarla al mismo sitio de donde la tomó, estoy persuadido de que se ahorcaría o cometería mil crímenes, prefiriendo la pena de muerte a tal envilecimiento, a tanta tortura.

Se comprende, en efecto, que semejante castigo sería más bien un tormento, una venganza atroz que una corrección; sería absurdo, porque no tendría un objeto razonable.

Llegué yo en invierno, en el mes de diciembre, y a la sazón los trabajos del penal no tenían importancia y, por consiguiente, no podía formarme idea de lo fatigosos que eran, sobre todo en verano. Los reclusos destruían entonces en el Irtich algunos pontones propiedad del Estado; trabajaban en las oficinas, limpiaban de nieve los tejados o rompían piedras. Como los días eran cortos, el trabajo terminaba pronto y los forzados volvían a su encierro donde nada tenían que hacer, a excepción de la tarea suplementaria que cada cual se imponía.

Una tercera parte de ellos trabajaba seriamente, otros permanecían ociosos y el resto iba de acá para allá por las cuadras tramando intrigas o provocando reyertas.

Los que tenían dinero se emborrachaban con aguardiente o perdían al juego sus ahorrillos para distraer sus ocios y sobreponerse al aburrimiento.

Conocí otro sufrimiento que, aparte de la privación de la libertad, es el más agudo, el más insoportable para el recluso: me refiero a la cohabitación forzosa. La cohabitación es siempre y en todas partes más o menos forzosa, pero no tan horrible como en el presidio. Hay allí hombres de los que de ningún modo se quisiera ser conviviente. Estoy seguro de que todos los condenados han sentido esta repugnancia y experimentado semejante martirio.

El rancho me pareció aceptable. Los reclusos afirmaban que era infinitamente mejor que el de todas las cárceles rusas. Yo no puedo asegurarlo, porque jamás había sido encarcelado antes.

Por otra parte, algunos estábamos autorizados para procurarnos los alimentos que apeteciéramos, pero si bien el plato de carne no costaba más de tres kopeks, sólo los que tenían dinero se permitían este lujo. La mayor parte de los reclusos se contentaba con la ración reglamentaria.

El pan que nos daban era tan sabroso que en la ciudad lo codiciaban. Se atribuía su buena calidad a la esmerada construcción de los hornos del penal.

La menestra de coles (chitchi), cocida en grandes calderas y espesada con harina, no tenía nada de apetitosa. Ordinariamente era demasiado clara y sin sustancia, pero lo que revolvía el estómago era la enorme cantidad de gusanos que se encontraban. Sin embargo, los reclusos no le hacían ascos.

Los tres primeros días no fui a los trabajos, porque se concedía algún descanso a los nuevos deportados con objeto de que se repusiesen de las penalidades del viaje. Al día siguiente de mi llegada hube de salir del penal para que me pusieran los grilletes. Mi cadena, según oí decir a mis compañeros, no era de reglamento, pues se componía de eslabones que producían un sonido muy claro.

La llevaba exteriormente, es decir, sobre la ropa, mientras que mis compañeros, cuyas cadenas estaban compuestas por cuatro barras de un dedo de grosor y unidas por medio de tres anillas, debían llevarlas debajo de los pantalones. De la anilla central partía una correa que se sujetaba a un cinturón colocado sobre la camisa. Me acuerdo como si fuese ahora de la primera mañana que pasé en el presidio. El tambor redobló furiosamente tocando diana desde el cuerpo de guardia situado en la puerta del recinto, y a los diez minutos se abrió la puerta de la cuadra y apareció el sargento de servicio.

Los reclusos abandonaron perezosamente y tiritando de frío sus camastros de tablas. Todos se mostraban reacios, unos bostezaban horrorosamente, se desperezaban otros y sus frentes marcadas se contraían; algunos se hacían la señal de la cruz mientras el resto comenzaba a decir tonterías. El tufo era horrible. El aire frío del exterior penetraba como una tromba en la cuadra apenas se abría la puerta. Los reclusos se agrupaban en torno de los cubos de agua y uno tras otro se iban lavando. Esta agua la llevaba el día anterior el paraschnick, un forzado a quien estaban encomendados, por disposición reglamentaria, el aseo y limpieza de la sala.

Era elegido por los mismos presidiarios, y estaba exento del trabajo forzoso porque había de examinar los lechos para limpiarlos de insectos, llevar y traer los zambullos, y llenar de agua los cubos que se utilizaban para el lavabo. La misma agua que servía por la mañana para las abluciones era durante el día la bebida ordinaria de los forzados. Aquella mañana se promovieron algunas reyertas a causa del agua.

—¿Qué haces, frente marcada? —barbotaba un recluso de elevada estatura, delgado y pálido, que llamaba la atención por las protuberancias de que tenía sembrada la cabeza; y diciendo esto, rechazaba violentamente a otro compañero, bajito y rechoncho, de rostro sonrosado y aire jovial—. ¡Aguarda y verás!

—¿Por qué chillas? ¿No sabes que la paga el que hace esperar a los otros? ¡Vamos, fuera de aquí! ¡Miren qué monumento, muchachos…! A la verdad, no tiene pizca de farticultiapnost.

Esta palabra hizo su efecto; los penados prorrumpieron en carcajadas, y esto era precisamente lo que buscaba el presidiario que, por lo visto, representaba en la cuadra el papel de bufón.

El otro presidiario lo miró con aire de profundo desprecio.

—¡Ah, qué tonel! El pan blanco del penal lo ha hecho engordar.

—¿Pero quién te crees? ¿Quizá un pájaro hermoso?

—Justamente.

—¿Y qué clase de pájaro eres?

—Ya lo estás viendo.

—¿Yo?

—Sí.

—Pues entonces confieso que estoy ciego.

Ambos se devoraban con los ojos. El pequeño esperaba una respuesta y apretaba los puños dispuesto a la pelea, al parecer. Yo estaba seguro de que aquello acabaría en riña. Todo aquello era nuevo para mí; por tanto, contemplaba la escena con curiosidad. Después supe que semejantes rencillas eran de lo más inocentes, y no tenían otro objeto que divertir a sus camaradas con una comedia. Por esto, el forzado alto y flaco envolvió a su adversario en una mirada despreciativa, esforzándose por exasperarlo examinándolo de pies a cabeza como habría hecho con un renacuajo, y repuso lentamente:

—Soy un kaghane.

Quería decir que era un pájaro kaghane.

Una formidable carcajada acogió esta salida y todos aplaudieron la agudeza del presidiario.

—¡Tú no eres un kaghane sino un canalla! —rugió el otro, que se sentía vencido.

Y furioso por la derrota que acababa de sufrir se habría arrojado sobre su adversario de no haberle rodeado prontamente sus compañeros, separando así a los que disputaban.

—¡Dejen quietas las lenguas y que hablen los puños! —gritó uno de los espectadores.

—Sí, hombre, azúzalos —repuso otro—; no falta más que eso para que se devoren. Aquí nada nos intimida y somos capaces de pelear aunque sea uno contra siete.

—¡Oh, qué valientes! Aquí hay uno por haber robado una libra de pan y otro que fue apaleado por el verdugo por robar un jarro de leche a una vieja.

—¡Va, ya basta! —exclamó un inválido, que era el encargado de mantener el orden en la cuadra y dormía en un rincón en una cama especial.

—¡Agua, muchachos! ¡Traigan agua para nuestro hermano Neválido[1] Petróvich que al fin se ha despertado!

—¿Yo hermano tuyo; yo tu hermano? ¡Jamás nos hemos bebido juntos un rublo de aguardiente! —borbotó el inválido metiendo los brazos en las mangas de su capote.

Se separó la gente para la revista, porque ya iba clareando. Los presidiarios, abrigados con pellizas, se trasladaron a las cocinas donde recibieron en el casquete bicolor el pan que les distribuían los cocineros. Éstos, como los paraschnick, eran elegidos por los mismos reclusos: había dos por cada cocina y su número no pasaba de cuatro.

Los cocineros disponían del único cuchillo que existía en el penal y les servía para cortar el pan y la carne. Los reclusos se reunían en torno de las mesas, con los gorros encasquetados, puestas las pellizas y ceñida la correa, en disposición de salir para el trabajo, y comían alegremente el pan que iban mojando en kvas. El estrépito y el vocerío eran ensordecedores; sin embargo, algunos discurrían reposadamente en los rincones.

—¡Que aproveche, padre Antónich! —dijo un joven, sentándose junto a un anciano desdentado y ceñudo que estaba acurrucado en el suelo.

—Gracias, amigo —repuso el viejo sin levantar la cabeza ni dejar de masticar con sus encías huérfanas.

—¡Palabra de que te creía muerto, Antónich!

—Dios quiera que te sigas engañando por muchos años. Pero si en ello tienes empeño, muérete cuanto antes y me enseñas el camino.

Yo me senté junto a ellos. A mi derecha, dos presidiarios importantes habían entablado un animado diálogo, esforzándose por conservar su gravedad mientras hablaban.

---

1 De la palabra inválido los penados hacían un pronombre de que se servían para burlarse del soldado anciano.

—No seré yo el engañado —dijo uno—, sino más bien el engañador…

—Te saldría mal la cuenta si lo intentaras siquiera.

—¿Qué es lo que harías? Al fin y al cabo no somos más que presidiarios. Ya verás cómo te la pagará la bribona, lo mismo que ha hecho conmigo. Hace unos días que vino, yo no sabía cómo arreglármelas para hablar con ella. Pedí permiso para ir a ver a Fedka, el verdugo. Este vivía aún en la casa que había comprado a Solomonka, el leproso, ya sabes, el judío que se ahorcó no hace mucho.

—Sí, lo conocía; el que, hace tres años, hacía de posadero y se llamaba Grischka… El figón… lo sé, lo sé muy bien…

—¡Qué has de saber! En primer lugar, no es ésa la posada…

—¡Cómo que no! El que no sabe lo que se dice eres tú: yo te presentaré todos los testigos que quieras…

—¿Tú me presentarás esos testigos? ¿Pero sabes quién eres y con quién estás hablando?

—¡Por Belcebú! Te he apaleado muchas veces, aunque esté mal decirlo; que no alces tanto el tono.

—¿Que tú me has pegado a mí? El que me haya de apalear no ha nacido todavía y uno que me apaleó está ya seis pies bajo tierra.

—¡Apestoso!

—Mala lepra siberiana te roa el cuerpo de úlceras.

—¡Así un turco parta tu cabeza maldita!

Las injurias se sucedían.

—¡Ea, acabemos! —gritó una voz—. ¡Cuando no se sabe hablar tranquilo se está uno callado!

—¿No están satisfechos con haber venido a comer el pan del Gobierno? —dijo alguien más.

De inmediato fueron separados los dos adversarios, que estaban a punto de recurrir a las manos. Estaba permitido que se injuriasen cuanto les viniera en gana, pues esto divertía a los demás presidiarios, pero ¡nada de luchar! Los adversarios no han de batirse sino en casos extraordinarios.

Si se originaba alguna riña, en seguida se ponía en conocimiento del director, quien ordenaba al punto que se abriese una información de la que siempre resultaban maltrechos los que se peleaban y aun los que no lo impedían; por esta razón, se evitaban a toda costa las reyertas de obra.

Por otra parte, los adversarios se insultan más bien por distracción, por hacer ejercicios retóricos. Si se enardecen, la disputa toma un carácter violento, feroz, y parece que se van a degollar, pero no sucede nada. Una vez que la cólera ha llegado a cierto grado, los separan en seguida y renace la calma.

Esto me sorprendía, y si cuento alguno de aquellos diálogos es para que el lector pueda formarse idea de tales escenas. ¿Cómo era posible suponer que se injuriasen por gusto? Sin embargo, es preciso tener en cuenta las excitaciones de la vanidad; un dialéctico que sabe insultar con arte es respetado y casi se le aplaudiría como a un buen actor.

Desde el momento en que entré en el penal, observé que todas las miradas se posaban sobre mí con expresión extraña. Algunos reclusos comenzaron a mariposear en seguida a mi alrededor, suponiendo que yo llevaba dinero, y trataron de ganarse mis simpatías, enseñándome la manera de llevar la cadena con menos incomodidad y otras cosas parecidas. Me facilitaron, previo pago anticipado, naturalmente, un baúl provisto de cerradura para guardar los objetos que me había entregado la administración y la poca ropa blanca que me habían permitido llevar al penal.

Pero a la mañana siguiente, los mismos reclusos me robaron el contenido del baúl y gastaron en aguardiente el importe de la pignoración. Uno de ellos, empero, me cobró verdadero cariño, lo que no impedía, sin embargo, que me robase siempre que se le presentaba la ocasión. No se avergonzaba, mi nuevo amigo, de estos actos, pues los cometía inconscientemente o como si cumpliese un deber, y por tanto no podía guardarle rencor.

Me dijeron los reclusos que era fácil tomar el té si me procuraba una tetera; es más, me facilitaron una, que habían alquilado. Me recomendaron también un cocinero capaz de hacer todos los guisos que deseara, si me decidía a comprar las provisiones por mi cuenta y a comer aparte. Como es natural, me pidieron dinero prestado; el mismo día de mi llegada hube de complacer a tres de ellos.

Los que habían sido nobles eran mal quistos de los forzados, pues aunque habían sido despojados de sus derechos y privilegios, éstos no los consideraban como iguales suyos. Para los presidiarios de clase baja seguían siendo señores y se burlaban despiadadamente de nuestra desgracia.

—¡Ay, se acabó! —decían—. Ayer iba el señorito en carruaje aplastando transeúntes por las calles de Moscú y ahora es carne de horca.

Se regocijaban con nuestros sufrimientos, que tratábamos de disimular todo lo posible. Cuando trabajábamos juntos teníamos que pasar por las más duras pruebas, porque nuestras fuerzas no igualaban a las suyas y no podíamos realmente ayudarlos. Nada hay tan difícil como ganarse la confianza y el afecto del pueblo, y con mucha más razón tratándose de gente de la calaña de nuestros compañeros de cadena. Eran pocos los ex nobles que había en el presidio, y de éstos, cinco polacos, de los que más adelante hablaré detenidamente.

Los polacos —sólo me refiero a los condenados políticos— conservaban siempre en sus relaciones con los demás forzados una actitud de dignidad afectada y ofensiva, no les dirigían la palabra y no disimulaban la repugnancia que semejante compañía les causaba. Los presidiarios lo comprendían perfectamente y les pagaban con la misma moneda.

No menos de dos años de paciencia hube de emplear para granjearme la benevolencia de algunos compañeros, pero la mayor parte de ellos me querían, declarando que era yo una excelente persona.

Entre todos los nobles rusos que estábamos en el penal sumábamos cinco, incluyéndome en este número. De uno de ellos había yo oído hablar, antes de mi llegada, como de una criatura ruin y baja, horriblemente corrompida, que ejercía el innoble oficio de espía; así pues, desde el primer día me negué a entablar relaciones con él. El segundo era el parricida, de quien ya he hablado. En cuanto al tercero, que se llamaba Akim Akímich, era un hombre tan original, que no he podido olvidar aún la vivísima impresión que me causó.

Alto, delgado, débil de espíritu y terriblemente ignorante, era razonador y minucioso como un alemán. Los presidiarios se burlaban de él, pero le temían al mismo tiempo a causa de su carácter quejoso y de pocos amigos. Desde su llegada se había puesto a su nivel y los injuriaba atrozmente cuando no recurría a vías de hecho, de las que sus adversarios salían siempre muy mal parados.

Como era la rectitud personificada, en cuanto descubría algún embuste se apresuraba a meterse, como suele decirse, en camisa de once varas. Era, además, excesivamente ingenuo, y cuando disputaba con los presidiarios les reprochaba sus delitos, exhortándolos a no volver al robo ni al crimen. Había servido, con la graduación de subteniente, en el Cáucaso. El mismo día que trabé amistad con él me contó su caso.

Ingresó en el ejército como junker (voluntario con el grado de suboficial), sirviendo en un regimiento de línea, y al cabo de no poco tiempo recibió el despacho imperial de subteniente y fue enviado a las montañas, donde le confiaron el mando de un fortín. Ahora bien, un príncipe tributario prendió fuego al fortín e intentó un asalto que no pudo llevar a cabo.

Akímich recurrió entonces a la astucia para atraérselo, y fingiendo ignorar quién era el autor de la agresión, la atribuyó a los insurrectos que merodeaban por las montañas. Al cabo de un mes invitó cortésmente al primer rey para visitarlo en el fortín, y aquél llegó a caballo, sin sospechar la trampa que le tendían.

Akímich formó a la guarnición en orden de batalla y les reveló la felonía y traición del visitante, al mismo tiempo que recriminaba a éste por su conducta, le probaba que incendiar un fortín era un crimen vergonzoso y le explicaba minuciosamente los deberes de un tributario. Y como final de su arenga, fusiló en el acto al rey, dando cuenta inmediatamente a la superioridad de aquélla ejecución.

Se abrió sumaria y Akímich fue sometido a un Consejo de Guerra, que lo condenó a muerte, pero esta pena fue conmutada por la deportación a Siberia y la condena de segunda categoría, esto es, a doce años de trabajos forzados.

Akímich reconocía de buen grado que había procedido arbitrariamente, pues el rey debió ser juzgado por un tribunal civil y no sumarísimamente con arreglo a la ley marcial. Sin embargo, no podía comprender que su acción fuese un delito.

—¿No había incendiado mi fortín? ¿Qué tenía yo, pues, que hacer? ¿Darle las gracias? —me decía, respondiendo a todas mis objeciones.

Aunque los presidiarios se burlaran de Akim y lo consideraran loco, le habían cobrado verdadero cariño.

El ex subteniente conocía todos los oficios: era zapatero, sastre, dorador y herrero. Adquirió estos conocimientos en el penal, pues le bastaba ver un objeto para hacerlo en seguida con rara perfección; y vendía en la ciudad, o mejor dicho los hacía vender, cestos, lámparas y juguetes. Gracias a su trabajo, tenía siempre algún dinero que empleaba en ropa blanca, almohadas y otros objetos. También se había comprado un colchón. Como dormía en la misma sala que yo, me fue muy útil especialmente durante los comienzos de mi reclusión.

Antes de salir del penal para dirigirse al trabajo, los forzados se alineaban en dos filas en el cuerpo de guardia, donde les rodeaban los soldados a bayoneta calada. A los pocos instantes llegaba un oficial de ingenieros con el intendente y alguna fuerza más. El intendente contaba a los reclusos y los enviaba luego por grupos a los puntos que les designaba.

Yo fui, como los demás, al depósito de los ingenieros, un edificio de mampostería, muy bajo de techo, situado en medio de un gran patio y atestado de herramientas y materiales. Había allí una fragua y talleres de carpintería, de herrería y de pintura. Akim trabajaba en este último: preparaba los aceites para los barnices, machacaba los colores y pintaba tableros imitando el nogal.

Mientras aguardaba a que me pusieran la cadena le comuniqué mis primeras impresiones.

—Sí —me dijo—, odian a los nobles, especialmente a los presos políticos, y disfrutan cuando les pueden ocasionar algún daño. Esto se comprende: no son de su clase, pues todos los reclusos han sido soldados o siervos. Así pues, ¿qué corrientes de simpatía pueden establecerse entre ellos y nosotros?

"La vida es muy dura aquí, ciertamente, pero esto es gloria, comparado con las compañías disciplinarias de Rusia. ¡Aquello es horroroso! Los que vienen de allí hablan de este penal como de un paraíso si lo comparan con aquel purgatorio. No es porque el trabajo sea muy penoso, pues se dice que la administración, que no es exclusivamente militar como aquí, trata a los reclusos de primera categoría de un modo muy diferente que a nosotros. Allí cada cual tiene su celda, me lo han contado, yo no lo he visto; no llevan uniforme ni la cabeza afeitada; sin embargo, a mi juicio, el uniforme y la cabeza rapada no tienen nada de desagradables, al contrario, revelan orden y recrean la vista. Solamente ellos pueden odiar esto. En cambio, aquí, fíjese usted qué Babel: conscriptos, circasianos, viejos creyentes, ortodoxos, muchiks casados y con hijos, judíos, gitanos, en fin, gente salida Dios sabe de dónde, y todos esos desdichados deben vivir juntos en la mejor armonía, comer en el mismo plato, dormir en el mismo tablado… No se dispone de un momento de libertad y sólo rápidamente y a escondidas puede uno hacer lo que tenga por conveniente. Además, un presidio… siempre es un presidio. A veces me vienen ganas de hacer un disparate."

Yo sabía todo esto, y únicamente mostré curiosidad por saber algo acerca del director; y lo que Akim me dijo en su largo relato me causó una impresión hondamente desagradable. Dos años hube de vivir bajo la autoridad de aquel funcionario y tuve repetidas ocasiones de comprobar que era cierto todo lo que acerca de él me había contado Akim.

Era un hombre de malos instintos y desordenado, tanto más temible cuanto que ejercía su poder casi omnímodo sobre doscientos seres humanos. Su principal error estribaba en considerar a los presidiarios como enemigos personales. Sus raras aptitudes y aun sus buenas cualidades quedaban eclipsadas por sus intemperancias y sus crueldades.

A veces entraba inopinadamente a media noche en los dormitorios, y como observase que alguno dormía boca arriba o sobre el costado izquierdo, lo despertaba violentamente para decirle: "¡Debe usted dormir en la postura que he mandado!".

Los presidiarios lo odiaban y le temían como a la peste. Su horrible cara de color escarlata imponía miedo. Era notorio, empero, que el jefe se dejaba dominar por su ordenanza Fedka y que estuvo a punto de volverse loco cuando enfermó Tresorka, su perro favorito. Cuando supo por Fedka que entre los forzados había un veterinario muy hábil, lo hizo llamar en seguida y le dijo:

—Te confío a mi perro; si Tresorka se cura, te recompensaré largamente.

El presidiario, un muchik muy listo, era, en efecto, un veterinario habilísimo, pero a la vez un saco de malicias.

Mucho tiempo después, cuando ya no había nada que temer por este lado, refirió a sus camaradas su visita al jefe del penal.

—Examiné a Tresorka —dijo—, que estaba echado en un sofá y apoyaba la cabeza en blanca almohada. El pobre animal tenía una inflamación, de la que seguramente se hubiera curado con una simple sangría. Pero en seguida pensé: ¿y si reventase el amo de desesperación por la muerte de su perro? Y con esta esperanza me apresuré a decir al jefe: "nuestra nobleza me ha llamado demasiado tarde; si hubiera yo visto al perro ayer o anteayer, estaría fuera de peligro; ahora no tiene remedio".

En efecto, Tresorka murió.

Me contaron también que un presidiario había intentado matar al jefe del penal. Hacía varios años que aquel presidiario llamaba la atención general por su rara sumisión y, sobre todo, por su taciturnidad; lo tenían por loco. Como era algo literato, se pasaba la noche leyendo la Biblia. Cuando todos dormían, él se levantaba, se encaramaba a la chimenea, encendía una vela y se ponía a leer el Evangelio. Así pasó un año entero.

Mas, de pronto, una mañana se salió de las filas y se negó resueltamente a ir al trabajo. Apenas tuvo conocimiento de este acto de insubordinación, el jefe entró en la cuadra hecho una furia y comenzó a increpar al presidiario, pero éste, rápido como el rayo, le arrojó a la cabeza un ladrillo que ya tenía preparado; mas, por fortuna para el jefe, falló el golpe.

En menos tiempo del que se emplea en referirlo, el presidiario agresor fue maniatado, juzgado y bárbaramente azotado, y tres días después dejaba de existir en la enfermería del penal. Declaró en su agonía que no odiaba a nadie y que había hecho eso porque quería morir. Sin embargo, no pertenecía a ninguna secta religiosa disidente. Su nombre se pronunciaba siempre con respeto en el penal. Al fin me pusieron la cadena. Mientras la remachaban, entraron en la fragua algunas vendedoras de panecillos blancos. Eran, en su mayoría, muchachas de pocos años, a quienes sus madres encargaban la venta del pan que ellas mismas amasaban y cocían. Cuando llegaban a cierta edad, continuaban rondando por el penal, pero no ya para vender aquel artículo de primera necesidad. A todas horas era fácil tropezar con alguna.

Entre ellas había también una que otra mujer casada que vendía a los reclusos los panecillos a razón de dos kopeks cada uno. Observé que un presidiario, carpintero, de cabeza entrecana y rostro encendido y risueño, les gastaba bromas atrevidas a las vendedoras.

Antes de que llegaran, se había anudado al cuello un pañuelo encarnado.

Entró una mujer baja, regordeta y horriblemente picada de viruelas, puso el cesto sobre el banco del carpintero y entablaron conversación.

—¿Por qué no viniste ayer? —preguntó el presidiario con una sonrisa de satisfacción.

—Vine, pero ya se habían ido ustedes —contestó la mujer con desenfado.

—Es cierto, nos hicieron ir a otro sitio y no pudimos vernos… ¿Sabes quienes vinieron a verme anteayer?

—Si no me lo dices…

—Pues Mariaschka, Javroschka, Chekunda y la Dvugroschévaya.

—¡Cómo! —exclamé, dirigiéndome a Akim Akímich—. ¿Es posible que…?

—Sí, alguna que otra vez… —repuso mi compañero bajando los ojos, pues era muy casto.

Sí, era cierto, pero raras veces y venciendo no pocas dificultades. Los presidiarios preferían el aguardiente a pesar del abatimiento de su estrecha vida. Para acercarse a aquellas mujeres era preciso ponerse antes de acuerdo sobre el sitio y la hora, darse citas, escoger un lugar solitario, burlar la vigilancia de los centinelas, lo que en más de una ocasión resultaba imposible, y, sobre todo, gastar sumas relativamente enormes; sin embargo, más de una vez fui testigo de escenas galantes. Cierto día estábamos ocupados en calentar una caldera situada bajo un cobertizo a orillas del Irtich, cuando aparecieron dos jóvenes. Los soldados que nos vigilaban eran buenos muchachos.

—¿Dónde han estado metidas tanto tiempo? —preguntó uno de los forzados que, sin duda, las esperaba—. ¿Os han entretenido quizá en casa de los Zvérkov?

—¿Los Zvérkov? Esos tipos nos volverán a ver cuando las ranas críen pelo y las gallinas echen los dientes —repuso alegremente una de las jóvenes.

Era esta la muchacha más puerca que se pueda imaginar. Se llamaba Chekunda y había llegado acompañada de Dvugroschévaya, que valía bastante menos que ella.

—¡Hola! Hace un siglo que no se te puede echar la vista encima —prosiguió el galanteador, dirigiéndose a esta última—. Parece que has adelgazado.

—Puede ser. Estaba bien metidita en carnes, mas ahora parece que como agujas.

—¿Y sigues dejándote querer por los soldados?

—¡Cómo nos calumnian las malas lenguas! Sin embargo, aunque me moliesen a palos no podría decir que me disgustan los soldados.

—Deja en paz a la milicia; a los que tienen ustedes que querer es a nosotros, pues dinero no nos falta…

¡El que así galanteaba era un hombre con la cabeza rapada, grillos a los pies y rodeado de soldados que lo custodiaban! Me pusieron, al fin, la cadena, me despedí de Akim y regresé a mi cuadra, acompañado de un soldado.

Los que trabajaban a destajo eran los primeros que volvían al penal; así es que, cuando llegué a la sala, encontré ya a algunos que descansaban.

Como la cocina no hubiera podido contener a los forzados de todas las cuadras, la comida no se hacía en comunidad, sino a medida que regresaban del trabajo. Yo probé la menestra de coles, pero como no estaba acostumbrado no pude comerla, me preparé el té y fui a ocupar un extremo de la mesa, junto a un ex noble.

Los presidiarios no cesaban de entrar y salir, a pesar de que no era sitio lo que faltaba, pues aún eran pocos. Cinco de ellos se sentaron aparte, cerca de la mesa principal, y el cocinero les sirvió dos raciones de menestra y una de pescado frito a cada uno. Celebraban la fiesta de uno de ellos y se permitían el lujo de semejante banquete.

Entró luego uno de los polacos y tomó asiento a nuestro lado.

—¡Qué bien se tratan ustedes, amiguitos! —exclamó un presidiario de elevada estatura que apareció en la cocina y paseaba su mirada por toda la pieza.

Era un hombre de cincuenta años, delgado y musculoso. Su fisonomía revelaba a la vez astucia y alegría, y su labio inferior, carnoso y colgante, le daba una expresión muy cómica.

—Y bien, ¿cómo han pasado la noche? ¿Por qué no me han dado los buenos días, mis amigos de Kurs? —dijo sentándose junto a los que banqueteaban—. Les traigo un convidado.

—No somos del gobierno de Kurs —le contestaron.

—Entonces serán de Tambovsk, que es lo mismo.

—Tampoco, y nada tienes que ver con nosotros. Si buscas una buena comilona, te has equivocado de puerta; llama a la de algún muchik rico.

—¿Dónde podría encontrarlo?

—¡Caramba! ¿Te olvidas de Gazin?

—Nada, que no estoy de suerte. A Gazin le ha dado hoy por gastar su capital en aguardiente.

—¡Qué va a gastarlo todo! —replicó otro presidiario—. Tiene por lo menos veinte rublos. El oficio de cantinero es muy productivo.

—En resumidas cuentas, que para mí no hay aquí de qué, ¿no es eso? Bueno, pues me resignaré con la comida que nos da el Gobierno.

—¿Quieres té? —repuso otro—. Pídelo a esos señores, que lo están bebiendo.

—¡Señores! Esos no son ya nobles y valen tanto como nosotros —barbotó con voz ronca un forzado que se hallaba sentado en un rincón y que hasta entonces no había dicho una palabra.

—Con gusto bebería una taza de té, pero me da vergüenza pedirlo, porque al fin y al cabo también nosotros tenemos nuestro poquito de amor propio —repuso el recién llegado.

—Déjese de escrúpulos y venga a tomarlo, si quiere —dije yo entonces—; se lo brindo con gusto.

—¡Faltaba más! No soy tan descortés para despreciarlo —contestó acercándose a la mesa y añadió con aire sombrío—: ¿Lo están ustedes viendo? Cuando era libre, no comía otra cosa que un mal potaje, y ahora, en el presidio, me permito el lujo de tomar el té como los grandes señores.

—¿Acaso aquí no toma nadie té? —pregunté a mi convidado, pero este no se dignó contestarme.

—¡Panecillos blancos! ¡Panecillos blancos! —gritó una voz.

Y apareció un presidiario joven que llevaba colgado del cuello un cesto lleno de panecillos. Por cada diez que vendía en el penal, la panadera le regalaba uno como recompensa.

—¡Panecillos! ¡Panecillos de Moscú, recién sacaditos del horno! —continuaba gritando—. ¡Con qué gusto me los comería todos! Mas para eso sería menester mucho dinero... Vamos, hijitos, cómprenme los panecillos. ¿Pero es que no tienen ustedes madre?

Este llamamiento al amor filial conmovió a todos, y el joven logró vender buena cantidad de panecillos.

—Pues bien —siguió diciendo—, Gazin se está obsequiando con una comilona que da miedo. ¡Y a fe que ha tenido tino para escoger el momento! Si llega a venir "Ocho ojos"...

—Se esconderá, y aquí no ha pasado nada. ¿Está borracho?

—Sí, pero ya se sabe que tiene muy mala bebida.

—Seguramente se irá a las manos con alguno.

—¿De quién hablan? —pregunté al polaco que estaba sentado a mi lado.

—De Gazin, un recluso que vende aguardiente —me contestó—. Cuando ha ganado algún dinero con su comercio se gasta hasta el último kopek. Es atroz cuando está borracho; no es malo en su cabal juicio, pero en cuanto toma un trago de más, acomete con un cuchillo a los que se le ponen por delante, y a fe que cuesta Dios y ayuda desarmarlo.

—¿Cómo lo logran?

—Se arrojan sobre él diez personas y le dan de palos hasta que cae al suelo privado del uso de los sentidos, y luego lo echan en el tablado, cubriéndole con su capote.

—¡Pero así pueden matarlo! —exclamé yo.

—Otro que no fuera él no sobreviviría a tan tremenda paliza, pero Gazin es, sin disputa, el más fuerte de todos los reclusos. Es de constitución tan robusta que a la mañana siguiente se levanta como si nada hubiera pasado.

—Dígame —continué, dirigiéndome al polaco—, ¿por qué me miran aquellos que comen en mesa aparte como si envidiasen el té que estoy tomando?

—El té les tiene sin cuidado —me respondió—; lo miran con aire sombrío porque usted es noble y no pertenece a su ralea. Darían cualquier cosa por armarle pleito e infligirle una humillación cualquiera. ¡Ah, no puede imaginarse los sinsabores que están reservados aquí! Para nosotros es un martirio vivir en este lugar, porque nuestra existencia resulta doblemente penosa, y se necesita una voluntad de hierro para sobrellevarla. Su té y sus comidas le acarrearán a usted insultos sin cuento. Sin embargo, son muchos los que comen aparte y toman té diariamente: esos miserables creen que semejante derecho sólo a ellos les corresponde.

Dicho esto, el polaco abandonó la cocina, y momentos después comenzaron a realizarse sus predicciones.

III

LAS PRIMERAS IMPRESIONES
(CONTINUACIÓN)

Apenas hubo salido M…tskii, que así se llamaba el polaco que había hablado conmigo, entró en la cocina Gazin, completamente borracho.

Ver a un presidiario ebrio en pleno día, cuando todos debían estar ocupados en los trabajos y a pesar de la conocida severidad del jefe, que de un momento a otro podía caer como un rayo, y a despecho de la vigilancia del sargento de guardia, que no se apartaba diez pasos del recinto, era para mí un espectáculo tan incomprensible, que destruía la idea que yo me había formado del presidio.

No sin trabajo y tiempo, más tarde pude comprender y explicarme ciertos hechos que a primera vista me parecieron enigmáticos. He dicho ya que todos los presidiarios dedicaban sus horas de descanso o de ocio a alguna ocupación personal, y que este trabajo era para ellos una necesidad natural e imperiosa.

En efecto, el forzado ama el dinero sobre todas las cosas, casi tanto como la libertad. Podría decirse que se resigna a su suerte siempre que tenga algunos kopeks en el bolsillo; mientras que, por el contrario, si carece de dinero, por poco que sea, está siempre triste, inquieto, desesperado y dispuesto a cometer un crimen siempre que con ello se lo procurara.

Sin embargo, a pesar de la importancia que dan al dinero, los presidiarios sólo lo tenían en su poder pocas horas, porque era muy difícil conservarlo: o se lo secuestraban o se lo robaban.

Cuando el jefe, en alguno de sus inesperados registros, descubría alguna cantidad penosamente ahorrada, la confiscaba sin remisión, y es de suponer que la emplearía en mejorar el rancho de los reclusos, puesto que quedaba en su poder sin que tuviera que dar cuenta de ella. Pero lo más frecuente era que los mismos reclusos robasen a sus compañeros las economías que habían hecho.

No obstante, se descubrió un medio para preservar el dinero contra los registros y los rateros. Este medio era un anciano, viejo creyente, oriundo de Staróduvo, el cuál se encargaba de esconderlo.

No puedo resistir al deseo de decir algunas palabras acerca de este individuo, aunque haya de apartarme de mi relato.

Aquel anciano de cabellos blancos tenía sesenta años y era delgado y bajo de estatura. A primera vista me causó una honda impresión, pues no se parecía a ningún otro presidiario. Su mirada era tan dulce y tranquila, que no me cansaba de ver sus ojos claros y serenos, rodeados de ligeras arrugas. Departía a menudo con él, embriagado por el perfume de bondad y de benevolencia que se exhalaba de todo su ser. Había sido condenado a trabajos forzados por un delito muy grave. Un gran número de viejos creyentes de Staróduvo (provincia de Tchernigov) se había convertido a la fe ortodoxa.

El Gobierno había hecho todo lo posible para alentarlos a continuar por el camino emprendido y procurar convertir a los disidentes. El anciano, empero, y otros fanáticos como él, habían resuelto defender la fe a toda costa, y cuando estaba ya casi terminada en la ciudad la iglesia ortodoxa, le prendieron fuego. Semejante atentado le valió al autor ser deportado a Siberia.

Era nuestro hombre a la sazón un burgués bastante acomodado, que se dedicaba al comercio y dejaba mujer e hijos amantísimos; no obstante, se separó de ellos animosamente y partió para el destierro persuadido de que adquiriría una gloria imperecedera sufriendo persecuciones por su fe.

Cuando se pasaba algún tiempo al lado de aquel venerable ancia-no, era imposible no preguntarse con profunda extrañeza cómo pudo cometer el exceso que lo condujo al presidio. Varias veces le hice algunas indicaciones acerca de su fe, y aunque ésta había arraigado muy hondo en su corazón, jamás salió de sus labios una palabra de odio o de menosprecio por la doctrina contraria a la suya ni por los que la profesaban. Sin embargo, había incendiado una iglesia y de ello no se arrepentía. Parecía convencido de que su delito y lo que él llamaba su martirio eran acciones gloriosas.

Existían en el presidio otros viejos creyentes, siberianos en su mayoría, muchiks inteligentes y astutos, y dialécticos a su manera, que observaban ciegamente su Ley y gustaban de entablar controversias, pero tenían un defecto: eran altivos, orgullosos e intolerantes.

El anciano no se parecía a ellos en nada: aunque razonaba con precisión y era un polemista de cuidado, evitaba toda discusión. De carácter alegre y expansivo, reía siempre, pero no con la grosería y cinismo del resto de los presidiarios, sino con una risa dulce y bondadosa que reflejaba ingenuidad infantil y armonizaba perfectamente con su cabeza plateada.

Quizá me equivoque, pero tengo por seguro que se puede conocer a un hombre por su modo de reír: si la risa de un desconocido nos resulta simpática, podemos afirmar que aquel hombre es bueno.

El anciano había conquistado el cariño y el respeto de todos los presidiarios, pero de ello no se envanecía. Lo llamaban abuelo y ninguno osaba ofenderlo ni molestarlo jamás. Por esta circunstancia me hice perfecto cargo de la influencia que pudo ejercer sobre sus correligionarios.

Mas, a despecho de la firmeza con que parecía sobrellevar la vida de presidio, se adivinaba a simple vista que disimulaba una tristeza profunda, incurable.

Dormíamos en la misma cuadra. Una noche, ya casi de madrugada, me desperté y oí un sollozo lento, ahogado. El viejo estaba sentado sobre la estufa, en el mismo sitio en que acostumbraba hacerlo el presidiario que quiso matar al jefe del penal, y leía su eucologio manuscrito. Lloraba murmurando: "¡Señor, no me abandones! ¡Maestro, fortalece mi espíritu! ¡Adiós para siempre, hijos míos queridísimos!".

No podría decir lo que sufrí oyéndole.

Entregábamos nuestro dinero al anciano, pues había cundido la voz de que era imposible robárselo. Se sabía que lo escondía en algún sitio, pero resultó inútil todo lo que se hizo para descubrir su secreto. Sin embargo, nos lo reveló a los polacos y a mí.

Uno de los troncos de la empalizada tenía una rama, fuertemente adherida, al parecer, pero que en realidad era fácil de quitar y volver a poner en su sitio sin que se notara, y el hueco que dejaba al descubierto servía de caja fuerte a nuestro tesorero.

Y ahora vuelvo a mi relato. ¿Por qué no conservaban los presidiarios el dinero? No era sólo por las dificultades que esto ofrecía, sino porque, y principalmente, la vida de presidio es demasiado triste. ¡El forzado tiene natural y constantemente tanta sed de libertad! Por su posición social es un ser despreocupado y tan desordenado que, aunque sólo sea para olvidar sus dolores, se le ocurre y halaga la idea de gastar todo su capital en un festín y de aturdirse con el ruido y la música.

Era extraño ver a ciertos individuos inclinados sobre su trabajo con el único objeto de gastar en un día todas sus ganancias, hasta el último kopek, y volver de nuevo a su trabajo para regalarse con otra comilona al cabo de varios meses.

Algunos gustaban también de comprarse trajes nuevos más o menos raros, como pantalones de fantasía, chalecos y abrigos, pero lo que más los entusiasmaba eran las camisas de indiana y los cinturones con hebillas de metal. Los días festivos lucían los elegantes sus trajes flamantes, y había que verlos contentos como chiquillos pavoneándose por todas las dependencias del presidio. Pero aquellos trajes y aquellas prendas tan codiciadas iban a parar luego a manos del prestamista que daba unos cuantos kopeks por la pignoración.

Los festines y comilonas se celebraban en épocas fijas, coincidiendo con las solemnidades religiosas y las onomásticas. El presidiario que festejaba su fiesta encendía un cirio ante la imagen de su santo, oraba con más o menos fervor, disponía su comida, con las provisiones de carne, pescado y dulces que previamente había comprado, y tragaba como un buey, casi siempre solo, pues era muy raro que convidase a algún compañero.

Entonces aparecía el aguardiente: el forzado bebía como una esponja y dando trompicones iba luego recorriendo, una por una, todas las cuadras para demostrar a sus camaradas que era merecedor de especial consideración, puesto que estaba borracho hasta el punto de no poder tenerse en pie sino a duras penas.

El pueblo ruso siente una suerte de simpatía por los hombres ebrios, y entre los presidiarios la embriaguez era un mérito, una distinción aristocrática. Si tenía fondos, se procuraba también un rato de música.

Teníamos con nosotros un joven polaco, desertor, más feo que el pecado, el cual poseía un violín que tocaba aceptablemente. Como no tenía oficio, se le contrataba para que acompañase de cuadra en cuadra a los camaradas que querían bailar y divertirse. A veces reflejaba su rostro el hastío y la repugnancia que le ocasionaba aquella música que era siempre la misma, pero la voz de algún presidiario que le gritaba: "¡Toca hasta que revientes, que para eso te pagamos!", lo devolvía a la realidad, y rascaba el violín con nuevas fuerzas.

Los borrachos estaban seguros de que alguien vigilaba sobre ellos y que los ocultarían a las miradas del jefe si éste tenía la mala ocurrencia de aparecer de improviso en el penal. Este servicio, por su carácter mutuo, era desinteresado.

Por otra parte, el subteniente y los inválidos encargados de mantener el orden dentro del recinto, se hacían de la vista gorda, pues sabían que si algún borracho se desmandaba, sus camaradas lo pondrían en seguida a buen recaudo, y no ignoraban que si en el penal faltase el aguardiente las cosas irían de mal en peor.

¿Cómo se procuraban el aguardiente?

Lo compraban en el mismo presidio a los cantineros, como llamaban a los camaradas que se dedicaban a esta lucrativa industria y que eran demasiados en proporción al número de bebedores y borrachos, porque este deleite resultaba demasiado caro para los exhaustos bolsillos de los compradores.

El comercio se empezaba, continuaba y acababa de un modo muy original. El recluso que no tenía oficio o no quería trabajar, pero en cambio ambicionaba el dinero, en cuanto disponía de algunos kopeks se dedicaba a la compra y reventa de aguardiente.

La empresa era ardua y exigía una audacia temeraria, pues se arriesgaba el pellejo, amén de la pérdida del género. Pero el cantinero no retrocede jamás ante ningún obstáculo. Al principio, cuando dispone de poco dinero, lleva él mismo el aguardiente al penal y lo vende realizando buenas ganancias.

Repite esta operación dos o tres veces más, y si logra no ser descubierto, pronto hace una hucha que le permite ampliar el negocio: se convierte en empresario, en capitalista. Entonces tiene agentes y ayudantes, arriesga mucho menos y gana mucho más. Sus ayudantes son los que corren todos los riesgos.

En los presidios abundan siempre reclusos miserables y sin oficio, pero dotados de audacia y destreza indecibles. Su único capital son sus espaldas y no reparan en ponerlo en circulación, ofreciéndose a los cantineros para introducir el aguardiente en el penal. En la ciudad tampoco falta algún soldado, algún burgués o una muchacha que, por una mezquina recompensa, compre aguardiente por cuenta del cantinero y lo oculte en el escondrijo que el presidiario-contrabandista únicamente conoce, junto a la cantera donde trabaja.

El intermediario suele catar durante el camino el líquido y sustituye con agua la cantidad que trasiega al buche, pero es preciso resignarse: el cantinero no puede ser quisquilloso ni exigente sino tenerse por dichoso si no le roban el dinero y le llevan el aguardiente, de cualquier clase que sea.

Detras del portador, llega al lugar indicado el ayudante del cantinero, provisto de una tripa de buey perfectamente lavada y llena siempre de agua para que conserve su elasticidad.

Una vez llena la tripa, el contrabandista se la oculta en la parte más secreta de su cuerpo. Ésta es la mayor prueba de astucia y habilidad que pueden dar aquellos atrevidos presidiarios. Su honor está empeñado, y es preciso a toda costa burlar a los soldados de la escolta y del cuerpo de guardia, y lo hace.

Antes de llegar al penal, se coloca en la mano una moneda de quince o veinte kopeks, por lo que pudiera ocurrir, y espera en la puerta al cabo de guardia, el cual registra a los presidiarios antes de dejarles libre el paso.

Confía el contrabandista en que el cabo no será muy escrupuloso en su registro y se andará con cuidado al tocar ciertas partes del cuerpo, pero si el cabo es listo y malicioso, echa mano en seguida al sitio donde está oculto el contrabando. Entonces no le queda al cuitado ayudante del cantinero más que un medio de salvación: deslizar disimuladamente la moneda que lleva preparada, y así suele llegar sin tropiezo a presencia de su principal.

A veces no le resulta el juego, y entonces es cuando el contrabandista pone realmente su capital en circulación, pues se da conocimiento al jefe del penal, quien ordena invariablemente que le suministren un lluvia de palos y se decomise el género. El contrabandista sufre el castigo sin denunciar al empresario, no porque la delación lo horrorice, sino porque de nada le serviría: de todas suertes será cruelmente azotado. El único consuelo que tendría, en todo caso, sería ver que el cantinero participaba de su castigo, pero como tiene necesidad de aquél, no lo denuncia.

La delación, sin embargo, en los presidios es cosa corriente. En vez de apartarse asqueados de un espía, procuran los forzados hacerse amigos suyos. Si alguno tratase de demostrarles la bajeza de la denuncia recíproca, no sería comprendido.

El ex noble a quien antes me he referido, el vil y despreciable individuo con el que no quise sostener ninguna clase de relaciones desde mi llegada al presidio, era amigo de Fedka, el ordenanza del jefe, a quien contaba todo lo que sucedía.

Fedka, naturalmente, se apresuraba a comunicarlo a su amo. Esto lo sabían todos los forzados, pero a ninguno se le habría ocurrido castigarlo por esto ni aun reprocharle su traición.

El contrabandista entrega el aguardiente al empresario y ambos ajustan cuentas; y como a éste le resulta siempre caro, lo mezcla con agua a partes iguales y así se asegura la ganancia que desea. El primer día de fiesta que llega, y a veces en los laborables, comparece ante el cantinero un presidiario, que ha trabajado como un negro durante varios meses para ahorrar kopek a kopek una pequeña suma y gastársela en un solo día. Desde el día en que comenzó su trabajo, el presidiario ha soñado con esa francachela y sólo el pensamiento de poder realizarla lo ha sostenido.

Despunta, al fin, la aurora del día tan impacientemente esperado; el presidiario tiene ya en su bolsillo un dinero que, por rara fortuna, no le ha sido sustraído o confiscado, y puede derrocharlo en la forma que le plazca. Entrega, pues, sus ahorros al cantinero, el cual le da, al principio, aguardiente casi puro (no ha sido bautizado más que un par de veces); pero a medida que la botella baja, él la va llenado de agua. De este modo, el presidiario paga el aguardiente cinco o seis veces más caro que en una taberna.

Fácil es imaginarse las copitas que debe apurar el presidiario y el dinero que ha de gastar antes de embriagarse. No obstante, como ha perdido la costumbre de beber, el poco alcohol que contiene el líquido lo emborracha antes de lo que puede suponerse. Y sigue bebiendo hasta que se queda sin el último kopek, y empeña hasta sus trajes.

El cantinero ejerce también de prestamista, pero, como su guardarropa particular es modesto, empeña también las prendas que le ha entregado el Gobierno. Y cuando el borracho se ha bebido hasta la camisa que lleva puesta, se acuesta a dormir la siesta y al día siguiente se despierta con un dolor de cabeza horrible.

Suplica entonces inútilmente que le fíe una copita para que se le pase aquel malestar y, soportando con honda tristeza la negativa, el mismo día reanuda su trabajo; durante varias veces no levanta la cabeza, soñando con la francachela que se promete cuando haya ahorrado lo suficiente.

Cuando el cantinero ha ganado una buena cantidad, una decena de rublos, máximo, pide otra remesa de aguardiente. Pero entonces no lo bautiza, porque... lo reserva para sí. Entonces come, bebe, se embriaga y paga al músico. Sus medios le permiten sobornar a los empleados del presidio. A veces dura esta diversión varios días. Cuando se le acaba su provisión de aguardiente, recurre como un parroquiano cualquiera a los otros cantineros y gasta también su último kopek.

Por muy estrecha que sea la vigilancia que ejercen los presidiarios sobre sus camaradas que se divierten para evitarles un mal tropiezo, sucede una que otra vez que los sorprende el jefe o el sargento. En este caso, el borracho es conducido al cuerpo de guardia donde le confiscan todo el dinero que lleva encima y, por añadidura, le obsequian un buen número de azotes. Hecho esto, el recluso se sacude como perro apaleado, vuelve a su cuadra con las orejas gachas y la cabeza despejada, y a los pocos días ejerce nuevamente de cantinero.

No es raro encontrar entre los presidiarios atrevidos enamorados del bello sexo. Mediante el pago de una cantidad relativamente importante, logran sobornar a algún soldado que les permite salir del recinto o hacer alguna escapatoria durante las horas del trabajo. No lejos del penal existe una casita de aspecto tranquilo, en la que se puede gastar alegremente un puñado de rublos. El dinero del presidiario no es de despreciar, y los soldados suelen favorecer estas escapatorias, con la seguridad de que serán generosamente recompensados. Naturalmente, estos soldados son, por lo general, futuros candidatos a los trabajos forzosos.

Estas salidas permanecen siempre secretas y, además, son muy raras, porque cuestan caras y los amantes del bello sexo prefieren recurrir a otros medios menos costosos.

Los primeros días de mi llegada al presidio, me llamó poderosamente la atención un joven de facciones muy correctas. Se llamaba Sirotkin, contaba con escasos veintitrés años y era un ser enigmático desde todos los puntos de vista. Pertenecía a la sección especial, lo que equivale a decir que había sido condenado a trabajos forzosos a perpetuidad. Debía ser considerado uno de los delincuentes militares más peligrosos.

Amable y tranquilo, hablaba poco y reía menos. Sus ojos azules, su blanca tez y sus cabellos rubios le daban una expresión dulce que no hacía desmerecer la rapadura de su cabeza. Aunque no tenía ningún oficio, se procuraba de vez en cuando algunas pequeñas cantidades de dinero. Era el más haragán que pueda imaginarse y vestía con suma negligencia. Si alguno le regalaba una camisa encarnada, no cabía en sí de gozo y se mostraba ufano por todas las dependencias del presidio. Sirotkin no bebía ni jugaba ni reñía jamás con sus camaradas. Paseaba siempre con las manos en los bolsillos, pacíficamente, con aire pensativo.

Lo que pensaba es lo que no sé. Cuando se le llamaba para preguntarle alguna cosa, respondía con deferencia y concisión, mirando a los ojos con la ingenuidad de un niño de diez años. Si tenía dinero, no compraba jamás lo que los otros creían indispensable; le tenía sin cuidado el traje y el calzado; ni los hacía remendar ni se compraba otros nuevos. Lo único que le gustaba eran los panecillos y los dulces, y los comía con la fruición de un chiquillo.

Si no se trabajaba, iba de acá para allá por las cuadras; y si los demás trabajaban, él permanecía tranquilamente con las manos en los bolsillos. Se burlaban de él, le hacían bromas pesadas o picantes, y volvía las espaldas sin despegar los labios, enrojeciendo vivamente si el chiste era subido de color. Yo me preguntaba a menudo qué delito podía haber cometido. Un día que me encontraba enfermo en el hospital, Sirotkin estaba tendido en un jergón junto a mi cama. Entablé conversación con él y me contó, sin que yo le preguntara, que había sentado plaza de soldado, que su madre lo acompañó llorando y que había sufrido atrozmente en el ejército.

Añadió que no había podido acostumbrarse a aquella vida, porque la disciplina era demasiado rígida, y los superiores, que se enfurecían por cualquier bagatela, estaban siempre disgustados con él.

—Pero ¿por qué has sido enviado aquí y precisamente a la sección especial? —le pregunté.

—Porque al cabo de un año de estar en el regimiento, maté a mi capitán, Grigorii Petróvich.

—Me lo habían dicho, pero me resistía a creerlo. ¿Por qué cometiste ese crimen, Sirotkin?

—Aquella vida era demasiado dura, Aleksandr Petróvich.

—Sin embargo, los demás la soportaban —repliqué—. Ciertamente, al principio es algo dura, pero se acostumbra uno poco a poco y se acaba por ser excelente soldado. Tu madre ha debido echarte a perder con sus mimos. ¡Apostaría que te ha alimentado con bizcochos y natillas hasta que cumpliste los dieciocho años!

—Es cierto, mi madre me quería entrañablemente. Cuando me separé de ella se metió en cama y no volvió a levantarse… ¡Cuán penosa se me hizo la vida militar! Se me castigaba incesantemente sin saber por qué. Yo obedecía a todos, era exacto y nada negligente, no bebía ni pedía jamás dinero prestado, porque el contraer deudas es una cosa muy fea, y, sin embargo, todos eran conmigo muy crueles.

"Algunas veces me retiraba a un rincón y lloraba amargamente. Un día o, mejor dicho, una noche, estaba yo de centinela. Era otoño, soplaba un viento fortísimo y frío, y la oscuridad era tan densa que no se veía a un palmo de distancia. La tristeza me ahogaba… Quité entonces la bayoneta de mi fusil, la enfundé en la vaina, me descalcé y, apoyando la barba en el cañón, apreté el gatillo con el dedo gordo del pie, pero el tiro no salió. Examino el fusil, lo vuelvo a cargar con pólvora nueva, dirijo el cañón contra mi pecho, y de nuevo falla el tiro. '¿Qué hacer?', me dije. Volví a calzarme, calé la bayoneta y, echándome el fusil al hombro, me puse a pasear de arriba abajo. 'Pues bien', pensé, 'que me manden a donde quieran, porque estoy resuelto a no ser soldado ni un día más'. Al cabo de media hora llegó el capitán que hacía la ronda y, encarándose airadamente conmigo, exclamó: '¿Es así cómo deben estar los centinelas?'. En vez de contestar, empuñé el fusil y le hundí la bayoneta en el vientre. A consecuencia de esa muerte me condenaron a trabajos forzosos por toda mi vida, y después de hacerme andar a pie cuatro mil verstas, me inscribieron aquí en la sección especial."

El joven no mentía; sin embargo, no comprendo por qué fue condenado. Semejantes delitos no debían ser castigados con tanta severidad.

Sirotkin era el único presidiario verdaderamente hermoso. Sus quince camaradas de la sección especial eran horrorosos, de fisonomías odiosas y repugnantes.

Las cabezas grises eran numerosas; más adelante hablaré largamente de esos individuos. Sirotkin estaba en buenas relaciones de amistad con Gazin, el cantinero de quien me he ocupado al principio de este capítulo.

Gazin era un hombre terrible. La impresión que producía a todos era espantosa. Me parecía que no podía existir criatura humana más feroz ni más monstruosa que aquel presidiario. Sin embargo, conocí a Tóbolsk Koménev, el bandido que se había hecho famoso por sus crímenes. Más tarde conocí a Sokólov, presidiario evadido, antiguo desertor y feroz asesino, pero ni uno ni el otro me causó tanta repugnancia como Gazin. Éste me hacía pensar en una araña enorme, gigantesca, del tamaño de un hombre. Era tártaro y no existía en el presidio quien lo aventajase en fuerza muscular. Pero no era su elevada estatura y su corpulencia hercúlea lo que infundía especial terror, sino su cabeza enorme y deformada. Se referían mil historias acerca de este monstruo: decían unos que había sido soldado; otros afirmaban que era un evadido de Nerschinsk, y algunos sostenían que había sido deportado a Siberia varias veces, logrando escaparse otras tantas.

Finalmente había sido encerrado en nuestro penal e inscrito en la sección especial. Según parece, le gustaba asesinar a los niños que lograba atraer con engaños a algún lugar apartado, gozándose en el espanto, en el terror y el llanto desgarrador de aquellas pobres criaturitas a las que mataba lenta y bárbaramente, con verdadero ensañamiento y fruición.

Tal vez eran imaginarios estos horrores y sugeridos por la impresión indeciblemente penosa que la sola vista de aquel monstruo producía, pero eran, sin disputa, verosímiles tratándose de un hombre semejante. Sin embargo, cuando Gazin no estaba borracho era muy tratable. Estaba siempre tranquilo, no buscaba nunca camorra, evitaba las discusiones y despreciaba a los que lo rodeaban, como si tuviese de sí mismo un concepto muy elevado.

Hablaba muy poco. Todos sus movimientos eran mesurados, tranquilos, desenvueltos. Su mirada no carecía de inteligencia, pero su expresión era cruel e irónica como su sonrisa.

Era el más rico de todos los presidiarios que se dedicaban a la venta de aguardiente. Dos veces al año se emborrachaba como una cuba, y entonces se mostraba tal cual era, en toda su espantosa brutalidad. Se alteraba poco a poco, zahiriendo a sus camaradas con punzantes bromas, y acababa en accesos de furia rabiosa, acometiendo, armado de cuchillo, a cuantos se interponían en su camino. Los presidiarios, que conocían sus fuerzas hercúleas, huían en desbandada, hasta que, al fin, se descubrió un medio de reducirlo, propinándole sendos golpes en el pecho, en el estómago y en el vientre, hasta que caía al suelo privado de sentido. A la mañana siguiente Gazin se levantaba, sin mostrarse resentido de la tremenda paliza que había recibido, e iba al trabajo taciturno y sombrío. Cada vez que Gazin se embriagaba, sabían los presidiarios que sería preciso reducirlo a fuerza de palos; y aunque el propio interesado no lo ignoraba, seguía bebiendo tranquilamente.

Así transcurrieron varios años, y al fin se notó que Gazin empezaba a decaer, pues se quejaba constantemente de un achaque u otro, y sus visitas a la enfermería eran frecuentes. El día a que me refiero entró Gazin en la cocina seguido del polaco violinista. Se detuvo en medio de la estancia y paseó su mirada por todos sus compañeros, fijándola, por último, en nosotros. Sonrió horriblemente, como celebrando de antemano el golpe que preparaba, y se acercó a nuestra mesa tambaleándose.

—¿Se puede saber —dijo— de dónde sacan ustedes el dinero para tomar té en esta casa?

Cambié una mirada con mi compañero y me di cuenta de que era mejor callar, pues la menor contradicción podía irritar a Gazin hasta el paroxismo.

—Fuerza es —prosiguió— que tengan ustedes dinero, mucho dinero, para que se permitan ese lujo. Pero, díganme, ¿han sido ustedes enviados a trabajos forzosos para que se recreen tomando el té? ¿Es para esto para lo que han venido? ¡Venga, contesten!

Al comprender que estábamos resueltos a no hacerle caso, se precipitó sobre nosotros lívido y temblando de rabia. A dos pasos había una pesada caja de madera, que servía para colocar el pan cortado que debía distribuirse en la comida y la cena a los reclusos, y cuyo contenido habría bastado para saciar a la mitad del presidio. En aquel momento la caja estaba vacía. Gazin la tomó con ambas manos y la levantó sobre nuestras cabezas. Aunque los homicidios o las tentativas de homicidio eran a la sazón fuente inagotable de tormentos para los reclusos, porque las inspecciones y registros se sucedían sin interrupción, seguidas de tremendos castigos a los transgresores; y aunque todos los reclusos se apresuraban a intervenir para evitar los altercados y riñas que podían tener graves consecuencias, nadie se movió de su sitio. No se oyó ni una palabra en nuestro favor, ni una exclamación para contener a Gazin. Era tal el odio que los presidiarios alimentaban contra los nobles, que gozaban viéndonos en peligro de muerte.

Por fortuna, una circunstancia imprevista cambió el sesgo de aquella escena que pudo tener un final trágico. En el momento en que el atleta blandía la pesada caja con el ánimo evidente de aplastarnos el cráneo, entró precipitadamente en la cocina su compañero de cuadra, gritando a voz en cuello:

—¡Gazin, te robaron el aguardiente!

El bandido lanzó una horrible blasfemia y, tras arrojar la caja al suelo, salió de la cocina como una exhalación.

—¡De buena han escapado! —exclamaron varios reclusos—. ¡Ya pueden dar gracias a Dios!

Aquella misma tarde, antes de ser encerrado en la cuadra, paseaba yo a lo largo de la empalizada, invadido de una tristeza tan honda como jamás la había sentido. Nunca me sentí tan desgraciado como en aquel momento. El primer día de reclusión es siempre el más duro, sea en un presidio o en una cárcel…

El pensamiento que me agitaba no me abandonó en todo el tiempo que duró mi deportación, ni aun después de recobrar la libertad: era una cuestión no resuelta entonces y que parece no lleva camino de que se resuelva nunca. Meditaba sobre la desigualdad del castigo en los mismos delitos. En efecto, no se podían comparar unos delitos con otros ni siquiera por aproximación. Dos asesinos matan cada uno a un hombre, y el tribunal pesa y examina detenidamente las circunstancias que concurren en ambos delitos; sin embargo, aplica la misma pena, a pesar del abismo existente entre un delito y otro. Uno asesinó por una bagatela, por una cebolla: mató a un muchik con objeto de apoderarse de una cebolla, que era todo lo que la víctima llevaba encima.

—¡He sido condenado a trabajos forzados por una cebolla! —dice el criminal.

—¡Que burro eres! —le contesta otro—. Una cebolla vale un kopek; debiste haber matado a cien muchiks, y así habrías reunido otros tantos kopeks.

Otro recluso había matado a un libertino que ultrajaba a su esposa, a su hermana y a su hija.

Un vagabundo, medio muerto de hambre, perseguido y acorralado por la policía, mató en defensa de su libertad y de su vida. ¿Merece por esto el mismo castigo que el bandido que asesina niños por el monstruoso placer de ver teñidas sus manos con la sangre humeante de aquellas criaturitas, de ver temblar y estremecerse de terror a sus víctimas a la vista de la reluciente hoja del cuchillo que ha de desgarrar sus carnes? No, ciertamente; sin embargo, todos serán condenados a la misma pena, a trabajos forzosos.

La condena no tendrá la misma duración, es cierto; pero las variedades de la pena son muy poco numerosas, mientras que las de los delitos son infinitas, no se perpetran dos crímenes en idénticas circunstancias, pero admitamos que sea imposible hacer que desaparezca esta primera desigualdad del castigo, que sea esto un problema insoluble y que, en materia penal, se haya descubierto ya la cuadratura del círculo. Admitámoslo. Pero, si prescindimos de esta primera desigualdad, tropezamos al punto con la segunda: la consecuencia de la pena.

He aquí un hombre que sufre, languidece y se consume como una bujía; véase allí, en cambio, otro que antes de ser deportado no podía soñar siquiera con la existencia de una vida tan cómoda y descansada, en compañía de alegres y simpáticos camaradas.

De estos últimos se encuentran muchos en los establecimientos penales. A un hombre de corazón, de conciencia y de espíritu cultivado lo matan más pronto los sufrimientos morales que todas las penalidades materiales, por duras que sean. La sentencia que él mismo ha pronunciado sobre su propio crimen es más implacable que la del más severo tribunal y la de las leyes más draconianas.

Está obligado a vivir junto a otro penado que no ha reflexionado un solo instante acerca del delito que expía y del que, tal vez, se cree inocente. ¿No existen también desdichados que cometen un crimen con el único objeto de ser enviados a trabajos forzosos y sustraerse de una libertad que es para ellos infinitamente más penosa que la reclusión?

En el presidio el trabajo es menos penoso y se come mejor; los días festivos probará la carne, y las limosnas y el trabajo nocturno facilitan algún dinerillo, cosas todas que antes no conocía, sin contar con la agradable compañía de hombres despreocupados y divertidos.

Los presidiarios son todos listos y astutos, y el recién llegado los contempla arrobado, admirando sus argucias y su talento para salir airosos de los más graves apuros. Y como no ha visto en su vida cosa semejante, se cree, entre ellos, en el mejor de los mundos.

Mas ¿para qué pensar en lo que no tiene solución posible? Volvamos a nuestro encierro.

IV
SOBRE EL MISMO ASUNTO

Nos contaron una vez más, cerraron luego las puertas de las cuadras, cada una con un candado especial, y quedamos recluidos hasta el siguiente día.

La revista solía pasarla un sargento acompañado de dos soldados. Cuando incidentalmente asistía algún oficial, los reclusos nos formábamos en el patio, pero de ordinario se pasaba lista, o nos contaban, mejor dicho, en las mismas salas.

Si los soldados se equivocaban, como solía ocurrir a menudo, salíamos y entrábamos uno a uno hasta que les resultaba bien la cuenta. En cada cuadra, según queda dicho en otro lugar, dormíamos una treintena de reclusos, sobre los tablados que nos servían de lecho.

Como era aún temprano para acostarse, mis compañeros se pusieron a trabajar cada cual en su especialidad. Además del inválido de que he hablado, que dormía en nuestra cuadra y representaba durante la noche a la autoridad del penal, había en cada sala un cabo de varas, elegido por el director entre los que se distinguían por su buena conducta.

No era raro, empero, que los cabos tuviesen algún desliz, y entonces eran privados de su cargo y sometidos al castigo de azotes, y los sustituían otros compañeros de conducta recomendable.

Nuestro cabo de varas era precisamente Akim Akímich. Observé con sorpresa que reprendía constantemente, y no en muy buenas formas, a los reclusos, quienes le respondían con alguna broma. El inválido no se mezclaba jamás en estos dimes y diretes, salvo que fuese necesario para evitar que se alterase el orden, y permanecía sentado y silencioso junto a su cama, remendando un zapato.

Aquella misma noche hice una observación que más adelante pude comprobar como cierta. Todos los que, sin ser presidiarios, están en contacto con ellos, especialmente los soldados de escolta y de guardia, los consideran desde un punto de vista falso y exagerado. Suponen que por una nonada, por un capricho cualquiera o una frase que les disguste, los penados se les han de echar encima cuchillo en mano. Y, naturalmente, los penados, conscientes del terror que inspiran, se muestran arrogantes y temibles.

Por esta razón, el mejor director de un penal será siempre el que les demuestre que no les teme ni se conmueve. A pesar de su aire bravucón, los reclusos prefieren que se tenga confianza en ellos. Si se procede así, es posible lograr que se sometan de buen grado.

En cierta ocasión observé que contemplaban atónitos, como si de un rasgo de heroísmo se tratase, a un jefe que entró sin escolta en el recinto del penal. Sin duda, aquel estupor no tenía nada de adulación. Un hombre decidido y valiente impone respeto a los presidiarios; y si ocurre algún desaguisado no será, por cierto, en su presencia.

El miedo que infunden los penados es general, y, sin embargo, no tiene razón de ser. ¿Será acaso porque produce repugnancia el aspecto del recluso y su repulsiva cara de facineroso? ¿O será más bien porque al poner el pie en el presidio lo invade a uno el pensamiento de que es imposible hacer de un hombre vivo un cadáver, sofocando sus ansias de venganza y de vida, sus pasiones y la necesidad imperiosa de satisfacerlas?

Sea lo que sea, yo afirmo que no hay razón para temer a los presidiarios. No se arroja un hombre tan fácilmente sobre otro empuñando el cuchillo. Los casos que se dan son tan raros, que no vale la pena tomarlos en consideración.

Claro está que me refiero a los reclusos que están ya purgando condena, a los que, en cierto modo, están satisfechos de encontrarse, al fin, en el penal; pues una nueva forma de vida ejerce siempre algún atractivo sobre los hombres. Estos viven tranquilos y sumisos. En cuanto a los turbulentos, los mantienen a raya sus propios compañeros, que pronto acaban con sus arrogancias. Por audaz y temerario que sea un recluso, siempre tiene miedo en el penal.

No sucede lo mismo con el que aún no ha comenzado a cumplir su condena. Este es capaz de toda clase de crímenes, sin ningún motivo de odio, sino únicamente porque al día siguiente debe ser apaleado; en efecto, si comete otro delito, su caso no se da por terminado, se prorroga y gana tiempo. Esta agresión se explica porque tiene un fin determinado. El imputado quiere a toda costa variar su suerte en seguida.

A propósito de esto, referiré un hecho psicológico de que fui testigo. En la sección militar había un soldado veterano, condenado a dos años de trabajos forzados. Era un bravucón, un fanfarrón y a la vez un cobarde de marca mayor. En general, el soldado ruso no es jactancioso, y si alguno de éstos se encuentra en el ejército, puede decirse que es un cobarde y un pillo.

Dútov, que así se llamaba el soldado a quien me refiero, expió su condena y fue reincorporado a un regimiento de línea. Pero, como suele suceder a todos los que son enviados a una penitenciaría para que se enmienden, volvió más pervertido y depravado que nunca. Estos "caballos de vuelta", al cabo de dos o tres semanas, son enviados de nuevo al presidio, no ya por un periodo relativamente corto, sino por quince o veinte años.

Esto es lo que le ocurrió a Dútov: tres semanas después de su salida del penal, robó con fractura a uno de sus compañeros y, por complemento, se insubordinó. Sometido a un proceso, fue condenado a una severa pena corporal.

Lleno de terror al pensar en la tremenda paliza que habrían de propinarle, agredió con un cuchillo al oficial de guardia en el momento en que éste entraba en su celda, la víspera de la ejecución de su sentencia. Sabía perfectamente que así agravaba su situación o aumentaba la duración de su condena, pero esto lo tenía sin cuidado; lo único que le interesaba era aplazar por unos días o aunque sólo fuera por unas horas el momento del suplicio.

El cobarde no hirió al oficial con el cuchillo que blandía, pues su agresión no tenía otro objeto que añadir un grave cargo más a los que ya pesaban sobre él y dar ocasión a la reapertura de su proceso. El momento que precede al de la ejecución es horrible para los condenados al castigo de varas, y muchos se han ocasionado algún daño de importancia la víspera del suplicio para lograr un aplazamiento.

En la enfermería, adonde por desgracia era yo trasladado con frecuencia, encontraba siempre a algunos de éstos. En Rusia no hay quienes sean tan compasivos con los forzados como los médicos, los cuales no hacen jamás distinciones entre unos y otros. El pueblo es el único que, en esta compasión, puede competir con los médicos, pues no reprocha jamás al recluso el delito que haya cometido: se lo perdona, en consideración a la pena que le han impuesto.

No sin razón en Rusia se llama desgracia al delito y desgraciado al delincuente. Esta definición es expresiva, profunda y tanto más importante cuanto que es inconsciente, instintiva.

Los médicos son, pues, el consuelo natural de los forzados, especialmente cuando deben sufrir un castigo corporal. El detenido que ha sido juzgado por un Consejo de Guerra sabe, poco más o menos, qué día ha de sufrir la pena que le han impuesto y procura ser trasladado a la enfermería, con objeto de retrasar el terrible momento. Pero tampoco ignora que al darle de alta no habrá remisión para él, y el día anterior al que ha de abandonar el hospital está visiblemente triste y pensativo.

Algunos, por amor propio, disimulan su emoción, pero a nadie engañan con su valor fingido, aunque todos se abstienen, por humanidad, de hacer la más ligera alusión a un castigo de cuya crueldad tienen pruebas imborrables.

Conocí a un penado muy joven, ex soldado, condenado por homicidio, que debía recibir el máximo de varazos. La víspera del día en que habría de ser flagelado, se bebió una gran cantidad de aguardiente con polvo de tabaco en infusión. El forzado que ha de sufrir el castigo de las varas bebe siempre, en el momento crítico, el aguardiente que se ha procurado de antemano a un precio fabuloso. Preferiría abstenerse durante medio año de lo más necesario que no poder tragarse un cuarto de litro de aguardiente antes de ser azotado. Los penados están persuadidos de que un hombre ebrio sufre menos semejante castigo que en pleno dominio de sí mismo.

Reanudemos el relato.

El pobre joven que se había bebido la infusión de polvo de tabaco y aguardiente cayó enfermo apenas tomó el terrible brebaje: vomitó sangre y fue preciso trasladarle a la enfermería, donde en seguida se le declaró la tisis y murió a los pocos meses, sin que los médicos que lo asistían pudieran dar con la causa de su enfermedad.

Si bien los ejemplos de pusilanimidad no son raros en los presidios, fuerza es confesar que tampoco son escasos los de una intrepidez asombrosa. Recuerdo varias pruebas de firmeza que rayan en la insensibilidad. Pero la que me impresionó de modo tal, que no he podido jamás borrarla de mi memoria, fue la que ofreció un bandido terrible deportado a nuestro penal.

En un espléndido día de verano se esparció la noticia de que el famoso forajido Orlov debía ser sometido al castigo de varas y enviado después a la ambulancia. Los reclusos que estaban en la enfermería afirmaban que el suplicio sería muy cruel y, en consecuencia, todos estábamos conmovidos. Yo mismo, lo confieso, esperaba con impaciente curiosidad la llegada de aquel bandido, del que se contaban cosas inauditas. Era un malhechor como se ven muy pocos, capaz de asesinar a sangre fría a viejos y a niños. Estaba dotado de una fuerza de voluntad indomable y se mostraba ufano y orgulloso de ella.

Al anochecer fue trasladado a la enfermería, que estaba envuelta en la oscuridad. Cuando encendieron las luces observé que Orlov estaba intensamente pálido y casi privado de los sentidos. De inmediato lo acostaron de lado y le suministraron los medicamentos prescritos por el facultativo, prestándole los mismos cuidados que se habrían tenido con un pariente o con un protector.

A la mañana siguiente recobró por completo los sentidos y comenzó a pasear por la sala. Esto me llenó de estupor, pues cuando, algunas horas antes, lo habían conducido allí, parecía extenuado y medio muerto.

Le habían propinado únicamente la mitad de los golpes señalados en la sentencia, por haber opinado el médico que, si continuaba el suplicio, Orlov habría perecido irremisiblemente. El doctor fundaba su parecer en que la prolongada vida de reclusión que llevaba el bandido lo había debilitado de manera extraordinaria.

Orlov se restableció pronto, merced, sin duda, a su robusta complexión. No era un hombre extraordinario. Por curiosidad entablé relaciones con él y así tuve ocasión de estudiarlo detenidamente durante una semana. En mi vida había visto un hombre de voluntad más firme, inflexible.

Había yo conocido a Tóbolsk, una celebridad del mismo género, antiguo capitán de bandidos, una verdadera fiera. Aunque no se le conociera, se adivinaba a simple vista que era un ser peligroso. Lo que más me asombraba era su imbecilidad. La materia predominaba sobre su espíritu; se conocía al punto que para él no existía más que la satisfacción de sus brutales necesidades físicas. Pues bien, estoy seguro de que Koménev, que así se llamaba el bandido, se habría desmayado al oír la sentencia que lo condenara a una pena corporal igual a la de Orlov, a pesar de que habría descuartizado sin pestañear al primero que llegara.

Orlov, por el contrario, estaba orgulloso de que en él triunfase el espíritu sobre la carne. Despreciaba los castigos y no temía a nada ni a nadie. Cuando se proponía conseguir un fin cualquiera, asombraba por su energía imponderable, por las manifestaciones de su sed de venganza, por su actividad y su voluntad indomable.

Su aire altivo me impresionó; nos miraba a todos desde la altura de su grandeza, no por vana ostentación sino por orgullo innato. Creo que nadie ha podido ejercer influencia sobre él; contemplaba a quien le dirigía la palabra con mirada impasible, como si no existiese en el mundo nada que pudiera sorprenderlo.

Sabía perfectamente que los demás penados le temían y lo respetaban, pero no se aprovechaba de ello para darse más importancia de la que tenía; a pesar de que la vanidad y la jactancia son defectos peculiares a todos los presidiarios.

Era inteligente y su franqueza extraña en nada se parecía a la charlatanería. Respondía sin rebozo a cuantas preguntas se le dirigían, y me confesó que esperaba con impaciencia su completo restablecimiento para recibir el número de azotes que aún habrían de propinarle y acabar de una vez.

—Ahora —me dijo guiñando el ojo—, nada tendré que temer. Recibiré el resto y me enviarán a Nerchinsk en una expedición de reclusos. Pero aprovecharé la ocasión para escaparme, y no dudo que podré realizarlo si para entonces tengo las espaldas cicatrizadas.

Durante cinco días lo consumió la impaciencia esperando que lo dieran de alta. A ratos estaba de buen humor, y aproveché uno de aquellos momentos para interrogarlo acerca de sus desdichas.

Orlov arrugaba ligeramente el entrecejo y me contestaba con sinceridad, pero al comprender que trataba de sondear su corazón para descubrir en él algún indicio de arrepentimiento, me miró con aire de altivez y menosprecio, como si fuese yo un niño o un necio a quien dispensaba el honor de su conversación. Sorprendí, no obstante, en su semblante una suerte de compasión hacia mí.

Al cabo de un instante se puso a reír estrepitosamente, pero sin la menor ironía, y me imagino las veces que habrá reído de la misma manera al recordar mis palabras.

Finalmente obtuvo el permiso necesario para abandonar la enfermería, a pesar de que aún no cicatrizaban las heridas de su espalda, y como yo también estaba casi restablecido, pedí el alta y salí con él. Volví a la sala a que me habían destinado desde el principio, y Orlov fue nuevamente encerrado en su calabozo.

Al despedirnos me estrechó la mano, lo que, a su juicio, era una señaladísima prueba de afecto y consideración. Pero tal vez hizo esto porque en aquel momento estaba de buen talante. En el fondo me despreciaba, seguramente, pues un ser débil y resignado a su suerte, como yo, no podía inspirar otro sentimiento. Al día siguiente sufrió Orlov la segunda mitad de su castigo.

Cuando permanecíamos encerrados en nuestras salas, tomaban a nuestros ojos otro aspecto, el del propio domicilio, el del hogar doméstico. Sólo entonces veía yo a mis camaradas, a los penados, en su verdadera casa.

Durante el día, los suboficiales o cualquier otro superior podía entrar en el momento menos pensado y, por consiguiente, la actitud de los reclusos era muy diferente: revelaba inquietud. Pero en cuanto corrían los cerrojos y echaban la llave al grueso candado, cada cual ocupaba su puesto, se comenzaban los trabajos y la cuadra aparecía iluminada como por encanto.

Cada recluso posee velas y un candelero de madera, a cuya luz unos dan puntadas a sus zapatos mientras otros remiendan sus ropas. El aire, ya mefítico, se corrompe más y más por momentos. Algunos penados, agrupados en un rincón, juegan a las cartas.

En todas las salas se encuentra algún recluso que posee un tapete y un juego de naipes sucios y grasientos, que alquila a razón de quince kopeks por noche. Ordinariamente se jugaba a la garka; o sea, a juegos de azar.

Cada jugador ponía delante de sí un montoncito de monedas de cobre —todo su capital— y no se levantaba hasta que se quedaba a la última pregunta o hacía saltar la banca. Las sesiones duraban muchas horas y a veces despuntaba el nuevo día antes de que los jugadores diesen por terminada la partida.

En nuestra cuadra, como en todas las otras, no escaseaban los mendicantes arruinados por el juego o la bebida o, mejor dicho, mendicantes innatos. Sí, mendicantes innatos, no retiro la frase.

En nuestro pueblo existen, en efecto, y existirán siempre, seres desgraciados cuyo destino es ser mendigos toda su vida y permanecer bajo el dominio o la tutela de alguno, especialmente de los pródigos y de los ricos advenedizos. Todo esfuerzo y toda iniciativa es un peso demasiado grande para ellos. Viven, pero a condición de no emprender nada por su propia cuenta, de servir y ser gobernados siempre por la voluntad ajena, de obrar en toda ocasión por impulso y por cuenta de otro. Nada puede hacerles cambiar de situación, ni aun las circunstancias más inesperadas y favorables: han de ser siempre pordioseros. Estos desgraciados los he encontrado en todas partes y en todas las clases sociales, hasta en el mundo literario, y se encuentran también en los establecimientos penales...

En cuanto se organizaba el juego, se llamaba a uno de estos pordioseros, y por cinco kopeks, debía trabajar toda la noche ¡y de qué modo! Tenía que montar la guardia en el vestíbulo, con un frío de treinta grados Réaumur, en medio de la oscuridad más completa, durante seis horas (¡ni siquiera a kopek por hora!), con la obligación de estar atento al más ligero rumor, pues los suboficiales y aun el mismo jefe solían hacer la ronda a altas horas de la noche, y llegando silenciosamente sorprendían in fraganti a los que trabajaban y a los que estaban entregados al juego.

Las bujías que ardían dentro de la sala favorecían esta sorpresa, y cuando se oía la llave en el candado, no había tiempo ya para ocultar el cuerpo del delito, apagar las luces y tenderse cada cual en su sitio del tablado que servía de cama.

Esto, sin embargo, ocurría pocas veces. Cinco kopeks era una recompensa irrisoria aun dentro de nuestro penal; por eso me dejaba atónito la exigencia y la dureza inconcebible de los jugadores y de todo el que pagaba a otro con algún objeto determinado.

—¡Te pagamos para que nos sirvas bien!

Este era un argumento que no admitía réplica. Bastaba pagar a uno, aunque sólo fuese un miserable kopek, para exigirle hasta lo imposible y que, por añadidura, se mostrase agradecido.

Más de una vez tuve ocasión de ver a los penados tirar su dinero a tontas y a locas, sin contarlo siquiera, y en cambio maltratar a sus criados por un kopek.

Ya he dicho que, excepción hecha de los jugadores, todos los demás trabajaban. Únicamente cinco reclusos se acostaron en seguida. Mi sitio estaba junto a la puerta, y del lado contrario dormía Akim Akímich, de suerte que, cuando estábamos acostados, nuestras cabezas se tocaban. Akim trabajó hasta cosa de las once en una lámpara de colores que un vecino de la ciudad le había encargado sin regatearle la mano de obra.

Terminada su tarea, guardó cuidadosamente sus utensilios del trabajo, tendió el colchón, hizo sus oraciones y a los pocos segundos dormía como un bendito.

Llevaba el orden y el cuidado en todas sus cosas hasta la pedantería, y sin duda alguna se tenía por hombre inteligente, como suele suceder a todos los hombres de más cortos alcances. A primera vista no me fue simpático, aunque me dio mucho qué pensar aquel día. Me extrañaba que semejante hombre hubiera parado en un presidio. En el curso de estos recuerdos hablaré con frecuencia de Akim Akímich.

Pero antes de seguir adelante es preciso que describa el personal de aquella cuadra. Todos los que me rodeaban serían mis compañeros inseparables y era natural que los examinase con curiosidad. A mi izquierda dormían unos cuantos montañeses del Cáucaso, deportados casi todos por bandidos y condenados a diversas penas. Había también dos lezguínos, un circasiano y tres tártaros del Daguestán.

El circasiano era un tipo perezoso y sombrío que no hablaba jamás y miraba a uno de pies a cabeza con sonrisa repulsiva. Uno de los lezguínos, un viejo de nariz aguileña, largo y delgado, parecía un forajido; en cambio el otro, Nurra, me causó una impresión agradable. De mediana estatura, joven aún, musculoso, de cabellos rubios y finos rasgos fisonómicos, caminaba, según acostumbran los jinetes, echando hacia fuera las puntas de los pies. Tenía el cuerpo sembrado de cicatrices, huellas imborrables de bayonetas y de balas. Aunque montañés sometido del Cáucaso, se había unido a los rebeldes, con los cuales realizaba frecuentes incursiones por nuestro territorio.

Era muy querido en la cuadra por la alegría de su carácter y su amabilidad; trabajaba sin murmurar, siempre pacífico y sereno. Los hurtos, las bribonadas y las borracheras lo disgustaban, le crispaban los nervios. En una palabra, no podía soportar lo que no fuese honrado, y evitaba toda disputa con sus camaradas, pero sin disimular su indignación. Durante el largo periodo de su reclusión jamás robó ni cometió una acción indigna. Sinceramente piadoso, rezaba sus oraciones antes de acostarse, observaba los ayunos mahometanos como un verdadero fanático y se pasaba noches enteras orando.

—¡Nurra es un león! —exclamaron los penados y le quedó el sobrenombre de "León".

Estaba convencido de que, una vez expiada su condena, lo enviarían nuevamente al Cáucaso. A decir verdad, esta era la única esperanza que lo sostenía. Creo que habría muerto si se la hubiesen quitado. Me llamó la atención desde el momento en que llegué al presidio. ¿Cómo no había de sorprenderme ver una figura tan noble y atrayente en medio de aquellos rostros tétricos, ceñudos y mal encarados?

Durante la primera media hora estuvo sentado junto a mí, tocándome familiarmente en el hombro de vez en cuando y murmurando frases que no pude comprender, porque hablaba pésimamente el ruso.

Durante tres días seguidos repitió la operación a las mismas horas, o sea, cuando estábamos de vuelta en la cuadra, y al fin, juzgando más bien por su afable sonrisa que por sus palabras, me di cuenta de que me compadecía y trataba de infundirme ánimos, brindándome su simpatía y protección. ¡Ah, qué bueno y generoso era Nurra!

Los tres tártaros del Daguestán eran hermanos; los dos primeros, hombres ya de cierta edad, y el pequeño, Alei, joven de veintidós años, aunque representaba menos edad. Éste dormía a mi lado.

Su rostro inteligente y franco, ingenuamente bueno, me llamó la atención desde el primer momento, y agradecí al destino que me hubiese dado aquel compañero con preferencia sobre cualquier otro. En su hermoso rostro podía verse toda su alma. Su sonrisa eran tan dulce, tan llena de sencillez infantil, y sus grandes ojos negros, tan acariciadores y tiernos, que se experimentaba un íntimo placer mirándolo; y esto me consolaba en los momentos de tristeza y angustia.

Cuando estaba en su país, su hermano mayor (tenía cinco hermanos, dos de los cuales se encontraban en las minas de Siberia) le mandó un día que tomase su yatagán, montase a caballo y lo siguiera.

Es tal el respeto de los montañeses por sus mayores, que Alei no osó preguntar a dónde lo llevaban, a pesar de que no podía imaginarse siquiera cuál era el objeto de aquella expedición. Sus hermanos tampoco creyeron conveniente decirle que iban a atacar la caravana de un rico mercader armenio.

En efecto, asesinaron al mercader, se apoderaron de su mercancía y pusieron en fuga a sus acompañantes. Pero, por desgracia para ellos, se tuvo conocimiento de su fechoría, y fueron juzgados, azotados y condenados a trabajos forzosos que debían cumplir en Siberia. El tribunal apreció algunas atenuantes en favor de Alei y le impuso el mínimo de la pena: cuatro años de reclusión.

Sus hermanos lo querían entrañablemente; su afecto tenía más de paterno que de fraternal. Alei era su único consuelo en el presidio; reservados y tristes con todos, a él le sonreían siempre.

Cuando le hablaban, lo que sucedía raras veces, porque lo tenían por un niño a quien nada serio se podía decir, su rostro nublado se iluminaba; conocían que conversaban con él en términos cariñosos, como se conversa con los niños, y cuando Alei respondía, los dos hermanos cambiaban una mirada y sonreían con aire de satisfacción. Alei no se habría atrevido a dirigirles la palabra: tal era el respeto que les tenía.

Cómo pudo aquel joven conservar su corazón puro, su sencillez, su franca cordialidad, sin pervertirse ni corromperse durante cuatro años de trabajos forzosos, es algo casi inexplicable. Mas, a pesar, de toda su dulzura, estaba dotado de un carácter fuerte, de una naturaleza estoica, según logré ver más tarde.

Pudoroso como una jovencita, toda acción baja, cínica, vergonzosa e injusta lo llenaba de indignación, y sus bellos y grandes ojos se hacían más bellos aún. Sin ser de esos hombres que se dejan ofender impunemente, evitaba rencillas e injurias, y conservaba siempre su dignidad. Por otra parte, ¿quién habría podido reñir con él o insultarlo? Todos lo querían y lo mimaban.

De momento, conmigo se mostró nada más que atento y cortés, pero poco a poco entablamos conversación aquella noche. Pocos meses le bastaron para aprender el ruso a la perfección, mientras sus hermanos apenas lo chapurreaban lo indispensable para hacerse entender.

Era Alei un joven sumamente inteligente y a la vez modesto, delicado y circunspecto; un ser excepcional del que guardaré toda mi vida muy grato recuerdo. Hay naturalezas tan espontáneamente hermosas y dotadas por Dios de tan excelsas cualidades, que parece absurda la idea de que algún día puedan pervertirse. Siempre se está tranquilo por lo que a ellas respecta, y por eso nada temía por Alei. ¿Dónde se encontrará ahora?

Una noche, poco tiempo después de mi llegada al penal, estaba tendido en mi cama, atormentado por pensamientos tristes. Alei, siempre tan laborioso, no trabajaba, sin embargo, porque los hermanos conmemoraban una fiesta musulmana. Aunque no era todavía hora de dormir, Alei estaba también acostado, con la cabeza apoyada en ambas manos, en actitud meditabunda. De pronto, me preguntó:

—Estás triste, ¿verdad?

Lo miré sorprendido. Aquella pregunta, hecha por un joven tan delicado y circunspecto, me pareció extraña. Pero lo examiné más atentamente y observé en su rostro tanto dolor, tan hondo pesar, despertado, sin duda, por los recuerdos que se presentaban a su memoria, que comprendí lo que pasaba en su alma y no pude menos que preguntarle a mi vez.

Alei lanzó un profundo suspiro y sonrió con melancolía. Su sonrisa, siempre graciosa y cordial, me encantaba; cuando sonreía dejaba al descubierto dos hileras de dientes que cualquier mujer del mundo habría envidiado.

—Estás pensando seguramente en la fiesta que se celebra hoy en el Daguestán, ¿verdad, Alei? Dime, ¿eras feliz en tu patria?

—¡Ah, sí! —exclamó con entusiasmo, y sus ojos brillaron de alegría—. ¿Cómo has adivinado lo que pensaba?

—No es difícil adivinarlo, amigo mío; ¿no se está acaso mejor allí que en este penal?

—Ciertamente; pero ¿por qué dices eso?

—¡Qué hermosas flores debe de haber en tu país! Aquello será un paraíso, ¿no es cierto?

—Calla, calla, te lo ruego.

El joven estaba verdaderamente conmovido.

—Escucha, Alei, ¿tienes alguna hermana?

—Sí; ¿por qué me lo preguntas?

—Debe ser muy bella si se parece a ti.

—¡Oh, no hay comparación posible entre ella y yo! No existe en el Daguestán una muchacha más hermosa que mi hermana. ¡Qué belleza!

Estoy seguro de que nunca has visto nada semejante. Mi madre era también preciosa.

—¿Te quería mucho tu madre?

—¡Que si me quería! Ha muerto de pena, pues me amaba con delirio. Yo era el preferido, me quería más que a mi hermana y que a todos los otros. Anoche soñé que había venido a verme, derramando ardientes lágrimas que me bañaron el rostro…

Guardó silencio bruscamente y en toda la noche no volvió a despegar los labios, pero desde aquel momento buscó siempre mi compañía, si bien, por respeto, no me dirigía la palabra antes de que yo lo hiciera. Me hablaba a menudo del Cáucaso y de su vida pasada. Sus hermanos no le prohibían que conversase conmigo, al contrario, me parece que les agradaba, y cuando vieron que yo había cobrado cariño a Alei, se mostraron afabilísimos conmigo. En los trabajos me ayudaba el joven y en la cuadra hacía todo lo que podía agradarme, con tal de procurarme algún consuelo y distracción, sin que en las atenciones que me dispensaba hubiese ni sombra de servilismo ni esperanza de recompensa de ningún género, sino únicamente un sentimiento caluroso y cordial que no trataba de disimular. Poseía aptitudes extraordinarias para las artes mecánicas: había aprendido a coser bastante bien la ropa blanca y a remendar los zapatos, y en ebanistería adquirió todos los conocimientos que en un penal se pueden adquirir. Sus hermanos estaban orgullosos de él.

—Escucha, Alei —le dije un día—, ¿por qué no aprendes a leer y a escribir la lengua rusa? Esto podía serte muy útil más adelante en Siberia.

—Con mucho gusto, ¿pero quién me enseñaría?

—No es precisamente gente que sepa leer y escribir lo que falta aquí —le contesté—. Si quieres, yo mismo…

—Sí, sí —me interrumpió, juntando las manos en ademán suplicante—; enséñame a leer y a escribir, te lo ruego.

Aquella misma noche pusimos manos a la obra. Yo tenía una traducción rusa del Nuevo Testamento, único libro que no estaba prohibido en el penal, y en él aprendió Alei a leer en pocas semanas. Al cabo de tres meses conocía perfectamente el lenguaje escrito, porque ponía en el estudio una aplicación rayana en pasión desbordante.

Un día leímos juntos todo el "Sermón de la montaña", y observé que algunos pasajes los leía con acento conmovido. Le pregunté entonces si le gustaba aquella lectura, y con el rostro encendido y la mirada brillante exclamó esto:

—¡Oh, sí! Jesús es un santo profeta que habla el lenguaje de Dios. ¡Qué admirable es!

—Y bien, ¿qué te ha gustado más?

—El pasaje en que dice: "Perdona y ama a nuestros enemigos". ¡Ah, sublime doctrina!

Se volvió hacia sus hermanos, que escuchaban nuestra conversación, y comenzó a hablarles animadamente. Su charla duró largo rato, y ellos aprobaban de vez en cuando con movimientos afirmativos de cabeza; luego, con una sonrisa grave y benévola, sonrisa musulmana que me encanta por su gravedad, afirmaron, dirigiéndose a mí, que Isle (Jesús) era un gran profeta, que había hecho grandes milagros y creado un pájaro con un poco de barro al que con su aliento infundió la vida, y el pájaro voló…

Esto era lo que decían sus libros santos.

Los dos circasianos estaban persuadidos de que al hablarme de Jesús y alabarlo me proporcionaban un placer indecible, y Alei estaba radiante de alegría al ver que sus hermanos aprobaban lo que yo hacía y no me escatimaban una satisfacción que, a su juicio, me era debida.

El éxito que obtuve enseñando a escribir a mi alumno fue en verdad admirable. Alei se había procurado, a su costa, pues no consintió que lo hiciese yo de mi peculio, papel, plumas y tinta. En menos de dos meses aprendió a escribir. Sus hermanos estaban asombrados de tan rápido progreso, y su orgullo y contento no tenía límites, pues les parecía siempre poco lo que hacían para demostrarme su agradecimiento. Cuando nos correspondía trabajar juntos en la cantera, me ayudaban a porfía, asegurándome que no lo hacían por deber de gratitud sino por satisfacción egoísta. No hablo de Alei, porque él solo me quería más que sus dos hermanos juntos.

No olvidaré jamás el día en que fui puesto en libertad, pensando en nuestra despedida. Alei me acompañó hasta el patio y me abrazó sollozando. Nunca me había abrazado ni lo había visto llorar.

—¡Has hecho tanto por mí! —murmuraba—. ¡Te debo tanto! ¿Qué más habrían podido hacer mi padre y mi madre? Gracias a ti soy un verdadero hombre… Que Dios te bendiga; yo no te olvidaré jamás, ¡jamás!

¿Dónde está ahora? ¿Dónde está mi bueno y querido Alei?

Además de los circasianos había en nuestra cuadra cierto número de polacos que hacían vida aparte y apenas se trataban con los demás reclusos.

Ya he dicho en otro lugar que, merced a su exclusivismo y al odio que demostraban a los deportados rusos, se habían acarreado el odio de todos, en correspondencia lógica. Eran mentes enfermas, unos desgraciados. Había entre ellos hombres instruidos, de los que hablaré especialmente en el curso de este relato. Gracias a ellos, dispuse de algunos libros durante el último periodo de mi reclusión. La primera obra que leí me causó una impresión extraña, profunda.

Hablaré detenidamente de estas sensaciones, que considero altamente curiosas, aunque me doy cuenta de que será difícil comprenderlas, porque sería necesario sentirlas. Baste decir que las privaciones intelectuales son más insoportables y penosas que los más espantosos tormentos físicos.

El hombre del pueblo enviado al presidio se encuentra en su propia sociedad, o tal vez en una sociedad más elevada. Es mucho, ciertamente, lo que pierde: el país natal, la familia, pero su ambiente es el mismo. Un hombre instruido condenado por la ley a la misma pena que el hombre del pueblo sufre incomparablemente más que este último, porque tiene que sofocar todas sus necesidades, tiene que descender a un nivel inferior, moverse en un ambiente distinto, respirar otros aires… Es un pez arrojado a la playa. El castigo que sufre, igual para todos los delincuentes, según el espíritu de la ley, es cien veces más doloroso y punzante para el intelectual que para el hombre del pueblo. Esto es una verdad indiscutible, aun prescindiendo de los hábitos sociales que debe sacrificar.

Como iba diciendo, los polacos formaban una sociedad aparte. Vivían juntos, y de entre todos los forzados de nuestro pabellón sólo distinguían en su trato a un judío que, por otra parte, era en general estimado, aunque todos se burlaban de él. No había ningún otro judío en el penal y hoy mismo no puedo recordarlo sin que la sonrisa acuda a mis labios.

Cada vez que lo miraba me hacía pensar en el judío Yankel que Gógol retrató en Tarás Bulba, y que una vez desnudo y a punto de acostarse con su esposa en una especie de armario, parecía un gallo desplumado. En efecto, Isaí Fomich, que tal era el nombre de nuestro judío, se parecía a un gallo desplumado como dos gotas de agua. Tenía ya cincuenta años, y era pequeño y débil, astuto y necio a la vez, atrevido y truculento, a pesar de su pusilanimidad extraordinaria. Innumerables arrugas surcaban su rostro, y en la frente y las mejillas ostentaba el estigma infamante. No comprendo cómo pudo soportar los sesenta palos que le propinaron, pues había sido condenado por asesinato.

Guardaba con cuidado la receta de una pomada que a raíz de la ejecución le diera un médico judío, gracias a la cual desaparecían de su rostro las señales del hierro candente en menos de un par de semanas; mas esperaba la extinción de su condena —¡veinte años!— para usar el maravilloso ungüento.

—Entonces, cuando sea colono —decía—, será preciso que me borre estas marcas, pues de lo contrario no me podría casar y es indispensable que me case.

93

Éramos muy buenos amigos y, a juzgar por su inagotable buen humor, se diría que la vida de presidio no tenía para él nada de molesta. Orífice de profesión, no se daba abasto con los encargos que le hacían, porque en la ciudad no había joyeros; así escapaba a los trabajos penosos. Naturalmente, prestaba también dinero a interés crecido y sobre prendas.

Había ingresado en el penal antes que yo. Uno de los polacos me contó su entrada triunfal, un espectáculo muy divertido del que me ocuparé más adelante cuando vuelva a hablar de Isaí Fomich.

En cuanto a los otros reclusos eran, en su mayoría, viejos creyentes, entre ellos el anciano de Staróduvo, dos o tres indígenas de la Pequeña Rusia, gente poco simpática, un joven de rostro delicado y nariz afilada, que a los veintitrés años había cometido ocho asesinatos; un grupito de monederos falsos, de los cuales uno era el bufón de la cuadra, y, por último, algunos forzados sombríos y tristes, callados y envidiosos, que miraban con recelo a todos los que los rodeaban.

Todo esto no pude más que entreverlo ligeramente la primera noche que pasé en el presidio a través de nubes de humo, en una atmósfera viciada y en medio de chistes obscenos, blasfemias, insultos y risotadas. Me tendí sobre el duro tablado, apoyé la cabeza en mi chaqueta enrollada —aún no tenía almohada— y me cubrí con mi gabán a falta de mantas, pero no me fue posible conciliar el sueño hasta la madrugada. Comenzaba mi nueva vida. El porvenir me reservaba muchas cosas que yo no había previsto ni pensado jamás.

V
LOS TRES PRIMEROS DÍAS

A los tres días de mi llegada al presidio recibí la orden de ir al trabajo. La impresión que me ha quedado de aquel día es aún muy viva, a pesar de que no me ofreció nada de particular, si se exceptúa lo que mi situación tenía en sí misma de extraordinario. En aquellos momentos lo miraba todo con curiosidad. Los tres primeros días fueron sin duda para mí los más penosos de mi reclusión.

"Se acabaron mis peregrinaciones", me decía a cada instante; "ya estoy en el penal; mi puerto único durante largos años. Este es el rincón donde he de vivir; entro con el corazón desgarrado y lleno de desconfianza... ¡y quién sabe si lo echaré amargamente de menos cuando lo abandone!", añadía, llevado de esa alegría maligna que nos excita a ensanchar la herida como para saborear con deleite el sufrimiento.

A veces se experimenta un placer vivo al conocer toda la extensión de la propia desventura. El pensamiento de que pudiera echar de menos aquella triste mansión me espantaba.

Presentía ya el grado increíble hasta donde el hombre es un animal de costumbres. Mas esto era el porvenir, mientras que el presente que me rodeaba era hostil y terrible. A lo menos así me lo parecía.

La curiosidad salvaje con que me examinaban mis compañeros de cadena y la dureza con que trataban a un ex noble que entraba a formar parte de su corporación —dureza que a veces se convertía en odio— me atormentaba de tal modo, que ansiaba ir al trabajo para conocer y sufrir cuanto antes mi desgracia, para empezar a vivir como todos ellos y compartir su suerte.

Se me escapaban aún muchos pormenores; todavía no sabía discernir entre la hostilidad general y la simpatía compasiva que algunos me demostraban. No obstante, la afabilidad y la benevolencia con que varios penados me trataron, me dieron algún valor, reanimaron mi espíritu.

Akim Akímich fue conmigo el más amable de todos. Observé también algún rostro simpático entre tantas cabezas odiosas y repugnantes.

"En todas partes se encuentran malvados, pero aun entre los malvados", pensé, "puede existir algo menos malo que me consuele y sostenga. ¡Quién sabe! Tal vez no son éstos peores que los otros que están libres."

A pesar de estos pensamientos, movía la cabeza con gesto dubitativo. No sabía si tenía razón.

A Suschilov, por ejemplo, no aprendí a conocerlo sino al cabo de mucho tiempo, no obstante haberlo tratado muy de cerca desde el primer día en que entré en el penal.

Éste me servía, así como otro presidiario llamado Osip, recomendados de Akim. Por treinta kopeks al mes, Osip se comprometió a prepararme la comida por mi cuenta, en caso de que no me gustara el rancho del establecimiento. Osip era uno de los cuatro cocineros elegidos por los penados. Estos cocineros podían aceptar y renunciar al cargo cuando lo consideraran conveniente. Los cocineros estaban exentos de trabajos forzosos: sus funciones estaban limitadas a amasar y cocer el pan, y preparar la menestra. Les llamaban furrieras, no por desprecio, pues escogían a los penados más inteligentes y probos, sino por broma.

Osip había sido siempre cocinero; no renunciaba al cargo sino cuando estaba aburrido o veía una ocasión oportuna para introducir una partida de aguardiente en el penal. De carácter pacífico, sufrido, afable con todos, nunca buscaba querellas. Pero nunca habría podido vencer la tentación de introducir clandestinamente aguardiente en el penal, pues lo arrastraba impetuosamente su pasión por el contrabando, a despecho de su haraganería. Como todas las furrieras, ejercía la industria de cantinero, pero en escala muy inferior a la de Gazin, con el que estaba en buenas relaciones.

No era preciso ser rico para hacerse servir comida especial. Yo no gastaba más de un rublo mensual, sin incluir, naturalmente, el pan, que me lo brindaba el establecimiento. A veces, cuando me apretaba el hambre, me decidía a comer la menestra de los reclusos, a pesar del asco que me producía, pero poco a poco fui venciendo esta repugnancia.

Ordinariamente compraba una libra de carne al día, que me costaba dos kopeks. Los inválidos que ejercían vigilancia en el interior de las cuadras se prestaban gustosos a hacer en la ciudad las compras por cuenta de los reclusos, excepción hecha, como es natural, del aguardiente, aunque no desdeñaban de vez en cuando una copita. Por estas molestias no percibían ninguna recompensa. Lo hacían por amor a la tranquilidad, pues su vida en las cuadras habría sido un continuo tormento si se hubiesen negado a hacer estos pequeños favores.

Durante muchos años Osip me preparó siempre el mismo plato. Lo que nunca pude saber es cómo se las arreglaba para asar la carne. Verdad es que en todo aquel tiempo no cambié con él media docena de palabras. Era incapaz de sostener una conversación, no sabía más que sonreír y contestar con monosílabos a las preguntas que se le dirigían. Aquel hércules no tenía la inteligencia más desarrollada que un niño de siete años.

Suschilov era otro de mis criados. No lo llamé yo; fue él quien espontáneamente se puso a mi servicio, no sé en qué ocasión. Su ocupación principal era el cuidado de mi ropa blanca. En el centro del patio estaban emplazados los lavaderos que utilizaban los penados. Cosía y limpiaba la ropa, y untaba de grasa mis zapatos cuatro veces al mes. Y lo hacía todo con un celo y un cuidado admirables. De tal modo había ligado su suerte a la mía, que se mezclaba en todo lo que a mí se refería. Así, por ejemplo, jamás habría dicho: "Tiene usted tantas camisas, es preciso dar unas puntadas a su traje", sino que pluralizaba descaradamente diciendo: "Tenemos tantas camisas; es preciso dar unas puntadas a nuestros trajes".

Por lo demás, para él no había en el mundo nada más que yo; y aun llego a creer que era yo el único objeto de su vida. Como no conocía ningún oficio, no recibía más dinero que el que yo le daba, una miseria; sin embargo, estaba contentísimo, cualquiera que fuese la cantidad que le entregase en recompensa por sus servicios.

Suschilov no habría podido vivir sin servir a alguien. Me había preferido porque yo era más amable y, sobre todo, más equitativo que todos en cuestión de dinero.

Era un pobre tonto, dócil y atolondrado; cada vez que se le veía se habría dicho que acababa de sufrir un castigo corporal. Siempre me inspiró lástima; no podía mirarle sin experimentar una profunda compasión que no acertaba a explicarme.

No podía hablar con él porque, como sucedía con Osip, era incapaz de sostener una conversación. Sólo se animaba cuando, como final de mi discurso, le encargaba que hiciese esto o aquello, o que fuese aquí o allá. Observé que lo llenaba de contento ejecutar mis órdenes.

Ni alto ni bajo, ni inteligente ni bruto, ni viejo ni joven; no era posible decir nada definitivo, nada cierto, acerca de este pobre hombre de cabellos rubios y rostro ligeramente picado de viruelas. Lo indudable es que pertenecía, por su atolondramiento e irresponsabilidad, a la categoría de Sirotkin.

Los reclusos se burlaban con frecuencia de él porque se había vendido camino de Siberia y, sobre todo, por haberse vendido por una camisa roja y un rublo.

Por venderse se entendía cambiar su nombre con el de otro compañero y, por consiguiente, comprometerse a expiar la pena a que estuviera condenado. Por increíble que parezca, el hecho es absolutamente auténtico. Esta costumbre, consagrada por la tradición, existía entre los reclusos que me acompañaron a mi deportación a Siberia.

Al principio me resistí a creer en semejante cosa, pero hube de rendirme a la evidencia. He aquí cómo se realiza este cambio o venta. Se pone en camino de Siberia un convoy de deportados de todas las categorías o grados de penas: colonos, mineros o forzados. Un individuo, a quien llamaremos Mijaílov, condenado a trabajos forzosos por un delito grave, encuentra muy desagradable la perspectiva de pasarse largos años privado de la libertad; pero, como es listo, fértil en recursos y sabe dónde le aprieta el zapato, procura zafarse de la pena. Busca entre sus compañeros un bobalicón, de carácter pacífico, que haya sido condenado a pocos años de trabajos forzosos o sencillamente al destierro o a las minas. Encuentra, finalmente, a Suschilov, antiguo siervo, deportado a título de colono. Suschilov lleva ya recorridas a pie mil quinientas verstas, sin un kopek en el bolsillo, y está rendido, extenuado, porque no ha podido alimentarse más que con la ración reglamentaria; por añadidura, todo su equipaje se reduce al uniforme de presidiario que lleva puesto y sirve a todo el que lo necesita por unas monedas de cobre.

Mijaílov entabla conversación con ese desgraciado, se hacen amigos, simpatizan y, finalmente, en una etapa cualquiera, Mijaílov emborracha a su camarada y le propone cambiar mutuamente su suerte.

—Yo me llamo Mijaílov —le dice—; he sido condenado a trabajos forzosos, pero no deben ser tales, puesto que me envían a la sección especial. Mas, admitiendo que sean trabajos forzosos, han de ser diferentes de los otros, es decir menos penosos, puesto que denominan especial la sección a la que perteneceré.

Antes de que esta sección fuese abolida, eran muchas las personas pertenecientes al mundo oficial y con residencia en el propio San Petersburgo que no sabían siquiera que existiese. Se hallaba establecida en el rincón más apartado de una de las más lejanas regiones de Siberia, y no es raro que se ignorara su existencia. Además, era insignificante si se juzga por el número de penados, que en mi tiempo no pasaba de setenta. Más tarde tuve ocasión de hablar con funcionarios que habían servido en Siberia y desconocían por completo esa sección, a la que en la compilación legislativa no se le concedían más que seis líneas en el apartado de un artículo: "Dependiente del establecimiento penitenciario de…, existe una sección especial para los delincuentes más peligrosos, en espera de que se organicen los trabajos forzosos más arduos."

Los mismos reclusos no sabían una palabra acerca de su sección. ¿Era perpetua o temporal? En realidad, no tenía término fijo. No era más que una interinidad que debía prolongarse indefinidamente.

Así pues, ni Suschilov, ni ninguno de los del convoy, incluso el propio Mijaílov, podían adivinar el significado de las palabras sección especial. Sin embargo, este último sospechaba el verdadero carácter de aquella sección, juzgando por la gravedad de su delito y por el hecho de que lo hacían recorrer tres o cuatro mil verstas a pie. Suschilov, en cambio, iba destinado a las colonias; ¿qué más podía desear Mijaílov?

Suschilov está algo ebrio y, corazón sencillo, reconoce a su camarada por los regalos que le hace y que no se atreve a rehusar. Por otra parte, ha oído decir que entre los presos pueden cambiarse, que otros lo han hecho, por lo cual no hay nada de raro en ello. Y, entonces, se cierra el trato.

El ladino Mijaílov, aprovechándose de la simplicidad de su camarada, le compra su nombre mediante una camisa encarnada y un rublo que le entrega en presencia de varios testigos.

Al día siguiente Suschilov no está borracho, pero se le convida un trago y él acepta varios. El rublo no tarda en pasar a manos del cantinero, así como la camisa encarnada.

—Si estás arrepentido del trato y quieres volverte atrás, devuélveme lo que te he dado —le dice Mijaílov.

¿Pero dónde encontrar el rublo ni cómo rescatar la camisa? Si no lo restituye, el artel lo obligará a hacerlo. En este punto los presidiarios no transigen.

Es necesario pues, que Suschilov cumpla su promesa, si no quiere habérselas con el artel y acabar mal; porque si no lo mataban lo harían pasar un disgusto terrible.

En efecto, si el artel se mostrase débil o indulgente en un solo caso siquiera, no se podría verificar en lo sucesivo el cambio de nombres. Si pudiera retirarse impunemente la palabra dada o faltar a lo tratado, después de haberse recibido la cantidad estipulada, ¿quién se creería obligado a observar las condiciones establecidas?

Era, pues, esta una cuestión capitalísima para el artel, pues interesaba por igual a todos. Por esto los deportados se muestran excesivamente severos en casos semejantes.

Suschilov se da cuenta, al fin, de que no puede retroceder, y consiente en hacer todo lo que se le exige. Entonces se anuncia el cambio al resto del convoy; y si se teme alguna denuncia, se unta la mano a los sospechosos.

En la siguiente etapa se pasa lista. Cuando es nombrado Mijaílov, contesta Suschilov: "¡Presente!", y viceversa. Ya no hay que hablar más del asunto.

En Tobolsk se separa a los deportados. Mijaílov es enviado a colonizar el país, mientras Suschilov es conducido a la sección especial con doble escolta.

Sería inútil protestar o reclamar; ¿de qué le serviría? Aunque en principio le creyeran, el asunto tardaría largos años en resolverse. Además, ¿qué pruebas o qué testigos podría invocar? Los que presenciaron el hecho callarían como muertos. No queda, pues, otro remedio que resignarse.

He aquí cómo se vendió Suschilov por un rublo y una camisa encarnada que tampoco supo aprovechar. Los reclusos se burlaban de él, no por el cambio en sí, sino porque desprecian a los tontos que por una cantidad irrisoria cometen la barbaridad de cambiar un trabajo fácil y cómodo por otro penosísimo.

En general, las ventas alcanzan precios relativamente elevados, en proporción con los recursos del comprador, que suele dar hasta una decena de rublos. Pero Suschilov era tan nulo, tan impersonal, tan insignificante, que no valía siquiera la pena burlarse de él.

Vivimos largos años juntos él y yo. Me había acostumbrado a este hombre que me era tan adicto. Sin embargo, un día —¡no me lo perdonaré jamás!—, que no cumplió la orden que le había dado y vino a pedirme dinero, tuve la crueldad de decirle:

—Más validría que pusieras tanto cuidado en hacer lo que te digo como pones en pedirme dinero.

Suschilov no replicó, pero desde aquel momento se puso sombríamente triste. Yo no podía comprender que la causa de su tristeza fuesen las impensadas palabras que le había dirigido. Sabía yo perfectamente que un recluso, llamado Vasiliev, le exigía imperiosamente el pago inmediato de una pequeña deuda, y que Suschilov no tenía ni un kopek y no se atrevía a pedírmelo.

—Suschilov —le dije—, parece que necesitas dinero para pagar tu deuda a Antón Vasiliev y esperas que yo te lo dé. Pues bien, aquí lo tienes.

Yo estaba sentado en mi cama. Suschilov permaneció parado delante de mí, asombrado de que le ofreciese dinero y le recordase su apurada situación, tanto más cuanto que me había pedido ya varios anticipos y no esperaba que le hiciese otros.

Miró el billete que le entregué, me miró luego fijamente y desapareció, saliendo de la cuadra como una exhalación. Sorprendido por esta rápida desaparición que más bien parecía una huida, salí al patio tras de él y lo encontré con la cabeza apoyada en los troncos de la empalizada.

—¿Qué te pasa, Suschilov? —le pregunté.

No me contestó en seguida y vi, con indecible estupor, que estaba llorando.

—Usted cree… —comenzó a decir al fin, con voz entrecortada—, que yo… sólo por dinero… pero ¡ah!

Se volvió nuevamente, golpeando la empalizada con la cabeza, y continuó sollozando. Era el primer hombre que veía llorar en el penal. No me costó poco trabajo consolarlo.

Desde aquel día me sirvió con más solicitud y mayor celo, si cabe; mas, por ciertos indicios casi imperceptibles, comprendí que jamás me perdonaría el reproche que le había hecho. Sin embargo, en el penal los demás reclusos se burlaban de él, lo maltrataban a veces y lo insultaban siempre, sin que nunca se diera por ofendido ni les guardase rencor. ¡Ah! Es muy difícil conocer a un hombre aún viviendo largo tiempo en su compañía.

He aquí por qué el penal no era para mí al principio lo que más adelante debía ser. He aquí por qué, a despecho de la atención que en ello ponía, no me era posible analizar ciertos hechos que se realizaban ante mis ojos.

Lo que entonces me impresionó fue lo más evidente, lo que saltaba a los ojos; pero mi punto de vista era falso y por eso la impresión que me dejaba era pesada y desesperadamente triste. Lo que contribuyó, sobre todo, a este resultado, fue mi encuentro con A...v, el deportado que había llegado al penal conmigo y que desde el primer momento me fue repulsivo. El envenenó los primeros días de mi reclusión y agravó mis sufrimientos morales, ya de suyo tan crueles.

Era el ejemplar más repugnante del envilecimiento y de la extrema cobardía en que puede precipitarse un hombre que ha perdido todo sentimiento del honor y es refractario al remordimiento. Este joven, un noble, del que ya he hablado en otro lugar, refería al jefe del penal todo lo que ocurría dentro del recinto, porque estaba unido a Fedka por estrechos vínculos de amistad.

He aquí su historia. Antes de haber podido terminar sus estudios, y a consecuencia de una grave disputa con sus padres, que estaban horrorizados de su vida disoluta, A...v se trasladó a San Petersburgo y allí no vaciló en llegar hasta la delación con tal de procurarse dinero: vendió la sangre de diez hombres para satisfacer su sed de placeres brutales.

Entregado luego a todos los vicios, pervertido hasta la depravación en las tabernas y en casas de mala fama de la capital, se aventuró en una empresa insensata, por cuyos resultados fue condenado a diez años de trabajos forzados en Siberia.

Estaba en los comienzos de la vida y resultaría natural que el espantoso golpe que recibía lo sorprendiera, excitara en él alguna resistencia, provocara una crisis. Sin embargo, aceptó con tranquilidad su nueva situación; lo único que lo asustaba era el trabajo forzoso; no lamentaba otra cosa que el tener que renunciar a sus costumbres licenciosas, a su vida de orgías y libertinaje. El nombre de presidiario lo disponía a mayores bajezas, a villanías más odiosas aún.

—Ahora soy presidiario —decía— y puedo hacer lo que me venga en gana sin consideración alguna.

Así tomaba su horrible situación. Me acuerdo de aquella criatura repugnante como de un fenómeno monstruoso.

He vivido varios años entre asesinos, disolutos y malvados de la peor especie, pero jamás he encontrado una degradación moral, una corrupción, una vileza tan completas. Había entre nosotros un parricida, el ex noble que decapitó a su anciano padre, pero ese monstruo lo era mucho menos, tenía sentimientos más humanitarios, era más educado que A…v. Este no fue nunca para mí más que un pedazo de carne provisto de dientes y un estómago, ávido de los más asquerosos y feroces placeres animales; para satisfacer el más pequeño y caprichoso de esos placeres, estaba dispuesto a asesinar a quien se presentase.

No exagero, A…v era el ejemplar más completo de la animalidad no frenada por ningún principio, por ninguna regla. ¡Cuánto me repugnaba su sonrisa siempre sardónica! Era, vuelvo a repetirlo, un monstruo, un cuasimodo moral.

Y era inteligente, listo, gracioso, bastante instruido y dotado de rara capacidad. Sin embargo, el incendio, la peste, la guerra, el hambre, todas las calamidades juntas eran preferibles a la presencia de tales hombres en la sociedad.

He dicho en otro lugar que el espionaje y las denuncias son moneda corriente en los penales, como producto natural del envilecimiento, sin que los forzados se enfaden por eso. Al contrario, todos estaban en amistosas relaciones con A...v, se mostraban más afables con él que con nosotros.

Las consideraciones que el borrachín jefe del penal le dispensaba le daban cierto valor ante los ojos de los forzados. Algún tiempo después, este miserable se fugó, en compañía de otro presidiario y de un soldado de la escolta. Más adelante referiré esta fuga.

Desde el primer momento rondó en torno de mí, suponiendo que yo no conocía su historia. Lo repito, este individuo envenenó los primeros tiempos de mi reclusión, poniéndome al borde de la desesperación más insensata. Estaba asustado del innoble abismo de bajeza y de bellaquería a que me habían arrojado. Suponía que todos eran igualmente viles y abyectos, pero me engañaba al creerlos semejantes al sin par A...v.

Los tres primeros días no hizo otra cosa que vagar por todas las dependencias del penal cuando no estaba tendido en mi cama.

Entregué a un recluso, del cual estaba seguro, la tela que me había dado la administración, para que se hiciese alguna camisa, y siguiendo los consejos de Akim Akímich me procuré un colchón, forrado de lienzo blanco, delgado como una galleta y durísimo para quien no estuviese acostumbrado.

El mismo Akim se empeñó en facilitarme todos los objetos indispensables y me hizo con sus propias manos un cobertor con pedacitos de paño cortados de los pantalones de uniforme desechados por los presidiarios, a quienes los había comprado.

Todos los efectos que entrega el Estado quedan de propiedad del forzado cuando los ha usado el tiempo fijado por el reglamento; y aquél los vende en seguida, porque hasta los andrajos tienen un valor positivo en el mercado del penal.

Todo esto me llenaba de estupor, especialmente al principio, a mi entrada en aquel mundo nuevo para mí. Después me hice tan plebeyo como mis compañeros, forzado como ellos. Sus hábitos, sus ideas, sus costumbres, todo lo suyo me lo apropié exteriormente, pero sin penetrar jamás su fondo.

Yo estaba sorprendido y confuso como si no hubiera oído hablar nunca de estas cosas ni sospechado nada semejante; sin embargo, sabía a qué atenerme, al menos por lo que me habían dicho. Pero la realidad produce una impresión muy diferente de la que causan las referencias. ¿Cómo suponer siquiera que aquellos guiñapos tuviesen todavía algún valor para los presidiarios? Y, sin embargo, mi cobertor estaba hecho de guiñapos.

Era difícil adivinar qué clase de tejido era el que se empleaba en los uniformes de los penados; parecía a primera vista igual al paño gris fabricado expresamente para el de los soldados, pero la trama se deshacía en seguida, deshilachándose lastimosamente.

Cada uniforme debía durar un año, pero nunca cumplía su tiempo, a causa de la clase de trabajos que debían realizar los penados. La duración de los capotes se había fijado en tres años, aunque tenían que servir de abrigo, de manta y de cojín, pero eran fuertes y, aunque remendados, al tercer año se podían vender en cuarenta kopeks cada uno. Los mejor conservados se vendían a sesenta, cantidad exorbitante en un penal.

El dinero, vuelvo a repetirlo, ejerce un poder soberano en el presidio. Se puede asegurar que un penado que dispone de algunos recursos sufre mucho menos que el desgraciado que no posee nada.

"Puesto que el Estado provee a todas sus necesidades, ¿qué necesidad tienen de dinero los penados?"

Así razonan nuestros jefes. No obstante, insisto en que si los reclusos estuviesen privados de la facultad de poseer algo de su exclusiva propiedad, perderían la razón, morirían como moscas y cometerían crímenes inauditos, los unos por aburrimiento, por hipocondría, y los otros por cambiar su suerte, como decían.

Si el penado que ha ganado algún kopek con el sudor sanguinolento de su cuerpo y se ha aventurado en empresas peligrosas para conseguirlo, derrocha locamente ese dinero, no es porque desconozca su valor, como a primera vista se pudiera creer. El penado codicia el dinero, hasta el punto de que lo adquiriría al precio de su sangre; y si lo tira por la ventana es con objeto de procurarse lo que aprecia más que el dinero; esto es, la libertad, o, por lo menos, una ilusión, un sueño de libertad. Todos los penados son grandes soñadores. No entraré en largos pormenores; me limitaré a consignar que algunos reclusos, condenados a veinte años de trabajos forzados, me han dicho gravemente:

—Cuando expíe mi condena, si Dios quiere, entonces…

El mismo vocablo forzado indica un hombre privado de su libre arbitrio. Ahora bien, cuando este hombre gasta su dinero, obra como le parece. A pesar de la marca del hierro infamante, a despecho de la empalizada del recinto que oculta a sus ojos el mundo libre y lo encierra en una jaula como a una fiera, él puede procurarse aguardiente, hacer alguna escapatoria y sobornar a sus vigilantes inmediatos, los inválidos, y aun a los suboficiales, que cerrarán los ojos ante alguna infracción de la disciplina; más todavía, podrá dárselas de fanfarrón haciendo ver a sus camaradas y tratando de persuadirse a sí mismo de que no existe en el mundo un hombre más libre que él.

En una palabra, el pobre diablo quiere convencerse de lo que sabe que es imposible, y por esto es jactancioso y exagera cómica e ingenuamente su personalidad, aunque esta sea imaginaria; arriesga, en fin, todo lo que posee, sólo por una apariencia de libertad y de vida, que es el único bien que desea.

Un millonario que estuviese a punto de asfixiarse, ¿no daría toda su fortuna a cambio de un soplo de aire?

Un penado ha vivido pacíficamente varios años consecutivos, su conducta ha sido tan ejemplar, que ha merecido ser nombrado cabo de varas; mas, de pronto, se rebela y no retrocede ante ningún crimen, como un asesinato, ni ante un delito grave, una violación, por ejemplo. Todos se persignan en vista de un cambio tan radical como inesperado, y tratan de hallar la causa. Aquello no es más que la manifestación angustiosa y convulsa de su personalidad; una melancolía instintiva, un deseo irresistible de hacer valer su yo envilecido, sentimientos que nublan su mente. Es como un ataque epiléptico, un espasmo: el hombre sepultado vivo vuelve en sí de súbito, forcejea con desesperación para levantar la tapa de su féretro, aunque la razón lo convenza de la inutilidad de sus esfuerzos, pero la razón no puede dominar esas convulsiones.

Es preciso no olvidar que casi todas las manifestaciones voluntarias de la personalidad de los forzados son consideradas como un delito; por eso le tiene sin cuidado que esas manifestaciones sean o no insignificantes. Riesgo por riesgo, es preferible tirarse al fondo y llegar hasta el homicidio si es preciso. Lo único que cuesta es el primer paso; luego, poco a poco, el hombre se exalta, se ciega y nada puede contenerlo. Por esto, sería mejor no impulsarlo a esos extremos.

Sí, ¿pero cómo conseguirlo?

VI
Los primeros meses

Cuando entré en el penal poseía una pequeña suma de dinero, pero encima no llevaba sino una cantidad insignificante, por temor de que me fuese confiscada. En el lomo y las cubiertas de la *Biblia* oculté algunos billetes de banco. Aquel libro me lo habían regalado en Tobolsk algunas personas desterradas allí desde hacía años, las cuales veían un hermano en cada desgraciado.

Existe en Siberia no poca gente que consagra su vida a socorrer fraternalmente a los desgraciados, y tiene por ellos el mismo afecto que un padre por sus hijos: su compasión es santa y desinteresada por entero. No puedo menos que hablar, aunque a la ligera, de alguna de esas almas caritativas.

Residía en la ciudad donde estaba situado nuestro penal una viuda, llamada Nastasia Ivánovna. Naturalmente, ninguno de nosotros estaba en relaciones directas con aquella mujer que había dedicado su vida a socorrer a los deportados y en especial a nosotros, los forzados.

¿Había ocurrido en su familia alguna desventura igual a la nuestra? ¿Había sufrido algún pariente suyo un castigo semejante? Lo ignoro. El hecho es que ella hacía por nosotros todo lo que podía. Y podía muy poco porque era sumamente pobre.

Pero los que estábamos encerrados sabíamos que afuera teníamos una amiga afectuosa. Ella nos comunicaba con frecuencia noticias que nos interesaban y de las que tan ávidos estábamos siempre.

Cuando abandoné el penal y partí para otra ciudad, tuve ocasión de ir a verla a su casa y de conocerla personalmente. Vivía en un barrio apartado, recogida por unos parientes.

Nastasia Ivánovna no era joven ni vieja, ni bella ni fea. Era difícil, mejor dicho imposible, saber si era inteligente e instruida. Mas en todas sus acciones se notaba una bondad infinita, un deseo irresistible de complacer, de consolar, de hacer algo agradable. Estos sentimientos se leían en su amable y dulce mirada.

Pasé en su casa toda la noche, con otros compañeros de cadena. Nastasia nos miraba fijamente, reía si nosotros reíamos, se mostraba conforme con nuestros pareceres y se esforzaba por complacernos. Nos sirvió té y algunas golosinas. Se adivinaba que habría deseado ser rica sólo por tener la satisfacción de aliviar la triste suerte de los penados.

Cuando nos despedimos de ella, nos regaló a cada uno una cigarrera de cartón, hecha por ella misma y ribeteada con papel dorado.

—Como ustedes fuman, quizá no les vendrán mal estas cigarreras —nos dijo, excusándose tímidamente de la modestia de su obsequio.

Hay quienes dicen —lo he oído y aun leído— que un vivísimo amor por el prójimo no es, al fin y al cabo, sino profundo egoísmo. ¿Pero qué egoísmo puede existir en esto? Confieso que no llegaré jamás a comprenderlo.

Aunque no tenía mucho dinero cuando entré en el penal, no podía, sin embargo, enojarme con los penados que desde el momento de mi llegada me asediaron para que les prestase algo, ni aun con los que, después de haberme engañado una vez, volvían a pedirme otro préstamo. Pero, lo declaro francamente, me disgustaba sobremanera que, con sus inocentes astucias, me tuviesen por tonto y se burlasen de mí, precisamente porque les prestaba dinero por quinta vez.

Creían sin duda los penados que yo era víctima de sus patrañas y de sus engaños; si, por el contrario, me hubiese negado, estoy seguro de que me habrían mirado con mucho más respeto; pero, si bien montaba en cólera una vez que otra, acababa siempre por ceder a sus ruegos. Durante los primeros días me preocupaba el pensamiento de saber qué actitud adoptar, qué línea de conducta me convenía seguir con respecto a mis compañeros de cadena.

Sentía y comprendía perfectamente que aquel ambiente era del todo nuevo para mí, que caminaba a tientas en las tinieblas y que me sería imposible vivir diez años a oscuras. Resolví, pues, obedecer ciegamente a lo que mi conciencia y mis sentimientos me dictasen. Pero no ignoraba que esto era un aforismo excelente en teoría, pero ineficaz en la realidad.

"¡La casa de los muertos!", me decía a mí mismo al caer la noche, contemplando desde el escalón de nuestra cuadra a los reclusos que, de vuelta del trabajo, paseaban por el patio. Examinaba sus movimientos y sus fisonomías, tratando de adivinar qué clase de hombres eran, sus inclinaciones y su carácter.

Desfilaban frente a mí, ceñudos unos, alegres otros —estos dos aspectos pueden caracterizar el presidio—, injuriándose o conversando con tranquilidad, o bien paseando solitarios, absortos, al parecer, en profundas reflexiones, éstos con aire de cansancio y de apatía, aquellos con el sentimiento de una superioridad jactanciosa, el casquete inclinado sobre la oreja y el capote echado sobre los hombros, mirando con altivez, con imprudencia y sorna provocadora.

"¡He aquí mi ambiente, mi mundo actual!", pensaba. "El mundo en que no quiero pero en el que forzosamente he de vivir…"

Quise preguntar algo acerca de los forzados a mi nuevo amigo Akim, que solía tomar el té conmigo, pero hube de desistir de mi propósito.

Diré, entre paréntesis, que, en los comienzos de mi reclusión, fue el té casi mi único alimento. Akim no se negaba a compartirlo conmigo y él mismo encendía el pobre samovar de hojalata, hecho en el penal, que yo había alquilado. Akim se bebía, de ordinario, un vaso (porque él tenía vasos), reposadamente en silencio y, dándome las gracias cuando terminaba, volvía a su trabajo, es decir, a hacer mi cobertor.

No pudo, empero, decirme lo que yo deseaba saber, ni comprendía el interés que tenía en conocer el carácter de las personas que me rodeaban: me escuchó sonriendo con un aire tan malicioso que no he podido olvidar jamás.

No —me dije—; soy yo quien debe averiguarlo, sin interrogar a nadie más.

Al amanecer del cuarto día de mi llegada, los penados se formaron en dos filas en el patio contiguo al cuerpo de guardia, rodeados enteramente de soldados con los fusiles cargados y las bayonetas caladas. El soldado puede disparar libremente sobre el penado que trata de huir, aunque se defina luego si era de absoluta necesidad que hiciese fuego. ¿Pero, quién hubiese intentado siquiera la fuga a la vista de todos? El mismo derecho tenía en caso de sublevación de los reclusos.

Llegó a los pocos instantes un oficial de ingenieros, acompañado del conductor y de los suboficiales del batallón, con las fuerzas encargadas de la vigilancia de los penados que iban al trabajo. Se pasó lista y en seguida salieron los que trabajaban en la sastrería, situada en el mismo establecimiento, y los destinados a los talleres. Por último llegó el turno a los que habían de realizar los trabajos más penosos. En este número, veinte en total, me contaba yo.

Detrás del presidio, sobre la superficie helada del río, había dos barcas, propiedad del Estado, que era preciso desmontar para aprovechar las maderas. Realmente, no valía la pena que nos empleasen en ese trabajo, porque la leña la daban casi regalada, por razón de que todo el país estaba cubierto de bosques.

¡Pero no nos iban a dejar mano sobre mano! Así pues, todos mis compañeros iban al trabajo con disgusto, perezosos y apáticos. Sucedía todo lo contrario cuando el trabajo valía la pena, tenía razón de ser o se podía pedir que señalasen tarea. Entonces los forzados se animaban, y aunque ningún beneficio les redundarían sus afanes, se extenuaban por acabar cuanto antes, porque en ello estaba involucrado su amor propio.

Empero, cuando los trabajos se realizaban por cubrir las apariencias y no por necesidad, no era posible pedir que señalasen tarea fija; era preciso continuar hasta que se oía el redoble del tambor que indicaba el regreso al penal, a las once de la mañana. El día era templado y nebuloso, amenazando nevadas. Nuestro grupo se dirigió a la orilla situada a espaldas del establecimiento, agitando ligeramente las cadenas que, ocultas debajo de las ropas, producían un ruido seco y fuerte a cada paso.

Dos o tres penados fueron a buscar las herramientas al depósito. Yo seguí a los demás bastante animado, porque deseaba ver y saber qué eran los trabajos forzados. ¿Cómo trabajaría yo por primera vez en mi vida?

Recuerdo todos los pormenores de los incidentes ocurridos aquel día. Nos tropezamos con un burgués de luenga barba que, al vernos, se detuvo, llevándose la mano al bolsillo. De inmediato se destacó de nuestras filas un penado y presentó el casquete para recoger la limosna —cinco kopeks— que aquél le dio.

El recluso volvió a reunirse con nosotros, y el burgués se alejó lentamente, después de persignarse. Los cinco kopeks se emplearon aquella misma mañana en panecillos blancos que fueron equitativamente repartidos entre todos.

Los individuos de mi escuadra estaban unos sombríos y taciturnos, indiferentes e indolentes otros, y algunos conversaban con negligencia. Uno de ellos, no obstante, hacía alarde de un regocijo extraordinario, divirtiendo a sus compañeros con sus chistes y sus saltos cómicos. Grueso y corpulento, aquel forzado era el mismo que, el día de mi llegada, había reñido con otro camarada a causa del agua de las abluciones.

Se llamaba Skurátov y acabó por entonar una alegre canción de la que recuerdo el estribillo: "Me casaron a la fuerza, cuando estaba en el molino. Sólo faltaba el acompañamiento de una balalaica".

Su inusitado buen humor molestó a algunos de sus compañeros, que no pudieron menos que exteriorizar su disgusto.

—¡Miren cómo aúlla! —dijo uno con acento desdeñoso.

—El lobo no sabe más que una canción, y este tuliak (natural de Tula) se la ha pedido prestada —añadió otro.

—Es cierto que soy de Tula —replicó Skurátov—, pero ustedes, los de Poltava, no comen más que bellotas.

—¡Embustero! ¿Y tú qué comes? Cortezas de tilo con coles en vinagre.

—La verdad es que soy un hombre muy delicado —repuso Skurátov, lanzando un suspiro, con aire afeminado—. Desde mis primeros años me acostumbraron al lujo y a las buenas comidas. Mis hermanos poseen en la actualidad magníficos establecimientos comerciales y sus negocios marchan viento en popa. Son comerciantes de sal al por mayor e inmensamente ricos.

—¿Y tú qué vendías?

—Cada uno su especialidad cuando recibí los primeros doscientos…

—¿Rublos? ¡Vamos, hombre, no te hagas ilusiones! —interrumpió un penado haciendo una mueca burlona.

—Rublos no —contestó Skurátov sin desconcertarse—, sino doscientos palos, que quizá te vendrían ahora como pedrada en ojo de boticario… ¡Eh, Luka!

—Es posible que haya quien se llame simplemente Luka; mas yo soy, para ti y para todo el mundo, Luka Kuzmich —replicó airadamente un penado pequeñito, delgado y de nariz aguileña.

—Pues bien, Luka Kuzmich, ¡vete al diablo! No vales ni la saliva que se gasta en nombrarte. Y hablando en serio, camaradas —añadió—, no pude permanecer largo tiempo en Moscú, porque al Gobierno se le ocurrió propinarme una carga de palos y enviarme aquí, creyendo, acaso, que este clima era mejor…

—¿Por qué delito fuiste deportado? —preguntó intencionalmente otro penado.

—¡No hagas preguntas tontas, hombre! La cuestión es que me deshicieron los planes: yo estaba firmemente resuelto a labrarme una fortuna… ¡pueden creerme, por mi palabra, el dinero me gusta una barbaridad! Y acostumbrado a la buena vida…

—Ya se conoce que eres de buena familia —observó Luka Kuzmich—; no hay más que mirar cómo vas vestido, de armiño de pies a cabeza. Al menos vale doscientos rublos tu abrigo.

Skurátov llevaba la tulup más rota, sucia y remendada que se puede imaginar.

—No es mi traje lo que vale —repuso flemáticamente—, sino mi cabeza. ¡Oh, tú no sabes lo que encierra mi cabeza! Cuando tuve que decir adiós a Moscú, casi casi venía consolado porque me permitieran traérmela sobre los hombros… Verdad es que con algo sano me debían dejar salir de Moscú, después del tiempo que me albergaron en su horrible cárcel y de la tanda de palos con que me obsequiaban a menudo. Pues bien, a lo que iba, Luka, no es mi traje lo que debías haber mirado sino…

—¿Tu cabeza, verdad? —interrumpió el aludido.

—¡Si a lo menos fuera suya! —observó otro penado.

—¿Qué, mi cabeza? ¡Demonios! ¡Me la habrán cambiado en Moscú sin mi consentimiento!

—No, me refiero a la ropa, que deshilachada y todo vale más que tu cabeza huera.

—¡Gracias!

—¿Pero de veras tenías un establecimiento, Skurátov?

—Sí —repuso prontamente un penado—; un rincón de zapatero remendón.

—Algo hay de verdad en eso —replicó Skurátov—; he batido mucho la suela, pero lo que se dice hacer zapatos, no he hecho más que un par.

—¿Y lo vendiste?

—Sí, gracias a un prójimo que no tenía temor a Dios y a quien el cielo castigó haciéndole comprar mi par de zapatos.

Una carcajada general acogió estas palabras.

—En el penal también he trabajado en ese oficio, pero una sola vez —continuó Skurátov con imperturbable aplomo—. Hice una remonta a los zapatos de Stepán Fiodórich Pomórtsev, el lugarteniente.

—¿Y quedó contento?

—Supongo que sí, porque era un trabajo acabadísimo; pero, como esa gente no acostumbra exteriorizarnos sus verdaderos sentimientos, me colmó de insultos y maldiciones. Pero se enmendó en seguida y me acarició con vehemencia, aplicándome repetidas veces la punta del zapato, que previamente se había calzado, en la parte más carnosa de mi cuerpo. ¡Ah, este pícaro me ha engañado! No es lo que yo me suponía…

Y de nuevo se puso a cantar y a hacer piruetas.

—¡Qué tipo tan repugnante! —murmuró un penado que estaba a mi lado, lanzándole una mirada de desprecio.

—¡Es un ser inútil! —apoyó otro sentencioso.

No podía comprender por qué la alegría de Skurátov crispaba los nervios de sus compañeros. Yo lo atribuía a rencor personal o a injusto despecho porque no guardaba ese aire ceñudo de falsa dignidad de que se hace alarde en los establecimientos penales; o bien, a que, según su expresión, era un hombre inútil.

Sin embargo, no se encolerizaban de la misma manera con otros penados que no se mostraban menos alegres que Skurátov; a éstos, lejos de insultarlos, celebraban sus agudezas y los respetaban. En nuestra cuadrilla había precisamente uno de estos hombres, un joven de carácter jovial, de expresión muy cómica, pero bella e inteligente. Lo llamaban el zapador porque había servido en este cuerpo del ejército. Estaba inscrito en la sección especial.

No todos los penados serios eran, empero, tan poco expansivos que se indignasen por el buen humor de sus camaradas. En nuestro penal abundaban los reclusos que trataban de sobresalir por su habilidad en el trabajo, por su talento, por su carácter o por su gracia. Muchos de éstos no carecían de inteligencia ni de energías, y lograban alcanzar el fin que se habían propuesto; es decir, la primacía y la influencia moral sobre sus compañeros. Con frecuencia eran enemigos mortales entre sí y tenían muchos envidiosos; miraban a los demás penados con aire de superioridad y nunca se quejaban sin motivo.

Como eran bienquistos de los superiores, dirigían en cierto modo los trabajos y sabían hacerse respetar sin descender a la discusión ni al ultraje. Todos éstos se mostraron siempre muy amables conmigo durante todo el tiempo de mi reclusión, pero eran poco comunicativos. Hablaré de ellos con mayor detenimiento.

Llegamos, al fin, al río, en el que había una embarcación, aprisionada por los hielos, que era preciso desmontar y hacer luego astillas. Del otro lado se extendía la estepa, en el horizonte triste y desierto. Yo esperaba ver a todos mis compañeros acometer febrilmente el trabajo, pero me engañé por completo, pues, como si obedecieran a una consigna, se sentaron aquí y allá, sacó cada cual su bolsa de tabaco del país, que venden en hoja, a tres kopeks la libra, cargó su pipa de madera y caña corta, y la encendió, mientras los soldados formaban un círculo, en torno de nosotros para evitar toda tentativa de fuga.

—¿Pero a quién se le habrá ocurrido echar al agua esa barca? —dijo un penado en voz alta, sin dirigirse directamente a ninguno.

—Los que nos temen ¡voto a…! Esos son los que han tenido la bonita ocurrencia —observó otro.

—¿Adónde irán esos muchiks? —interrumpió el primero, señalando a lo lejos con la mano a un grupo de labriegos que caminaba en fila sobre la nieve virgen.

Todos los penados se volvieron negligentemente hacia aquella parte y comenzaron a dirigir frases de mal gusto a los viandantes, con objeto de pasar el tiempo.

Uno de los muchiks, precisamente el que cerraba la marcha, caminaba de un modo bastante curioso, con los brazos abiertos y la cabeza inclinada sobre un hombro. Llevaba un gorro muy alto en forma de tubo, y su perfil se destacaba vivamente sobre la nieve blanca.

—Miren ustedes qué elegante va ese último, ¡compadre Petróvich! —exclamó uno de mis compañeros imitando el acento rudo de los muchiks.

—¡Parece que va plantando coles!

—¡Qué! ¡Va sembrando dinero!

En esto llegó una vendedora de pan, una joven graciosa y vivaracha, y gastamos en panecillos los cinco kopeks que nos había dado de limosna el burgués con quien tropezamos en el camino. Finalmente apareció el suboficial que dirigiría el trabajo, con una vara en la mano.

—¿Y bien? ¿Qué hacen ustedes aquí sentados? ¡Vamos, arriba y listos!

—Señálenos tarea, Iván Matviéyevich —dijo entonces uno de los comandantes, levantándose prontamente.

—¡Pero si la tienen señalada desde antes de llegar! —contestó el suboficial—. Deshagan esa barca, ésa es la tarea por hoy.

Los penados se levantaron, al fin, perezosamente y se internaron con dificultad en el río. En seguida aparecieron varios directores, más listos de lengua que de brazos. Según éstos, había que deshacer la barca con cuidado, esto es, desclavando y destornillando, con objeto de conservar el armazón y, sobre todo, el travesaño del fondo de la quilla.

—Ante todo, es preciso sacar esta viga. ¡Adelante, hijos míos! —gritó uno que no era comandante ni director, sino sencillamente penado.

Este individuo, de carácter pacífico y un tanto bruto, no había despegado hasta entonces los labios. Se inclinó y tomando con ambas manos una gruesa viga esperó a que otros lo ayudaran.

—Apostaría a que es capaz de sacarla solo. Este hombre tiene más fuerza que el oso que fue su abuelo —murmuró otro penado entre dientes.

—¿Qué, no me van a ayudar, hermanos? —dijo con cierta turbación y enderezándose el que había dado el ejemplo para comenzar el trabajo.

—Sí, sí, tienes razón —balbució el pobre diablo desconcertado.

—¿Tendré que calentarles el cuerpo para que comiencen? —exclamó el suboficial, que empezaba a perder la paciencia—. ¡Pues a fe que no faltará leña! —añadió, blandiendo el palo que llevaba en la mano.

—Poco a poco, hila la vieja el copo, Iván Matviéyevich.

—Y yo te voy a romper el huso de un estacazo, Saveliev, si no te pones a trabajar en seguida. ¿Qué haces ahí con los ojos desencajados? ¿Los vendes, acaso? ¡Vamos, con más fuerza!

—¡Distribuyamos el trabajo, Iván Matviéyevich!

—Ya he dicho que no quiero. Saquen la barca de los hielos y volveremos en seguida al penal.

Los reclusos pusieron, al fin, manos a la obra, pero a disgusto, con indolencia. Se comprendía la irritación de los jefes al ver la conducta de aquellos veinte hombres que no se decidían a obedecerles con resolución.

—¡Se ha roto solo! —exclamaron a una vez los primeros penados que comenzaron el trabajo, al mismo tiempo que saltó hecho astillas un tablón.

A su entender, no se podía trabajar en aquellas condiciones, y al punto se entabló una viva discusión que amenazaba con degenerar en riña acerca de los medios que se debían emplear para acabar pronto y bien la tarea.

El suboficial comenzó de nuevo a gritar, agitando el palo, y saltó otro tablón roto.

Fue preciso enviar dos penados, convenientemente escoltados, al depósito del penal en busca de herramientas, pues las hachas no servían; y mientras regresaban, los demás reclusos se sentaron tranquilamente en la barca para fumarse otra pipa.

Al cabo de una hora llegó el conductor, y después de escuchar las explicaciones y los ruegos de los forzados, les señaló la tarea de sacar intactos cuatro travesaños y hacer astillas una buena parte de la barca. Terminado esto, podrían volver al penal.

La pereza de los reclusos desapareció como por encanto, aunque la tarea era larga y penosa; las hachas se pusieron en movimiento, y saltaban los tornillos y clavos como si no fuera preciso más que tocarlos con los dedos para arrancarlos de su sitio. Los travesaños y los maderos salían intactos, a pesar de que se empleaban las mismas herramientas que al principio.

Ya no se oían burlas ni ultrajes; el silencio era completo y cada cual sabía perfectamente lo que tenía que hacer, sin que surgiera el menor entorpecimiento.

Media hora antes de que redoblase el tambor, la tarea estaba concluida y los reclusos volvían al penal cansados, pero contentos de haber ganado treinta minutos de descanso sobre el que concedía el reglamento.

Por lo que a mí se refiere, observé una cosa sumamente curiosa: estorbaba en todas partes adonde me acercaba, y me enviaban con cajas destempladas a otro sitio.

—¿Qué has venido a hacer aquí? —me dijo uno de los más diestros en el trabajo—. ¡Para estorbar aquí no hace falta gente! ¡Anda, largo!

—Lo mejor que podrías hacer —añadió otro, volviéndose hacia mí—, sería tomar un balde y llevar agua a la casa que están construyendo; o bien encerrarte en el taller donde pican el tabaco. Aquí, ¡maldita la falta que haces!

No tuve otro remedio que retirarme a un rincón, aunque no me parecía bien estar de brazos cruzados mientras los demás trabajaban. Pero si mi laboriosidad despertaba la cólera de aquellos a quienes estorbaba, mi ociosidad desencadenó sobre mi cabeza una tempestad de insultos y amenazas: mal, si quería trabajar; peor, si me cruzaba de brazos.

Presentía que estas escenas serían frecuentes, pero decidí no cambiar mi actitud, aunque hubiera de ser el único objeto constante de las burlas y de los insultos de mis compañeros de cadena. Era el mejor partido que podía tomar.

Vivir con sencillez e independencia, sin mostrar el menor resentimiento, sin tratar de acercarme a los demás reclusos, pero sin rechazarlos tampoco y sin que me desconcertaran sus ultrajes ni me intimidaran sus amenazas, era lo más conveniente y lo más cuerdo en semejantes circunstancias, pues, de lo contrario, sin duda me habrían despreciado.

Cuando regresé al penal, después del trabajo de aquella mañana, se apoderó de mí una tristeza indecible.

"¡Cuántos miles de días habré de pasar como éste!", pensaba.

Paseaba solo y meditabundo, al caer la tarde, a lo largo de la empalizada, cuando vi, de pronto, que Schárik venía corriendo hacia mí. Era Schárik nuestro perro, porque en el penal como en los cuarteles hay siempre un perro favorito: un mastín negro con manchas blancas, no muy viejo, de mirada inteligente y cola gruesa. Nadie lo acariciaba ni le hacía caso. Desde mi llegada lo hice mi amigo echándole un pedazo de pan. Cuando lo acariciaba permanecía inmóvil y me miraba con expresión de cariño, meneando suavemente el rabo.

Como en todo el día no me había visto y era yo el primero que lo acarició después de muchos años de abandono, el pobre animal me estuvo buscando por todas las dependencias del establecimiento, y al encontrarme, por fin, se puso a ladrar con alegría.

No podría decir lo que sentí en aquel momento; estreché su cabeza contra mi pecho y lo besé con fruición. Schárik puso sus patas delanteras sobre mis hombros y me lamió la cara…

"¡He aquí el amigo que el destino me ha enviado!", pensé.

Y durante las primeras semanas, tan penosas y tristes, cada vez que volvía del trabajo, me apresuraba a dar un paseo detrás de las cuadras, precedido de Schárik, que iba dando saltos de alegría. Allí lo besaba y lo colmaba de caricias. Un sentimiento dulcísimo, pero al mismo tiempo perturbador y amargo, me oprimía el corazón.

Recuerdo que me era grato pensar, gozando en cierto modo de mi tormento, que no me quedaba en el mundo otro ser que me amase, que fuese mi verdadero amigo, fuera de mi fiel Schárik.

VII

Nuevos conocidos. Petrov

Pasaba el tiempo y poco a poco me acostumbraba a aquella vida. Las escenas que diariamente se desarrollaban ante mis ojos no me afligían tanto: en pocas palabra, el presidio, sus moradores y sus costumbres me resultaban indiferentes. Amoldarse a esta vida era imposible, pero yo la aceptaba como un hecho inevitable. Había arrinconado en lo más profundo de mi conciencia las inquietudes que me turbaban. No vagaba ya como extraviado en el recinto del penal ni me dejaba dominar por la angustia.

Se había atenuado la salvaje curiosidad de los reclusos, que no me miraban ya con la descarada insolencia del principio; yo era para ellos un ser insignificante, de lo cual me alegraba muchísimo.

Paseaba por mi cuadra como por mi propia casa; encontraba fácilmente mi sitio con los ojos cerrados o durante la noche y me habitué a cosas que hasta pensarlas me habría parecido imposible. Todas las semanas invariablemente me hacía rasurar la cabeza. Nos llamaban el sábado al cuerpo de guardia, y uno tras otro los barberos del penal nos desollaban el cráneo mal enjabonado con una especie de sierra que allí denominaban navaja de afeitar. Cada vez que pienso en aquel martirio me estremezco. Por fortuna, no duró mucho tiempo, gracias a que Akim Akímich me indicó a un recluso de la sección militar, el cual, por un kopek, afeitaba a los que querían utilizar sus servicios.

Su clientela entre los reclusos era numerosa, a causa de lo mal que lo hacían los barberos militares. Habían dado a nuestro rapabarbas el sobrenombre de "el Mayor", sin que acierte a explicarme el motivo, pues no tenía ningún parecido con el mayor o jefe del penal.

Era un joven —me parece que lo estoy viendo— demacrado, alto, silencioso, bastante estúpido y absorto siempre en su ocupación. Se veía constantemente con el suavizador en la mano, pasando y repasando su navaja, que era una maravilla por lo resistente y cortante. Se diría que había hecho de su profesión el objeto único de su vida. Se ponía, en efecto, radiante de júbilo cuando tenía la navaja bien afilada y alguno solicitaba sus servicios. Enjabonaba escrupulosamente y tenía una mano tan suave que parecía que acariciaba. Estaba orgulloso de su habilidad y tomaba con aire indiferente el kopek que era precio de su trabajo, como si lo ejecutara por amor al arte y no por dinero.

A…v se ganó cierto día una tremenda recriminación por haber llamado al barbero por su sobrenombre de Mayor en presencia del mayor verdadero del penal.

—¿Sabes tú, canalla —le decía éste, rojo de ira—, lo que es un mayor? Di, ¿sabes lo que es un mayor? —repitió sacudiendo a A…v por un brazo y echando espuma por la boca, como siempre que se encolerizaba—. ¿Cómo te atreves a dar ese título a un recluso, a un presidiario, tan miserable como tú, y en mi presencia?

Únicamente A…v podía entendérselas con un hombre semejante.

Desde el primer día de mi detención comencé a soñar con mi libertad. Mi ocupación favorita era contar mil y mil veces, y en mil distintos modos el número de días que había de pasar en el presidio. No podía pensar en otra cosa y estoy seguro que a todos los presos que no hayan sido condenados a perpetuidad les pasa lo mismo.

No puedo decir si los forzados pensaban como yo, pero la insensatez de sus esperanzas me llenaba de estupor. La esperanza de un preso difiere en esencia de la de un hombre libre. Éste puede esperar un mejoramiento en su suerte o la realización de una empresa cualquiera; pero, entretanto, vive y obra, la vida lo arrastra en su torbellino.

Nada de esto, empero, se encuentra en el forzado. Este vive, si se quiere llamar vida a la suya, pero no existe ningún condenado, cualquiera que sea la duración de su pena, que admita su suerte como algo positivo, definitivo, como una parte de su verdadera vida. Es un sentimiento instintivo.

El forzado sabe que no está en su casa; cree, por decirlo así, que es un simple visitante y considera sus veinte años de condena como dos a lo sumo. Está seguro de que cuando cumpla los cincuenta años habrá expiado su pena y se encontrará tan fuerte y robusto como si sólo tuviese treinta y cinco.

"Todavía tengo tiempo por delante para vivir", piensa y desecha con obstinación los pensamientos desalentadores y las dudas que lo asaltan.

El condenado a perpetuidad también alimenta la ilusión de que el día menos pensado llegará de San Petersburgo una orden que diga: "Trasladen a N… a las minas de Nerchinsk y fijen un término a su condena.

"Sería esto una delicia, porque se emplean seis meses en llegar a Nerchinsk. La vida de convoy es mil veces preferible a la del penal y una vez cumplida allí la condena, ¡ah, entonces…!" Más de un anciano de cabellos blancos razona de esta manera.

En Tobolsk vi a muchos presidiarios sujetos a la pared por una cadena que mide dos metros de largo, sin que en su calabozo haya más mueble que su miserable camastro. Castigan así a los que han cometido algún delito gravísimo después de su deportación a Siberia, y de ese modo han de pasar de cinco a diez años. Ordinariamente son bandidos.

Uno solo de ellos tenía el aspecto de hombre educado. Había sido funcionario público y hablaba con acento melifluo y como arrastrando las palabras. Su sonrisa era empalagosa a fuerza de dulzura.

Éste me dejó examinar su cadena y me enseñó la manera de acostarse con menos incomodidad, aunque de todos modos resultaba una cosa horrible.

Todos estos desgraciados guardan una conducta irreprensible, y aunque simulan que están satisfechos o resignados con su suerte, arden en deseos de que termine cuanto antes el tiempo de su condena, para abandonar su calabozo de techo bajo en el que el aire es pesadísimo, sofocante, y respirar en el patio del presidio: respirar para ellos equivale a la libertad.

No les dejarán salir jamás del patio, porque los condenados a su pena han de morir en el presidio sin traspasar nunca sus umbrales; sin embargo, ansían que llegue el momento de abandonar su calabozo, pues sin este deseo, ¿cómo sería posible estar encadenados cinco o más años a una pared sin morir o volverse locos?

Pronto comprendí que únicamente el trabajo podía salvarme y fortalecer mi salud y mi cuerpo, mientras la inquietud moral incesante, la exacerbación nerviosa y la atmósfera mefítica de la sala del penal me habrían matado irremisiblemente.

El aire libre, el trabajo cotidiano y la costumbre de acarrear grandes pesos tenían que vigorizarme por necesidad, y gracias a esto saldría, una vez expiada mi condena, fuerte, robusto, rebosante de vida. No me engañé: el trabajo y el movimiento me fueron benéficos en extremo.

Veía con espanto a uno de mis camaradas, un ex noble, consumirse como una vela, y no obstante había ingresado al mismo tiempo que yo en el penal, joven, varonilmente hermoso, fresco y robusto. Cuando recobró la libertad estaba horriblemente avejentado, las piernas se negaban a sostenerlo, el asma le oprimía el pecho.

—No —me decía a mí mismo al contemplarlo—; yo quiero vivir y viviré.

Mi afición por el trabajo me acarreó al principio el desprecio de mis compañeros de cadena, que me censuraban cruelmente, pero yo no les hacía caso e iba alegre y risueño a donde me mandaban.

Los ingenieros hacían cuanto estaba en sus manos para aliviar las penalidades del trabajo forzoso a los nobles; y eso no era indulgencia sino justicia.

¿No habría sido irracional exigir el mismo trabajo manual a un hombre de fuerzas físicas muy limitadas y que nunca había trabajado con sus propias manos? Esta parcialidad, empero, no era permanente, sino a escondidas y en determinados casos, porque estábamos vigilados muy estrechamente.

Como los trabajos penosos eran frecuentes, sucedía, a veces, que la tarea era superior a nuestras fuerzas, y entonces sufríamos el doble que nuestros compañeros.

Para hacer la cal se enviaban, de ordinario, tres o cuatro hombres, débiles o ancianos, a los que se agregaba un obrero verdadero, diestro en el oficio. Durante varios años siempre fue el mismo, Almázov. Era severo, de edad avanzada, de tez bronceada, delgado, poco comunicativo y descontentadizo. Almázov nos detestaba con cordialidad, pero, como no tenía nada de expansivo, no se tomaba siquiera la molestia de insultarnos.

El cobertizo bajo el que calcinábamos el alabastro estaba levantado en la margen empinada y desierta del río. En invierno, en un día brumoso, el panorama que a la orilla opuesta se ofrecía a nuestra vista era triste, oprimía el corazón. Pero más triste era aún cuando brillaba el sol sobre aquella llanura blanca, infinita…

Se sentían vivísimos deseos de volar lejos, muy lejos de aquella estepa que comenzaba en la otra orilla y se extendía por más de mil quinientas verstas al sur, monótona y compacta como una inmensa sabana.

Almázov se ponía a trabajar silencioso y ceñudo. Nos avergonzábamos de no poder ayudarle eficazmente, pero él continuaba impasible su trabajo sin reclamar nunca nuestra ayuda, como si quisiera hacer pesar sobre nosotros su superioridad y hacernos comprender que éramos seres por completo inútiles.

Este trabajo consistía en calentar el horno para calcinar el alabastro que nosotros íbamos amontonando. Al día siguiente, cuando el alabastro estaba calcinado por entero, cada cual tomaba una pesada machaca y llenábamos las cajas, hechas a propósito, del alabastro que íbamos triturando.

El trabajo, por lo tanto, resultaba agradable. Como el alabastro era frágil, quedaba reducido a un polvo blanco y brillante con facilidad, y blandíamos los pesados martillos asestando golpes formidables que nos asombraban a nosotros mismos.

Cuando estábamos cansados nos sentíamos más ligeros, teníamos encendidas las mejillas, la sangre corría con mayor rapidez por nuestras venas. Almázov nos miraba entonces condescendiente, como habría mirado a unos muchachos, y fumaba su pipa con aire de indulgencia, pero sin dejar de barbotar cada vez que abría la boca. Por lo demás, lo mismo hacía con todos, y creo que en el fondo era un buen hombre.

Se nos daba también otro trabajo, que consistía en poner en movimiento la rueda del torno. Esta rueda era alta y pesada, y nos costaba esfuerzos inauditos hacerle dar vueltas, en especial cuando el operario (trabajábamos en los talleres) tenía que hacer la baranda de una escalera o el pie de una gran mesa, porque entonces se necesitaban gruesos troncos de árboles, y como uno solo no habría sido bastante, nos enviaban a dos: B…, uno de los ex nobles, y yo. Este trabajo nos lo reservaban de ordinario y duraba largo tiempo, pues el torno paraba muy raras veces.

B… era débil, vanidoso, joven aún y sufría del pecho. Había ingresado en el penal un año antes que yo, con otros dos compañeros, nobles también. Uno de ellos, anciano, rezaba constantemente, noche y día —los reclusos lo respetaban por esto—, y murió en el presidio durante mi condena. El otro, muy joven, fresco y rubicundo, fuerte y animoso, había llevado a cuestas, por más de setecientas verstas, a su compañero B…, porque éste caía extenuado a mitad de la etapa. De esto nació la amistad que los unía.

B… era un hombre muy bien educado, de carácter noble y generoso, pero irascible y casi intratable a causa de su enfermedad. Ambos dábamos vuelta a la rueda con verdadero afán y, por mi parte, con gusto, porque aquel ejercicio me parecía excelente.

Lo que más me divertía era barrer la nieve. En invierno las tempestades son frecuentes, y la nieve llegaba a la altura de las ventanas de las casas, y en cuanto cesaba la nevada y brillaba el sol, nos enviaban a descargar de peso los tejados y limpiar los patios y todo el recinto penal.

Nos enviaban en grandes grupos y en ocasiones a toda la población del penal, provistos de grandes palas, y nos señalaban tal extensión de terreno que parecía imposible que pudiésemos terminar la tarea. Todos poníamos alegremente manos a la obra. La nieve friable no se había endurecido aún, la superficie no estaba helada y la pala se hundía fácilmente en la masa blanca que brillaba a la luz del sol.

El aire frío del invierno y el movimiento nos animaban. El regocijo era general, por todas partes se oían risas y ocurrencias graciosas. Se arrojaban puñados de nieve a la cabeza, excitando la indignación de las personas graves, enemigas de la risa y del buen humor, y así, la alegría terminaba casi siempre en altercados y las bromas se trocaban en insolencias.

Poco a poco fue creciendo el círculo de mis relaciones, aunque nada hacía para hacerme de amigos, pues me mantuve siempre reacio y desconfiado.

El primero que procuró acercarse a mí fue el recluso Petrov, que vino a visitarme. Sí, a visitarme, porque Petrov pertenecía a la sección especial y su pabellón estaba situado bastante separado del mío.

Era evidente que no podían existir relaciones de ninguna clase entre nosotros, ningún vínculo podía unirnos; sin embargo, durante el primer periodo de mi reclusión, Petrov se creyó obligado a visitarme casi a diario en mi pabellón, o al menos a acompañarme cuando, después del trabajo, me retiraba a pasear detrás de las cuadras, lo más lejos posible de mis camaradas.

Al principio me molestó sobremanera esta insistencia, pero Petrov supo conducirme de tal modo que sus visitas y su compañía fueran para mí una distracción que habría echado de menos, aunque su carácter nada tenía de expansivo.

Era de mediana estatura, bien plantado y ágil y diestro, de rostro muy agradable, pálido, de pómulos salientes, mirada atrevida, dientes blancos, pequeños y apretados. Llevaba siempre una punta de cigarro entre las encías y el labio inferior; son muchos los penados que tienen la costumbre de masticar el tabaco.

Petrov parecía más joven de lo que era en realidad, pues no representaba más de treinta años y había cumplido ya los cuarenta. Me hablaba con desenvoltura y me miraba como a un igual, pero siempre fue cortés y educado conmigo, y no me dio motivos de queja.

Si, por ejemplo, observaba que yo prefería en aquel momento la soledad, no prolongaba su visita más del tiempo necesario para dirigirme algunas frases, casi siempre de agradecimiento por la condescendencia con que lo trataba, cosa que él no hacía con ningún otro recluso.

Debo añadir que estas relaciones no cambiaron jamás, no sólo durante el primer periodo de mi reclusión, sino durante varios años, pero sin que llegasen a ser íntimas, a pesar de que Petrov me era muy adicto. No podía adivinar qué esperaba de mí ni por qué me visitaba todos los días.

Alguna que otra vez me robó, pero siempre involuntariamente. No me pidió jamás ni un kopek; no era el dinero lo que lo atraía hacia mí ni tenía miras interesadas.

No sé por qué me parecía que este hombre no vivía en mi prisión, sino en otra casa, en la ciudad, muy lejos. Se diría que visitaba el presidio por casualidad, para verme e informarse acerca de nuestro modo de vivir. Tenía siempre prisa, como si alguien lo esperara o hubiera dejado abandonados de momento sus negocios; y, sin embargo, no se apresuraba.

Miraba fijamente, con una expresión de ligera ironía y de atrevimiento, a lo lejos, por encima de los objetos, como si tratara de descubrir algo detrás de la persona que tenía delante. Parecía siempre distraído, y a veces me preguntaba a mí mismo adónde iba Petrov cuando me dejaba. "¿Dónde lo esperan con tanta impaciencia?", pensaba.

Volvía con paso rápido a su pabellón o a la cocina, se sentaba cerca de los que hablaban, escuchaba con atentción e intervenía en su charla, callando de pronto. Hablara o guardara silencio, se leía siempre en su rostro la preocupación por algún asunto pendiente. Lo sorprendente era que no se dedicaba a nada en absoluto, y que, una vez terminado su trabajo forzoso, permanecía en la mayor ociosidad. No sabía ningún oficio y casi nunca tenía dinero, lo que no lo apuraba poco ni mucho.

¿De qué me hablaba este sujeto? Su conversación no era menos rara que él mismo. Cuando me veía pasear solitario por detrás de las cuadras, daba media vuelta y se dirigía hacia mí a paso lento, y sin embargo me parecía que corría.

—Buenos días —me decía.

—Buenos días —le contestaba.

—¿Lo molesto?

—No.

—Quisiera preguntarle algo acerca de Napoleón. ¿Es pariente del que vino a Rusia en 1812?

Petrov era hijo de militar y sabía leer y escribir.

—Sí —le contesté.

—Dicen que es presidente. ¿Qué es eso? ¿De qué es presidente?

Sus preguntas eran rápidas, vehementes, como si quisiera saber en seguida a qué atenerse. Le expliqué lo que significaba la presidencia de Napoleón y añadí que quizá llegaría a ser emperador.

—¿Cómo es eso? —interrogó sorprendido.

Se lo hice comprender lo mejor que me fue posible, me escuchó con atención, se dio por satisfecho y añadió, poniéndose una mano en la oreja:

—¡Ah! Quería preguntarle otra cosa: ¿es verdad que existen monos que tienen manos en lugar de patas y son del tamaño del hombre?

—Sí.

—¿Cómo están hechos?

Se los describí y le conté todo lo que sabía sobre el particular.

—¿Dónde viven?

—En los países cálidos. Se encuentran en la isla de Sumatra.

—En América, ¿verdad? —añadió Petrov—. Dicen que en aquellos países camina la gente con la cabeza hacia abajo.

—¡No, hombre! Usted se refiere a los antípodas.

Y le expliqué, a la buena de Dios, lo que eran América y los antípodas. Petrov me escuchó con sorprendente atención, como si fuese aquello lo único que deseaba saber en su vida.

—¡Oh! El año pasado leí una historia de la marquesa de La Vallière. Arefiev tomó el libro de la biblioteca del mayor. ¿Es verdad o invención? La obra es de Dumas.

—Es una historia inventada, una novela —le contesté.

—Bueno, adiós. Muchas gracias.

Y Petrov desapareció.

De este género eran, por lo general, nuestras conversaciones. Pregunté algo acerca de este raro individuo, y M… se creyó obligado a prevenirme en contra suya, pues, según decía, era el más peligroso de todo el establecimiento; ni el propio Gazin le había producido una impresión tan espantosa como Petrov.

—Es el más resuelto —me dijo—, el más temible de todos los presidiarios, capaz de los mayores crímenes; si se le mete algo entre ceja y ceja, lo asesinará con la mayor tranquilidad y sin el menor escrúpulo, si tal es su voluntad. Yo creo que no está en su cabal juicio.

Esta confidencia excitó mi curiosidad, pero M… no supo decirme en qué fundaba la opinión que tenía sobre Petrov.

¡Cosa rara! Durante varios años conversé diariamente con este sujeto, que me era sinceramente adicto, y si bien se conducía siempre con la mayor cordura y no hacía nada vituperable, me convenció cada día más de que M… tenía razón, que Petrov era el hombre más atrevido y más difícil de contener de todo el presidio. ¿Por qué? No sabría decirlo.

Petrov era precisamente el forzado que intentó asesinar al jefe del penal un día en que fue llamado a sufrir castigo de varas, para él injusto en aquella ocasión; en otro lugar he dicho cómo escapó con vida el jefe, gracias a que se retiró oportunamente antes de que comenzase la ejecución.

Mientras era soldado, su coronel lo abofeteó durante las maniobras. Sin duda, lo habían golpeado antes en otras ocasiones, pero aquel día no estaba Petrov de humor para soportar semejante ofensa y, en pleno día, ante el batallón que estaba formado, degolló a su coronel. Claro está que tales estallidos de su ferocidad no se manifestaban sino cuando la naturaleza hablaba demasiado alto en él, y no gustaba de provocar reyertas.

Su único amigo era Sirotkin y sólo le hablaba con intimidad cuando necesitaba de sus servicios. Un día lo vi excitadísimo porque lo habían ofendido al rehusarle un objeto que a toda costa quería poseer.

Disputaba acerca de esto con un forzado de elevada estatura y vigoroso como un atleta, llamado Vasilii Antónov y conocido por su carácter violento y pendenciero. Pertenecía a la categoría de condenados civiles y no tenía nada de cobarde.

Gritaron durante largo rato, intercambiando insultos y amenazas, y yo estaba segurísimo de que la contienda terminaría en golpes, pero tuvo un final inesperado.

Petrov palideció intensamente, y con los labios temblorosos y la respiración anhelante se levantó con los pies descalzos, porque así caminaba en verano, se acercó a Antónov, devorándolo con miradas de fuego.

Súbitamente cesó todo ruido y a los gritos sucedió un silencio tan completo que se habría oído el vuelo de una mosca. Antónov se puso de pie vivamente ante su adversario; no parecía ya un hombre sino una fiera…

No quise ser testigo de aquella horrible escena, y salí con precipitación de la cuadra, persuadido de que antes de llegar a la puerta oiría el grito de angustia lanzado por la víctima que caería al suelo degollada, revolcándose en su propia sangre.

Pero me engañé, por fortuna. Antes de que Petrov pudiera recurrir a las manos con Antónov, este le arrojó a los pies el objeto que daba lugar a la pendencia, ¡un guiñapo, un trozo de forro!

Dos minutos después, Antónov reanudó los insultos y las amenazas, un poco para tranquilizar su conciencia y mucho para demostrar que no había tenido un miedo excesivo; pero Petrov despreció aquellos insultos, sin tomarse siquiera la molestia de contestarlos. Había triunfado y lo demás le importaba un bledo. Estaba satisfecho con el andrajo que codiciaba.

Un cuarto de hora después se paseaba por el pabellón como si nada hubiera ocurrido, buscando un grupo en que se hablase de algo, que lo pudiera distraer.

Parecía que todo le interesaba y, sin embargo, permanecía indiferente a todo lo que oía, y vagaba con los brazos cruzados sobre el pecho por los corredores. Se le podía comparar con un operario vigoroso, amantísimo del trabajo, pero que en aquel momento no tiene nada que hacer y espera jugando con los niños.

No acertaba a comprender por qué se resignaba a permanecer en el penal sin intentar siquiera la fuga, pues estoy seguro que, de habérselo propuesto, habría conseguido escapar. El razonamiento no ejerce ninguna influencia sobre personas como Petrov, sino cuando carecen de voluntad y nada desean. Pero si tienen algún capricho, no hay obstáculo que los haga retroceder. No hay duda de que habría hallado un medio hábil de fugarse, que habría engañado a cuantos se propusiera, y que era capaz de permanecer una semana entera sin comer, oculto en el bosque o en los cañaverales. Pero no se le había ocurrido aún esta idea. No descubrí en él ni raciocinio ni buen sentido.

Estos individuos nacen con una idea que les dirige toda la vida a derecha o izquierda, y vagan de este modo hasta que tropiezan con un objeto que despierta violentamente sus deseos: entonces, nada hay que pueda contenerlos.

Como todos los que tenían un oficio de ocupación determinada, Petrov ejercía el contrabando de aguardiente. Si era descubierto, se dejaba azotar con paciencia, porque reconocía que se había hecho merecedor de semejante castigo; de lo contrario, antes lo habrían matado que aplicado un latigazo.

Más de una vez me llenó de estupor al ver que me robaba a pesar del afecto que me tenía. Esto lo hacía por capricho. Así me robó la Biblia que yo le había entregado para que la llevase a mi sitio en el pabellón. La distancia era muy corta, pero, a mitad del camino, encontró un comprador, le vendió mi libro, y gastó en seguida el importe en aguardiente. Probablemente, sentía en aquel momento un deseo vivísimo de echarse un trago, y cuando deseaba algo, era forzoso que lo consiguiese. Un individuo como Petrov es capaz de asesinar a un hombre por veinticinco kopeks, sólo con objeto de comprarse un cuarto de litro de aguardiente, y en otras ocasiones despreciaría centenares de miles de rublos.

La misma tarde me confesó el hurto que había hecho, pero sin asomo de arrepentimiento ni confusión, como si se tratase de la cosa más natural del mundo. Quise reprenderlo, como merecía, porque echaba de menos mi Biblia, y él me escuchó sin pestañear, conviniendo conmigo en que la Biblia era un libro precioso y muy útil, cuya pérdida era sensible, por lo cuál me acompañaba en mi sentimiento. Aproveché esta buena disposición para continuar mis reproches, pero observé en su mirada tal fijeza que heló las palabras en mis labios.

Soportaba mis recriminaciones porque las consideraba justas, porque las merecía y, por consiguiente, me asistía el derecho de insultarlo para desahogarme y consolarme de la pérdida que había sufrido. Pero, en el fondo, creía que aquélla era una nimiedad indigna de personas formales.

Hasta llego a creer que me tenía por un niño que no comprende la vida ni las cosas más sencillas del mundo. Si le hablaba de algo que no fuese de libros o de ciencia, me respondía, pero sólo por cortesía y con laconismo.

Yo no podía adivinar por qué me preguntaba siempre sobre algo referente a los libros, y lo miraba a hurtadillas, durante aquellas conversaciones, tratando de descubrir si se burlaba de mí. Pero no, me escuchaba con seriedad, con atención marcada, aunque ésta no fuese muy prolongada, lo cual me irritaba a veces. Las preguntas que me hacía eran siempre claras y concisas, y no parecía desconcertarse por las respuestas que exigían. Sin duda, se había convencido a sí mismo de que conmigo no se podía hablar de otra cosa, porque, fuera de asuntos de libros, no entendía de nada.

Estoy seguro de que me quería, y esto me asombraba. ¿Me tenía, acaso, por un hombre incompleto? ¿Sentía por mí esa compasión que suele experimentar el fuerte por los débiles? ¿Me tomaba por…? No lo sé. Aunque esta comparación no obstaba para que me robase, no hay duda de que me compadecía.

"¡Pobre hombre!", pensaba, ciertamente, mientras se apoderaba de lo que me pertenecía. "No sabe guardar lo que posee."

Un día me dijo involuntariamente:

—Es usted demasiado bueno y un inocente que inspira lástima. No se ofenda por mi franqueza —añadió tras una breve pausa—, se lo digo sin mala intención.

Se observa a veces en la existencia de las personas como Petrov que se producen y se manifiestan torbellinos y revoluciones, y entonces encuentran la actividad que les conviene.

No son oradores, ni servirían para ser inductores y jefes de una revolución, pero sí el brazo que las ejecutara.

Obran con sencillez, sin ruido; son los primeros en afrontar el peligro y vencer los obstáculos a pecho descubierto, sin vacilaciones ni temores; y todos los siguen ciegamente hasta el pie de la muralla en donde sucumben.

No creo que Petrov haya acabado bien, porque estaba destinado a un fin desastroso; y si aún no ha muerto violentamente, será porque no se ha presentado la ocasión oportuna. Sin embargo, ¡quién sabe! Quizá llegará a edad muy avanzada y morirá tranquilamente, después de haber pasado por el mundo sin objeto alguno determinado.

Sin duda, M… tenía razón: Petrov era el hombre más resuelto y temible de todo el penal.

VIII
LOS HOMBRES DECIDIDOS. LUKA

Es difícil hablar de gente resuelta. En el penal, como en todas partes, son raros estos hombres. Se les adivina por el terror que inspiran y se les mira con recelo. Un sentimiento irresistible me impulsó al principio a alejarme de ellos, pero cambié en seguida de manera de pensar, incluso respecto de los homicidas más espantosos.

Existen individuos que no han cometido jamás un asesinato y son, no obstante, más feroces que el que ha matado a seis hombres. Ciertos crímenes no se conciben siquiera; tan extrañas son las circunstancias que han concurrido en su ejecución. Digo esto puesto que, con frecuencia, los delitos perpetrados por el pueblo tienen causas que asombran.

Un tipo de homicida que no es raro de encontrar es el siguiente: un hombre vive tranquilo, es de carácter pacífico y está resignado con su ingrata suerte. Es muchik, siervo de la gleba, siervo doméstico, burgués o soldado. De pronto, siente que se desencadena una pasión violenta dentro de sí e, incapaz de contenerse, hunde un cuchillo en el pecho de su opresor o de su enemigo.

Desde aquel momento cambia de manera radical, colma todas las medidas. Mató a su opresor o a su enemigo: esto es un crimen; pero se explica, porque algún motivo lo indujo a cometerlo; mas ahora asesina no sólo a sus enemigos sino a todo el que se le pone delante; mata por el placer de matar, por una mirada, por una palabra mal sonante, por deshacerse de alguno.

Una vez traspasada la línea fatal, se asombra de que nada haya sagrado para él; desconoce toda legalidad, todo poder constituido, goza de una libertad ilimitada, exorbitante, que se ha creado él mismo; goza con los estremecimientos de su corazón, con el espanto que experimenta; sabe, no obstante, que lo espera un castigo terrible.

Sus sensaciones son quizá las del que se arroja de lo alto de una torre al abismo abierto bajo sus pies, por el deseo de acabar de una vez. Y esto sucede a los individuos más pacíficos, pues los hay también quienes se hallan entre estos extremos opuestos: mientras más deprimidos están, más vivamente desean que llegue la hora de enseñar los dientes y de sacudir el temor.

Este desesperado goza con el terror que inspira, se complace en el disgusto que excita. Hace verdaderas atrocidades por desesperación, y espera a veces un castigo inmediato; está impaciente porque se decida su suerte, pues el peso de su desesperación le parece demasiado grande para soportado solo. Lo más curioso es que esta sobreexcitación, esta actitud no lo abandona hasta que llega al tablado del suplicio. Después, todo encanto desaparece, se aplana, se extingue todo su ardimiento; se desmaya y pide perdón por sus crímenes.

Pero si lo envían a presidio, sucede todo lo contrario. Nadie diría que aquel ser insignificante había cometido cinco o seis asesinatos. Es que el presidio no doma tan fácilmente, y semejantes individuos conservan cierta fanfarronería y toman un aire insufrible de bravucones.

—¡Ah, ustedes no saben quién soy! He despachado para el otro mundo a seis prójimos que me estorbaban —pero, a la larga, acaba por someterse.

De vez en cuando se divierte recordando sus audacias, sus iniquidades, cuando era un desesperado. Gusta de encontrarse con algún bobalicón ante el cual pueda jactarse y contarle sus andanzas, sin mostrar abiertamente las ganas que tiene de contarlas.

—Ya verás qué hombre tienes delante…

¡Y con qué refinamiento de amor propio se escucha a sí mismo! ¡Con qué aire de indiferencia comienza su relato! De todas y de cada una de sus palabras, y aun del tono en que las pronuncia, se trasluce una presuntuosidad inconcebible.

Durante las primeras y largas horas de mi reclusión, escuché una de estas historias, y gracias a mi inexperiencia, tomé al narrador por un malhechor terrible que dejaba diminuto al propio Petrov.

Era Luka Kuzmich el que me contaba que había suprimido a un comandante por puro pasatiempo. Este individuo era el más pequeño y débil de todo mi pabellón. Nacido en el Sur, había sido siervo, pero no de la gleba, sino de los que sirven a su amo en concepto de criado. Tenía algo de altivo y mordaz; un pajarillo, pero con pico y garras de ave de rapiña.

Los reclusos que por instinto husmean a los hombres verdaderamente resueltos se burlaban de él y de sus baladronadas. Luka era excesivamente quisquilloso y lleno de amor propio.

Aquella noche remendaba una camisa, pues se había dado a la costura, sentado en su camastro. A su lado se encontraba otro recluso joven, corto de alcances, bastante imbécil, pero bueno y complaciente, una especie de coloso llamado Kobilin. Luka disputaba a menudo con él y lo trataba desde la cima de su grandeza con un aire desdeñoso y despótico, en el que Kobilin no reparaba, gracias a su propia candidez. El joven remendaba unos calzoncillos y escuchaba negligentemente a Luka.

Éste hablaba en voz alta y clara, pues quería que todos lo oyeran, aunque fingía que se dirigía únicamente a su vecino.

—¿Hace mucho tiempo de eso? —preguntó Kobilin.

—Cuando las peras estén maduras se cumplirá un año. Pues bien, llegamos a K...v, y me encerraron en el penal. Me rodeaba una docena de infelices, naturales todos de la Pequeña Rusia, bien plantados, sólidos y robustos como toros. La comida era pésima, pues el mayor hacía lo que le venía en gana, sin que ninguno se atreviese a protestar.

"—¿Le tienen miedo a ese bruto? —les pregunté.

"—Atrévete a hablarle, ya que te las das de valiente —me contestaron, riendo estrepitosamente.

"Yo guardé silencio. Había allí un tupé de lo más curioso que puedan ustedes imaginarse", añadió Luka, dirigiéndose a todos nosotros.

Luka hacía continuas digresiones, y Kobilin lo interrumpió con impaciencia:

—¿Y qué pasó con el mayor?

Esto era precisamente lo que esperaba Luka; sin embargo, no quiso continuar en seguida su relato, como si Kobilin no fuese merecedor de semejante atención. Enhebró, pues, tranquilamente su aguja, cruzó con toda comodidad sus piernas a la turca y repuso, al fin:

—Me las ingenié de manera que induje a los tupé a que reclamaran al director por medio de un plante. Aquella misma noche pedí prestado a mi vecino un alfiler (cuchillo) y me lo escondí en la manga, por lo que pudiera ocurrir. El mayor estaba peor que un perro rabioso y entró echando espumarajos por la boca:

"'¡Muchachos', dije entonces a los Pequeños Rusos, 'no es el momento propicio para demostrar miedo!'

"Pero, ¡bah!, prediqué en el desierto: todo su valor lo tenían escondido en la suela de sus zapatos, y temblaban como chiquillos.

"—¿Quién es el temerario que se atreve aquí a rebelarse? —preguntó el mayor, paseando su mirada iracunda por todos nosotros—. ¿No saben que yo soy para ustedes el zar y aun Dios?

"Cuando oí decir esto me deslice el cuchillo a la mano, y acercándome al mayor que, dicho sea de paso, estaba ebrio, respondí:

"—No puede ser alta nobleza; es imposible que sea nuestra alta nobleza, ni nuestro zar, ni nuestro Dios.

"—¡Ah! ¿Con que eres tú el atrevido? ¡Eres tú el que ha soliviantado a estos miserables!

"—No, alta nobleza —proseguí, acercándome más aún—; todos sabemos, y nuestra alta nobleza también, que nuestro Dios omnipotente está presente en todas partes y es uno, que nos ve y juzga desde el Cielo. Además, no tenemos más que un zar, puesto por el mismo Dios sobre nosotros. Él es el monarca, y nuestra alta nobleza sencillamente un jefe nuestro por la gracia del zar, que así ha recompensado sus merecimientos.

"—¿Cómo? ¿Qué estás diciendo?

"No podía ni hablar, balbucía, estaba desconcertado. Entonces me arrojé sobre él y le enterré el cuchillo en el vientre. Fue cuestión de un momento. El mayor se tambaleó y cayó desplomado al suelo. Yo arrojé lejos el cuchillo y dije tranquilamente a mis cobardes camaradas:

"—Vamos, muchachos, acérquense ahora a él sin miedo."

Debo hacer una pequeña digresión.

Las frases "yo soy el zar", "yo soy Dios" las empleaban, por desgracia, en aquel entonces, muchos comandantes. Justo es confesar, empero, que su número era muy limitado, y creo que en la actualidad no existe ya ninguno que siga esa costumbre.

Debo advertir también que quienes se jactaban de tal modo y empleaban semejantes expresiones procedían todos de la clase de tropa, a quienes su encumbramiento al grado de oficial les producía vértigos. A causa de la falta de costumbre y el orgullo que les poseía después de haber llevado tanto tiempo el fusil y la mochila, exageraban su poder y pretendían pasar por omnipotentes ante sus subordinados. En cambio, eran serviles en presencia de sus superiores, y los más rastreros se apresuraban a recordar a los jefes que habían servido a sus órdenes de simples soldados.

El recuerdo de su antigua posición humilde no obstaba para que trataran con la punta del pie a sus subordinados y fueran déspotas hasta un extremo inconcebible. Y sus abusos, naturalmente, enfurecían a los reclusos hasta la locura.

La opinión excesivamente alta que se tiene de sí mismo y tan exagerada idea de impunidad generan el odio en el corazón del hombre más sumiso y llevan a cometer verdaderas atrocidades al más pacífico y paciente.

Por fortuna, me refiero a un tiempo ya casi olvidado, y aun entonces la autoridad superior castigaba severamente a los culpables. Conozco más de un hecho sobre el particular.

Lo que, sobre todo, exaspera a los subordinados es el desprecio, la repugnancia que se exterioriza en el trato con ellos. Se engañan los que suponen que así deben ser tratados los penados. El hombre, por mucho que haya descendido, exige por instinto el respeto debido a su dignidad de hombre.

El penado sabe perfectamente que es recluso, que es un réprobo y conoce la distancia que lo separa de sus superiores; pero ni el estigma, ni las cadenas, ni el presidio lo harán olvidar que es hombre. Es preciso, pues, tratarlos humanamente. Un tratamiento humanitario puede levantar al hombre más envilecido. Y con los desgraciados, sobre todo, es preciso comportarse con humanidad, porque esto es su salvación y su alegría.

He conocido comandantes de carácter noble y generosos sentimientos que me han ofrecido ocasión para observar la influencia benéfica que ejercían sobre aquellos hombres humillados. Una palabra afable que se les dirija resucita moralmente a los presidiarios, quienes se ponen contentos como niños y aman y respetan a sus superiores.

Otra observación para concluir: a los penados no les gusta que sus superiores se muestren o sean demasiado familiares y bonachones en su trato con ellos. Quieren respetarlos y semejante conducta les embarazaría. Los penados se envanecen de que sus superiores ostenten numerosas condecoraciones, que tengan aspecto imponente, que sean severos, serios y justos, y que posean el verdadero sentimiento de la dignidad de que están investidos.

Estos son los comandantes que los forzados prefieren; y si el comandante sabe lo que vale y no ofende jamás a ninguno, miel sobre hojuelas.

—Supongo que te habrás arrepentido —dijo tranquilamente Kobilin.

—¡Eh, Alei, dame las tijeras! ¿Qué, no se juega a las cartas esta noche? —preguntó Luka, desentendido de la observación de su vecino.

—¡Oh, hace tiempo que se bebieron la baraja! —repuso Vasia—. Si no la hubieran cambiado por aguardiente ahora podríamos jugar.

—¿Y cómo te pagaron aquel golpe? —interrumpió Kobilin.

—Con demasiada generosidad, amigo mío: con ciento cinco latigazos. La verdad es, camaradas, que no sé cómo escapé con vida —prosiguió Luka, sin querer contestar directamente a su vecino Kobilin.

Y luego dijo:

—Cuando me propinaron los ciento cinco azotes, no había probado aún el látigo. El pueblo en masa acudió para ver cómo castigaban al bandido, al asesino. ¡Qué estúpido es el pueblo! Timoschka (el verdugo) me desnudó de la cintura para arriba y me tiró al suelo, diciéndome: "¡Estate quieto en la parrilla!". Yo esperé impasible. Cuando el primer latigazo me arrancó un jirón de piel, quise gruñir, pero no pude: yo abría la boca en vano, las palabras se ahogaban en mi garganta. Cuando me arreó la segunda vez, pueden ustedes creerlo, no oí siquiera que decía dos. Me desmayé y, al recobrarme, oí contar diecisiete. Cuatro veces me levantaron de la tajuela para dejarme respirar media hora y rociarme con agua fría. Yo los miraba desencajado y me decía: "¡De ésta no escapo!".

—¿Y moriste, realmente? —preguntó ingenuamente Kobilin.

Luka lo envolvió en una mirada despreciativa, mientras resonaban en el pabellón estrepitosas carcajadas.

—¡Es tonto! —exclamó una voz.

—¡De remate! —apoyó Luka, como arrepentido de haberse dignado hablar con semejante imbécil.

—Le falta algún tornillo —repuso Vasia por su parte.

A pesar de haber cometido Luka seis asesinatos, nadie le temía en el penal; sin embargo, ardía en deseos de pasar por un hombre terrible.

IX
ISAÍ FOMICH. EL BAÑO.
EL RELATO DE BAKLUSCHIN

Se acercaban las Pascuas de Navidad. Los penados esperaban con cierta ansiedad, y al verlos se excitó mi curiosidad, en la creencia de que ocurría algo extraordinario.

Cuatro días antes de las fiestas debían llevarnos al baño de vapor, y esto era precisamente lo que sobre todo les entusiasmaba, pues, además del baño, que lo tomábamos después de comer, no se trabajaba por la tarde.

Pero el que estaba más contento era Isaí Fomich Bumschtein, el judío de quien ya he hablado en el capítulo IV de mi narración. Le gustaba permanecer en el baño hasta que caía privado de todos los sentidos.

Cada vez que evoco mis recuerdos, lo primero que acude a mi memoria es el baño del penal (vale la pena no olvidarlo), y la primera fisonomía que se ofrece a mi imaginación es la del glorioso e inolvidable Isaí Fomich, mi compañero de cadena. ¡Cielos, qué hombre tan raro era el judío!

Ya he esbozado su retrato: cincuenta años, vanidoso, lleno de arrugas, con horribles estigmas en las mejillas y en la frente, cabellos blancos, delgado, débil, pálido, un pollo desplumado. Su semblante expresaba una presunción perpetua y firme, casi diría de felicidad. Creo que le importaba un bledo haber sido enviado a presidio.

Como en la ciudad no existía ningún platero, y este era su oficio, estaba siempre cargado de trabajo, que no siempre ejecutaba con mucha escrupulosidad. No carecía de nada, se daba vida de gran señor, sin que por esto gastase todas sus ganancias, pues hacía buenas economías y prestaba dinero a interés a toda la población penal.

Tenía almohada, un buen colchón, mantas y vajilla. Los judíos de la ciudad lo tenían bajo su protección, e iba todos los sábados a la sinagoga (esto no lo prohíbe la ley) acompañado de una escolta. Vivía rodeado de comodidades y, sin embargo, esperaba con impaciencia el último día de su condena... ¡Para casarse!

Era una rara mezcla de sencillez, de comicidad, de estupidez y de malicia, de osadía y de timidez, de vanagloria y de imprudencia. Lo más curioso era que los penados no se mofaban de él, aunque, por oírle disparatar, lo hacían objeto de bromas. Isaí Fomich era, en suma, la distracción y la alegría del penal.

—Tenemos que cuidarlo mucho, porque en el mundo no hay más que un Isaí Fomich —decían los reclusos.

Aunque el judío se daba cuenta de lo que significaban estas palabras, se envanecía de su importancia, lo cual divertía sobremanera a los penados.

Su ingreso en el presidio tuvo todos los rasgos de un acontecimiento extraordinario, según me contaron los testigos presenciales. Una noche cundió la voz de que había llegado un judío a quien en aquel momento estaban rasurando en el cuerpo de guardia y sería pronto conducido al pabellón respectivo. Como en el penal no había ningún judío, los reclusos lo esperaban con viva impaciencia y lo rodearon en cuanto puso pie en el recinto.

El suboficial de guardia lo acompañó al pabellón de la sección civil y le indicó el sitio en que debía dormir. Isaí Fomich llevaba un saco que contenía los efectos de su pertenencia y los que la administración le había entregado. Depositó el saco y se sentó en el tablado con las piernas cruzadas a la turca, sin atreverse a levantar los ojos.

Los forzados le rodearon al punto desternillados de risa y lanzando epigramas sobre su origen israelita. De pronto, un joven se abrió paso entre el grupo, llevando en la mano sus pantalones de verano sucios y remendados por todas partes, se sentó junto a Isaí Fomich y le dijo, dándole unos golpecitos en el hombro:

—Hace ya seis años que te espero, amiguito. Mira; ¿cuánto me prestarás sobre esto? —y diciendo esto, extendió los pantalones delante de sus ojos.

Isaí era tan tímido, que ni siquiera se atrevía a mirar los rostros mutilados y espantosos de la gente que lo rodeaba, y guardaba un silencio demasiado revelador del miedo de que estuviera poseído. Pero cuando vio la prenda que le ponían ante las narices se puso a examinarla por todos lados.

—¿Qué, no me das por ellos un rublo de plata? —preguntó el vendedor, en vista de que el judío no se decidía a despegar los labios.

—¿Un rublo de plata? ¡Siete kopeks, y gracias!

Fueron las primeras palabras que pronunció en el penal. En el pabellón resonaron carcajadas homéricas.

—¿Siete kopeks? Bueno, ¡vengan! ¡Mira que eres hombre de suerte! Pero mucho cuidadito con enajenar la prenda: me respondes de estos pantalones con tu cabeza.

—Añadiendo tres de los intereses, son diez los kopeks que me debes —repuso el judío metiéndose la mano en el bolsillo para sacar la cantidad convenida y mirando a los reclusos con ojos despavoridos.

El miedo le hacía temblar, pero lo venció el deseo de realizar un buen negocio.

—¿Cómo? ¿Tres kopeks de interés al año…?

—No —interrumpió vivamente Isaí—, al mes.

—Tú eres un bribón redomado. ¿Cómo te llamas?

—Isaí Fomich.

—Pues bien, Isaí Fomich, tú harás carrera. Adiós.

El judío volvió a examinar el andrajo por el que había prestado siete kopeks, lo dobló luego cuidadosamente y lo guardó en su saco.

Los penados seguían desternillados de risa. Realmente, todos lo querían, y aunque no había uno solo del que no fuera acreedor, ninguno lo ofendía.

Por otra parte, Isaí era inconmovible, y en cuanto observó que era bienquisto de sus compañeros, tomó un aire de superioridad que le perdonaron por lo cómico que resultaba.

Luka, que había tratado con varios judíos mientras estuvo en libertad, era el que le gastaba más bromas, pero no por malicia, sino por diversión, como se juega con un perro, un papagayo u otro animal inteligente.

Isaí Fomich no lo ignoraba y, lejos de molestarse, le seguía la corriente.

—¡Con qué gusto, judío, te daría una tanda de palos! —le decía.

—Por cada uno te restituiré diez —contestaba con arrogancia el judío.

—¡Roñoso!

—Todo lo roñoso que quieras.

—¡Judío sarnoso!

—Estoy cubierto de sarna desde la cabeza hasta los pies, si así lo quieres. Sarnoso, pero rico; roñoso pero con la bolsa bien repleta.

—¡Tú has vendido a Cristo!

—Como gustes.

—Eres un bribón, Isaí, todo un libertino. ¡Ah, que nadie lo toque, pues no hay otro igual en el mundo!

—Oye, judío, toma un látigo, pues tú irás a Siberia.

—Ya estoy en ella.

—Pero te mandarán todavía más lejos.

—¿Allí no está también Dios?

—¡Hombre, eso no se pregunta!

—Entonces, todo me tiene sin cuidado. Mientras Dios me asista y no me falte dinero, todo irá a pedir de boca.

—¡Qué talento tiene este bruto! —exclamó un recluso, y de nuevo resonaron las carcajadas.

El judío sabía que se burlaban de él, pero no por eso se desanimaba y se las daba de bravucón. Las alabanzas que le prodigaban lo llenaban de júbilo y con voz aguda se ponía a cantar una canción estúpida, de lo más ridículo que se puede imaginar. Fue el único canto que le oí durante todo el tiempo que lo tuve de compañero de cadena.

Cuando entablamos conocimiento, me aseguró formalmente que aquél era el himno que cantaron los seiscientos mil hebreos que pasaron el mar Rojo, y que están obligados a cantar todos los judíos después de alcanzar una victoria sobre sus enemigos.

Durante la vigilia de cada sábado, todos los penados se apiñaban a la puerta de nuestro pabellón para ver a Isaí practicar las ceremonias de su culto. Era su vanidad y su jactancia de tal modo inocente, que esta curiosidad lo halagaba.

Cubría con un paño su mesita, situada en un rincón, con aire de importancia pedante y exagerada; abría un libro, encendía dos velas y mascullaba algunas palabras misteriosas, revestido con una especie de túnica de varios colores, que conservaba celosamente en el fondo de su baúl. Se adornaba las muñecas con brazaletes de cuero y, finalmente, se sujetaba a la frente, por medio de una cinta, una cajita cúbica que parecía un cuerno brotado en su cabeza. Y comenzaba su oración. Leía, arrastrando las palabras, gritaba, escupía y hacía mil gestos y contorsiones que habrían hecho reír a un guardacantón.

Todo esto estaba prescrito en el ritual de su culto y en ello no había nada de ridículo ni raro, si se exceptúa la manera como lo ejecutaba Isaí Fomich.

Así, por ejemplo, se llevaba bruscamente ambas manos a la cabeza, y comenzaba a leer sollozando; su llanto era cada vez más agudo, y en la exaltación de su dolor, apoyaba la cabeza, sin apartar las manos, sobre el libro, lanzando aullidos. De pronto trocaba su llanto en ruidosas carcajadas y entonaba luego un himno triunfante con acento de compunción y de enternecimiento, como poseído de una felicidad sobrehumana.

—¡Vaya usted a entenderlo! —se decían los reclusos.

Cierto día le pregunté qué significaban aquellos sollozos y por qué pasaba bruscamente del desconsuelo a la alegría y a la dicha.

A Isaí le agradaban estas preguntas, si era yo el que se las hacía, y me explicó que el llanto y los gemidos los arranca la pérdida de Jerusalén, y que su ley ordena que se llore dándose golpes de pecho, pero que, en el momento culminante de su mayor pena, debe recordar el creyente, como por casualidad, la profecía que asegura la devolución de Jerusalén al pueblo hebreo y, en consecuencia, debe exteriorizar una alegría infinita, cantar, reír y rezar sus oraciones con expresión de júbilo, dando al rostro toda la dignidad y solemnidad posibles.

Esta transición repentina, la obligación absoluta de observarla, agradaban sobremanera a Isaí Fomich, quien me explicaba con satisfacción no simulada esta ingeniosa regla de su ley.

Una noche, en el momento más solemne de la ceremonia, entró en el pabellón el mayor, seguido del oficial de guardia y de una escolta de soldados. Todos los reclusos nos formamos de inmediato en línea ante nuestras camas: únicamente Isaí Fomich continuó gritando y gesticulando, pues sabía perfectamente que su culto estaba autorizado y nadie podía interrumpirlo.

El mayor avanzó hasta colocarse a un paso de distancia del judío, y éste, vuelto de espaldas a su mesita, erguido ante el jefe del penal, comenzó a cantar su himno de triunfo, gesticulando de un modo atroz y recalcando las palabras. Cuando tuvo que dar a su rostro una expresión de alegría y nobleza, lo hizo entornando los ojos, riendo e inclinando la cabeza hacia el mayor. Este, al principio, se quedó un momento sorprendido, lanzó luego una carcajada y, tras llamarlo repetidas veces estúpido, abandonó el pabellón, mientras el judío seguía gritando a voz en cuello.

Una hora después, mientras cenábamos, le pregunté qué habría hecho si al mayor se le hubiese ocurrido la idea de enojarse.

—¿Qué mayor? —repuso.

—¡Cómo! ¿No has al mayor?

—No —me contestó.

—Sin embargo, estaba a un paso de usted.

Pero Isaí Fomich me aseguró con la mayor seriedad del mundo que no había visto al jefe del penal, porque en el momento de la oración estaba en éxtasis y no se daba cuenta de lo que pasaba a su alrededor.

El sábado no trabajaba, observando fielmente los preceptos de la ley judaica, y se entretenía contándome las anécdotas más inverosímiles. Cada vez que volvía de la sinagoga, me traía noticias de San Petersburgo, recogiendo rumores absurdos que me aseguraba que eran verdades indiscutibles, pues los había oído de labios de sus correligionarios, los cuales, según decía, bebían en buenas fuentes. Pero bastante he hablado ya de Isaí Fomich.

En la ciudad no había más que dos baños públicos. Uno estaba dividido en compartimientos, por los que se pagaban cincuenta kopeks. Estos sólo los utilizaban las clases acomodadas de la ciudad. El otro baño, sucio y reducido, era el destinado al pueblo, y allí nos llevaban.

Hacía frío y el tiempo era sereno; los reclusos ardían en deseos de salir del presidio y recorrer las calles de la ciudad. Durante el trayecto las risas y las bromas no cesaban un instante. Nos acompañaba un grupo de soldados con el fusil cargado y la bayoneta calada. Para los habitantes de la ciudad constituía nuestra llegada un espectáculo extraordinario.

Una vez en el establecimiento de baños, en vista de la estrechez del local, que no permitía entrar a todos de una vez, nos dividieron en grupos, cada uno de los cuales esperaba en el gabinete frío, a la puerta de la estufa, a que el otro se lavase.

A pesar de esto, la sala era tan estrecha que parecía imposible que pudiera contener la mitad de los que entraban. Petrov no se separó de mí; y sin que yo se lo pidiera ni le diese a entender que me sería grato, se ofreció a lavarme. Bakluschin, otro recluso de la sección especial, me brindó también sus servicios.

Éste último, llamado el Zapador por sus compañeros, era el más alegre y simpático de mis camaradas, y estábamos en amistosas relaciones. Petrov me ayudó a desnudarme porque yo hubiera empleado demasiado tiempo en esta operación, a la que no estaba acostumbrado; por otra parte, en el gabinete hacía tanto frío como en la calle.

Para un novato en el presidio, resultaba muy difícil la tarea de desnudarse, porque es preciso saber soltar hábilmente las correas que sostienen a las cadenas. Estas correas de cuero miden diecisiete centímetros de largo y se abrochan sobre la ropa interior, debajo de la anilla que se lleva sujeta a la pierna. Un par de correas cuesta sesenta kopeks, y cada forzado debe procurárselas por su cuenta, pues sin ellas no podría andar.

La anilla no se ajusta exactamente a la pierna; se puede pasar un dedo entre el hierro y la carne; así, pues, la anilla toca en la rodilla y al que camina un solo día sin correas se le forman llagas. Desprenderse las correas no es difícil, mas para despojarse de la ropa blanca, es preciso hacer prodigios de habilidad. Una vez sacado el pantalón izquierdo hay que hacerle pasar entero entre el eslabón y la pierna misma y volverle hacer pasar en sentido contrario bajo el eslabón; se queda entonces enteramente libre la pierna, y en seguida debe hacerse deslizar el pantalón derecho por el lado del eslabón de la pierna derecha y volverlo a pasar todavía una vez hacia atrás con el pantalón de la pierna izquierda. Igual maniobra hay que verificar al ponerse ropa limpia.

El primero que me lo enseñó, en Tobolsk, fue un tal Koménev, antiguo capitán de bandidos, condenado a cinco años de condena. Los penados están acostumbrados a estos ejercicios y se desnudan por entero en un santiamén.

Di a Petrov diez kopeks para que me comprase jabón y una rodilla de tasco que se usa en la estufa para frotarse. Bien es verdad que nos daban un pedacito de jabón a cada detenido, pero tan pequeño y delgado que parecía una lonja de queso servido como entrée en las soirées de poca monta.

En el mismo gabinete vendían el jabón, junto con el sbiten (bebida hecha de miel, hierbas aromáticas y agua caliente), bollos de pan blanco y agua hirviendo, porque cada soldado no recibía más de un cubo, según lo convenido entre el propietario del baño y la administración del penal.

Los reclusos que deseaban lavarse esmeradamente podían comprar por dos kopeks otro cubo de agua que el propietario les entregaba a través de una ventanilla abierta en la pared con este objeto.

Cuando estuve desnudo, Petrov me advirtió que no podría andar con las cadenas.

—¡Levánteselas! —me dijo, sosteniéndome por debajo de los brazos como a un viejo—. Tenga cuidado, hay que pasar por esta puerta.

Me avergoncé de tantas advertencias y cuidados, y le aseguré que podía andar sin ayuda ajena, pero él no me hizo caso y continuó tratándome como una niñera que enseña los primeros pasos a la criatura que le ha sido confiada.

Petrov era conmigo un criado afectuoso y testarudo, y Dios sabe si me habría hecho pagar cara cualquier ofensa que le hiciera, aun impensadamente.

Yo no le había ofrecido nada por sus servicios ni él me lo había pedido. ¿Qué era, pues, lo que le inspiraba tanta solicitud por mí?

Cuando abrieron la puerta de la estufa me pareció que entraba en el infierno. Imagínate un aposento de diez pasos de largo por otros tantos de ancho, donde nos apiñábamos cien hombres cada vez, o por lo menos ochenta, porque en total éramos doscientos, divididos en dos grupos.

El vapor nos cegaba; el hollín, la inmundicia y la angustia eran tales, que no sabíamos dónde poner el pie. Confieso que me llené de espanto y quise huir, pero Petrov me contuvo al punto.

Con gran dificultad, como pudimos, llegamos a los bancos dando con nuestras piernas en las cabezas de los compañeros, a los que rogábamos que se inclinasen para dejarnos pasar.

Pero todos los bancos estaban ocupados. Petrov me dijo que debía comprar un sitio, y de inmediato entró en tratos con un penado que estaba junto a una ventana. Éste accedió a cederme su sitio por un kopek, pero no antes de que Petrov le pusiera la moneda en la mano que prudentemente había tendido como medida de precaución, y fue a refugiarse en un rincón oscuro y sucio, precisamente debajo de nosotros, en el que había por lo menos un dedo de suciedad. Por debajo de las gradas se apiñaban también los forzados, produciendo un ruido sordo de colmena espantada; en cuanto al piso de la estufa no había sitio que no ocupasen los presos, quienes hacían que el agua saliese de sus cubas. Los que estaban en pie se lavaban con su cubo de madera en la mano; el agua sucia, corriendo por sus cuerpos, caía sobre las cabezas de los que estaban sentados.

Aquí y allá, en la galería y la escalera que a ésta conducía, estaban amontonados otros reclusos que se lavaban mutuamente, pero eran los menos.

La plebe no gusta de lavarse con agua y jabón; prefieren calentarse horriblemente e inundarse después en agua fría; así es como toman el baño.

Sobre el entarimado se veían cincuenta escobillas de juncos elevarse y bajar rápidamente; todos se azotaban con embriaguez. El vapor aumentaba por momentos, de tal suerte que no era ya calor lo que se sentía, sino quemaduras como de pez hirviente.

Los gritos y las exclamaciones se confundían con el ruido producido por el arrastrar de cadenas sobre tablas… Los que querían pasar de un sitio a otro enredaban sus hierros con otras cadenas y chocaban en la cabeza de los detenidos que estaban más bajos que ellos, caían y rodaban, arrastrando en su caída a aquellos a quienes se agarraban. Todos se hallaban en una especie de borrachera, de loca excitación, y se cruzaban gritos y aullidos.

La aglomeración en la ventana por la que vertían el agua caliente era tal, que los cubos se derramaban sobre las cabezas de los que estaban apiñados o sentados en los bancos, antes de que llegase a su destino, aumentando así la confusión y los gritos.

Se habría dicho que estábamos libres, de no aparecer de vez en cuando a través de la ventana o de la puerta entreabierta el rostro barbudo de un soldado, que nos vigilaba en previsión de cualquier desorden.

Los reclusos parecían verdaderos monstruos con sus cabezas rapadas y sus cuerpos de color sanguinolento a causa del calor y de las flagelaciones. Sobre las espaldas enrojecidas por el calor, se destacaban netamente las cicatrices producidas por la vara o el látigo, de suerte que parecían recién marcadas. ¡Me estremezco de sólo pensar en aquellas horribles cicatrices!

El vapor seguía aumentando y la sala del baño estaba llena de una nube densísima, abrasadora, envueltos en la cual los penados se agitaban, lanzaban agudos chillidos y se estremecían. A través de esta nube se veían espaldas marcadas, cabezas sin pelo, piernas y brazos desnudos. Para completar el cuadro, Isaí Fomich grita a voz en cuello, sobre el escaño más elevado, saturándose de vapor. Cualquier otro se habría desmayado, pero no había temperatura bastante elevada para el judío que paga a un compañero para que le frote, da un kopek a otro para que le flagele, pero al cabo de un momento sus criados arrojaban la bruza o el flagelo, y se precipitaban en el agua fría.

Isaí Fomich no se desanimaba por esto y asalariaba al punto a otros penados, pues en semejantes ocasiones no reparaba en gastos, y aquel día hubo de pagar cinco o seis frotadores.

—¡Isaí Fomich aprovecha bien el baño! —decían los reclusos que estaban abajo.

Y el judío, que se cree en aquel momento superior a todos, goza lo indecible y entona con voz estridente su himno de triunfo.

Yo pensaba que si debíamos ir a parar todos al infierno, nos encontrábamos ya en la antecámara. No pude resistir el deseo de comunicar mi idea a Petrov, quien paseó su mirada por la sala y… guardó silencio.

De buena gana habría alquilado para él un sitio a mi lado, pero se sentó a mis pies, asegurando que estaba allí perfectamente. Entretanto, Bakluschin nos iba comprando el agua caliente que necesitábamos. Petrov me anunció que con gusto me lavaría desde los pies hasta la cabeza, "para ponerme como una patena", y me exhortó a lanzarme al baño frío. Yo vacilaba, y entonces me enjabonó todo el cuerpo.

—Ahora —dijo—, para concluir, le lavaré los piececitos.

Quise responderle que me los podía yo lavar sin su ayuda, pero no me atreví a contradecirlo y lo dejé hacer. El diminutivo "piececitos" que había empleado no tenía ningún torcido significado. Petrov no podía llamar a mis pies por su nombre, porque los otros, los verdaderos hombres, tenían piernas, pero yo nada más que piececitos. Cuando hubo terminado me condujo al gabinete, advirtiéndome a cada paso que daba, como si yo fuera de porcelana y al caerme pudiera convertirme en añicos. Me ayudó a vestirme y de inmediato volvió al baño para estufarse a su vez.

De vuelta en el penal le ofrecí una taza de té que él aceptó gustosísimo, y en vista de ello le compré una copita de aguardiente, que no me fue difícil encontrar en la misma cuadra.

—¡Ah, con esto me ha dado usted la vida! —exclamó, paladeando con fruición la bebida alcohólica.

Y de inmediato se dirigió a la cocina, como si allí fuese indispensable su presencia. A los pocos momentos apareció Bakluschin, a quien también había invitado yo a tomar el té.

No he conocido un carácter más simpático que el de aquel joven penado. A decir verdad, Bakluschin no perdonaba la menor ofensa a los demás y buscaba pendencia a menudo para evitar que se mezclasen en sus asuntos; en una palabra, sabía defenderse, pero su irritación no duraba mucho rato y creo que en general era estimado en el penal. Dondequiera que se presentaba era bien acogido y aun en la ciudad se le tenía por el hombre más divertido del mundo.

Era un joven de treinta años, de elevada estatura, fisonomía ingenua y resuelta, muy bien parecido y elegante con su barba recortada. Poseía tan a la perfección el arte de caricaturizar y de dar a su rostro la expresión de los que veía, que hacía desternillar de risa a cuantos presenciaban sus transformaciones. Era un bromista perpetuo que no se dejaba imponer por los que se mostraban refractarios a la jovialidad, y así nadie osaba llamarle "inútil", "bufón" ni "tonto".

Entablé amistad con él desde comienzos de mi reclusión, y me contó su historia militar desde que empezó a servir como soldado en el regimiento de zapadores, citándome las personas de elevada posición que lo habían protegido.

Me hizo al punto mil preguntas sobre San Petersburgo, manifestándome que era muy aficionado a la lectura de buenos libros.

Cuando vino a tomar el té, divirtió a toda la cuadra contando que el lugarteniente Ch… había dado aquella misma mañana un regaño a nuestro mayor y me anunció con aire satisfecho que probablemente se daría una representación teatral en el penal.

Los reclusos proyectaban dar ese espectáculo durante las fiestas de Navidad; ya estaban designados los actores, se hacían los preparativos para montar el escenario, algunas personas de la ciudad habían ofrecido el vestuario y contaban con que no les faltaría un uniforme completo de oficial del ejército, con cordones y todo. Esto, en el caso de que el mayor no prohíba la representación, como había ocurrido el año anterior. Verdad es que entonces estaba fuera de sí, porque había perdido en el juego una buena cantidad y desahogó su cólera privando a los reclusos, de los que tampoco estaba muy satisfecho, de aquella inocente diversión.

Bakluschin estaba exaltado: evidentemente era uno de los promotores del futuro teatro. Yo le prometí mi asistencia, conmovido por la alegría infantil que el joven manifestaba al hablar de esta empresa. Poco a poco se desvió la conversación y recayó sobre el pasado de Bakluschin, quien me confesó entonces que no había servido sólo en San Petersburgo, sino también en Riga, con el grado de sargento, en un regimiento de aquella guarnición.

—¡Y de allí me enviaron a este presidio! —añadió el joven.

—¿Por qué?

—¡Ah! No podría usted adivinarlo: ¡porque estaba enamorado!

—Vamos, hombre, no se manda a nadie a trabajos forzados aunque esté loco de amor —repuse sonriendo.

—Pero en este caso —repuso gravemente Bakluschin—, ese enamoramiento me impulsó a matar a un alemán. ¡Mire usted que mandar a presidio a un hombre porque mate a un alemán! ¡Es el colmo!

—¿Cómo sucedió el hecho?

—¡Ah! Es una historia divertida.

—Que mejor; cuéntemela, pues sin duda será curiosa.

—¿De veras quiere usted saberla? Pues escuche.

Y me dispuse a oír la historia de un homicidio, que no tenía nada de divertida.

—Me enviaron a Riga, una ciudad preciosa, pero que tiene un defecto: demasiados alemanes. Yo era entonces un muchacho muy bien visto y apreciado de mis jefes. Llevaba el casquete inclinado sobre la oreja, pasaba alegremente el tiempo y me divertía lanzando miradas incendiarias a las alemanas jóvenes y bellas. Una de éstas me gustó más que las otras, y de inmediato puse sitio a la plaza. Comencé por pasar y repasar por delante de las ventanas de su casa, y muy pronto me puse en contacto con el enemigo. Era una joven preciosa, encantadora, sin igual en Riga. Intenté al punto el asalto, pero Luiza, que así se llamaba mi bello tormento, contuvo mis arranques impetuosos, diciéndome:

"—No esperes de mí, Sascha, semejantes anticipos, que se suelen pagar muy caros; quiero conservarme pura para ser luego una esposa digna de ti.

"Y al mismo tiempo la pícara me acariciaba, riendo como deben reír los ángeles. ¡Qué hermosa era! En mi vida había visto otra igual. Me arrancó, al fin, LA promesa de casamiento, y ya me disponía a dirigir la correspondiente solicitud a mi coronel, cuando Luiza faltó por primera vez a una de nuestras acostumbradas citas.

"Sus ausencias se prolongaron y, sin poder contenerme, le envié una carta, que no mereció la atención de una respuesta. Yo no sabía qué pensar. Si me hubiera engañado —pensaba—, ladina como toda mujer, habría tratado de desvanecer mis sospechas acudiendo a mi cita.

"Pero no, Luiza era incapaz de mentir: había roto sencilla y definitivamente sus relaciones conmigo. De verdad, no se me habría ocurrido jamás que pudiera llegar ese caso.

"'Esto es cosa de su tía', me dije.

"Pero no me atrevía a visitar a la vieja, pues aunque ella estaba al corriente de lo que pasaba entre su sobrina y yo, fingía no saber nada. Estaba desesperado y volví a escribirle a mi amada, diciéndole:

"'Si no vienes, iré a ver a tu tía.'

"Luiza tuvo miedo y esta vez acudió a la cita. Debo advertir que su tía, con la cual vivía, era planchadora de ropa fina y poseía una buena hucha.

"En cuanto estuvo en mi presencia, prorrumpió en llanto y me dijo entre sollozos que un alemán, llamado Schultz, pariente lejano suyo, relojero de oficio y ya entrado en años, había manifestado sus deseos de casarse con ella para hacerla feliz y tener una compañera que lo cuidase en su vejez. Luiza aseguraba que el relojero la amaba con delirio desde hacía mucho tiempo, aunque hasta entonces no se había decidido a pedir su mano.

”—Ya ves, Sascha —me decía mi amante—, que se trata de mi felicidad; ¿es que no quieres que yo sea feliz?

”Yo la miraba sorprendido; ella lloraba y, para consolarla, la estreché contra mi pecho, sin que opusiera la menor resistencia…

”'Tiene razón', me decía entretanto, 'porque, al fin y al cabo, ¿qué va a ganar casándose con un soldado, aunque sea sargento?'

”—Bueno, Luiza —añadí en voz alta—, que Dios te proteja. No tengo el derecho de privarte de tu felicidad. Y dime, ¿qué tipo es tu futuro esposo? ¿Es guapo, al menos?

”—¡Vaya! Además de ser viejo, tiene una nariz como un pimiento morrón.

”Y se puso a reír. Me separé de ella con sentimiento, pero resignado, pensando que no estaba de Dios que fuéramos esposos.

”Al día siguiente pasé por delante del establecimiento de Schultz, pues Luiza me lo había indicado, y mirando a través del escaparate vi al hombre, un vejete de cincuenta y cinco a sesenta años, feo y envuelto en un levitón de cuello altísimo, que componía un reloj. ¡Me invadieron tales ganas de hacer añicos los cristales y caer sobre mi sucesor como una bomba! Por fortuna me contuve y, de vuelta en el cuartel… ¡me puse a llorar como un chiquillo!

”Transcurrieron varios días sin que volviera a ver a Luiza. Entre tanto supe por una vieja comadre, planchadora también, a la que solía visitar mi amante, que el relojero estaba al corriente de nuestros amores y precisamente por eso anticipaba la fecha del casamiento, pues, de no ser así, habría esperado un par de años más, conforme a sus deseos repetidas veces manifestados. Había hecho jurar a Luiza que no me volvería a ver. Parecía que, por causa mía, había apretado los cordones de su bolsa y ponía mala cara a la tía y a la sobrina, y tal vez no seguiría la cosa adelante, pues aún no se había llegado a una determinación irrevocable.

"La misma comadre me dijo que el alemán había convidado a tomar café en su casa a mi amante y a su tía el domingo próximo, o sea dos días después, y que a la reunión asistiría también otro pariente que había sido rico negociante, pobre y viejo, dependiente de una taberna.

"Esta noticia me sacó, al fin, de mis casillas. Al día siguiente no pude pensar en otra cosa; creo que si el alemán se hubiese puesto al alcance de mis manos lo habría triturado.

"El domingo por la mañana no había tomado aún ningún partido; mas, terminada la misa, me encaminé a casa de mi rival, pensando que encontraría reunidos a todos los convidados.

"Maquinalmente me eché una pistola en el bolsillo. Era un arma vieja que no valía un kopek, con la que de niño me entretenía tirando al blanco. No obstante, la cargué, suponiendo que el alemán no sería avaro conmigo de palabras gruesas y podría intimidarlo con la pistola.

"Llegué a casa del relojero, en la que no vi alma viviente, pues todos estaban en la trastienda; los oficiales no trabajaban y la única criada que tenía el alemán había sido enviada a hacer varios encargos. Atravesé la tienda y observé que la puerta del aposento en que se hallaban los reunidos estaba cerrada por dentro. El corazón me latía con violencia inusitada. Me puse a escuchar, pero en vano, porque hablaban en alemán. ¿Qué hacer? No lo pensé mucho: de un tremendo empujón abrí la puerta de par en par y me precipité como un alud en la pieza. Sobre la mesa había una gran cafetera colocada sobre una lamparilla de alcohol, que hacía hervir el agua, una bandeja con pastas, una botella y algunos vasos.

"Luiza y su tía, ambas en traje de domingo, estaban sentadas en el sofá; y frente a ellas, arrellanado en una butaca, el alemán se pavoneaba, acicalado como un novio. Junto al sofá, tímido y silencioso, se hallaba el otro pariente, algo más viejo que el dueño de la casa. Luiza palideció intensamente; su tía saltó como impulsada por un resorte y volvió a caer sobre su asiento. El relojero, congestionado de ira, se levantó y preguntó con los dientes apretados:

”—¿Qué se le ha perdido a usted aquí?

”—Calma, buen hombre —contesté, refrenando la cólera que se había apoderado de mí—. Reciba como se merece todo huésped que viene a hacerte una visita, y convídeme aguardiente.

”El alemán reflexionó un instante y repuso:

”—Siéntese usted.

”Yo obedecí.

”—He aquí el aguardiente: beba usted, se lo ruego.

”—No me vayas a dar gato por liebre —repuse cada vez más provocador—; quiero aguardiente, pero del bueno.

”—Éste es del mejor.

”Me crispaba horrorosamente los nervios que me mirase de arriba abajo con aire desdeñoso; y lo peor era que Luiza contemplaba esta escena, en la que por nada del mundo habría consentido yo en hacer un papel ridículo. Apuré, pues, la copa y repliqué:

”—Vamos a ver, alemán, ¿por qué me miras de ese modo insolente y me preguntaste tan groseramente por el objeto de mi visita? He venido a verte como amigo.

”—No podemos ser amigos; no es usted más que un soldado.

”Entonces no pude contenerme más.

”—¡Ah, miserable! ¿Qué has querido decir? Voy a demostrarte que nadie se puede burlar de mí impunemente alojándote una bala en la cabeza.

”Y tras decir esto, saqué la pistola del bolsillo y apunté a su frente. Las mujeres estaban más muertas que vivas, no se atrevían ni a respirar; el viejo temblaba como la hoja en el árbol, pálido como un cadáver.

160

"El relojero se quedó como petrificado, pero recobró en seguida su sangre fría.

"—No le temo —me dijo—, y le ruego, como a hombre educado, que acabe con estas bromas pesadas que a nada conducen.

"—¡Cómo que no! Si estás temblando con sólo ver la pistola. Miren ustedes, no se atreve a levantar la cabeza.

"—El que no se atreve a disparar es usted.

"—¿De veras? ¿Lo crees así?

"—Creo que sabe a lo que se expondría y teme el castigo.

"¡Maldito alemán! Si hubiera sido más corto de lengua, a estas horas quizá viviría aún y yo no habría pisado el presidio.

"—¿De manera que no me atrevo? —insistí.

"—No.

"—Mira que voy a disparar.

"—¡No lo creo!

"—Pues bien, tú lo has querido.

"Y apreté el gatillo.

"El relojero cayó desplomado y los demás comenzaron a gritar. Me guardé tranquilamente la pistola y, de vuelta en el cuartel, la arrojé al foso y me tendí en mi cama pensando: 'Ahora vendrán a arrestarme'.

"Mas pasó una hora y otra y otra, y al no poder dominar mi agitación salí del cuartel. Quería ver a toda costa a Luiza.

"En la puerta del relojero se agolpaba la gente, que a duras penas podía contener la policía. Me encaminé a casa de la vieja comadre y le dije:

"—Ve a llamar a Luiza.

"Mi amante no se hizo esperar.

"—La culpa la tengo yo por haber hecho caso a mi tía…

"Y me contó que su tía, después de la trágica escena, se había retirado en seguida a su casa, presa de un miedo tal que había caído enferma sin despegar los labios. La vieja no me había denunciado, al contrario, ordenó a su sobrina que no dijera una palabra sobre el particular, porque me temía de una manera atroz.

"—Que hagan lo que les parezca —dije yo.

"—Nadie nos ha visto —observó Luiza.

"El relojero había alejado a su criada porque le temía más que a la peste y su amo no habría escapado muy bien de haber conocido los proyectos matrimoniales del que consideraba su esposo. Los dependientes tampoco estaban en la casa, y en cuanto al anciano pariente que fue testigo del hecho, no había qué temer, porque habiendo callado toda su vida no era de esperar que quebrantase en aquella ocasión una costumbre tan arraigada.

"—Puedes estar seguro de que no dirá ni esta boca es mía —concluyó Luiza.

"Transcurrieron dos semanas sin que recayera la menor sospecha sobre mí, y creí que todo había acabado y podía dormir tranquilo. Aquellas dos semanas fueron los días más felices de mi vida. Veía muy a menudo a Luiza, que no fue ya esquiva conmigo, antes bien procuraba exteriorizarme de mil modos su cariño, y me decía entre una y otra caricia:

"—Si te deportan, me iré contigo, todo lo abandonaré por seguirte.

"Pero al cabo de esas dos semanas, cuando menos lo esperaba, me arrestaron. El viejo y la tía de Luiza se pusieron de acuerdo para denunciarme, y aquí me tiene usted.

—Pero —contesté— por ese delito no le podían imponer más de diez o doce años de trabajos forzados, de ninguna manera enviarle a la sección especial.

—Ese es otro asunto —me replicó Bakluschin—. Cuando comparecí ante el Consejo de Guerra, el capitán relator empezó a insultarme en el mismo tribunal, y sin poder contenerme exclamé: "¿Por qué dices tantas insolencias? ¿No ves, canalla, que a tu lado soy un espejo de honradez?". Con motivo de estas palabras me formaron nuevo proceso, y por ambos delitos fui condenado a cuatro mil azotes y a la sección especial. Y el mismo día que pase por la "calle verde", condujeron también al capitán, que había sido despojado de sus grados y enviado al Cáucaso como simple soldado.

Bakluschin hizo una pausa y, tras ponerse de pie, añadió:

—Hasta la vista, Aleksandr Petróvich, y no falte usted a nuestra función de teatro.

X
La Pascua de Navidad

Por fin se acercaban las fiestas. La víspera del gran día, los penados no iban a trabajar. Los que trabajaban en la sastrería y algunos otros que fueron, como de costumbre, volvieron en seguida al penal ya uno a uno, ya por grupos; después de comer nadie trabajó.

Desde la mañana, los reclusos sólo se habían ocupado en cosas propias y no en las de la administración. Algunos se las ingeniaban para introducir en el establecimiento nuevas partidas de aguardiente, mientras otros solicitaban permiso para ver a sus amigos y conocidos, y cobrar el importe de los trabajillos que habían hecho por su cuenta.

Bakluschin y los reclusos que debían tomar parte en la representación estaban muy atareados tratando de obtener de sus conocidos, casi todos asistentes de oficiales, los trajes que necesitaban. Algunos iban y venían como apresurados, únicamente porque los otros lo estaban y andaban de prisa; ningún dinero tenían que recibir y, sin embargo, parecía que aguardaban un pago; en una palabra, todo el mundo se hallaba a la expectativa de un cambio, de algún acontecimiento extraordinario.

Por la tarde, los inválidos que hacían las compras en el mercado por cuenta de los reclusos volvieron cargados con toda clase de comestibles, carne, lechones y ánades. Hasta los penados más sencillos y económicos, que durante el año se privaban aun de lo más necesario por espíritu de ahorro, se creían obligados ese día a echar la casa por la ventana.

El día siguiente era para los penados una verdadera fiesta, a la que tenían perfecto derecho por habérselo otorgado el reglamento. Tres únicamente eran las fiestas reconocidas en todo el año.

¡Quién sabe los recuerdos que en tal solemnidad agitaban aquellas almas depravadas! Desde la infancia el pueblo conserva vivamente la memoria de las grandes fiestas, y los penados debían evocar con profunda pena los días felices cuando descansaban de sus trabajos en el seno familiar. El respeto de los presidarios por semejante festividad tenía algo de imponente; los borrachos eran muy escasos, todos estaban serios y, por decirlo así, ocupados, aunque no tuvieran nada que hacer. Hasta los amigos de las algazaras y francachelas conservaban cierto aire grave. Parecía que reír estaba prohibido.

Reinaba en el penal cierta susceptibilidad intolerante, y si alguno turbaba, aunque fuese involuntariamente, la calma general, era llamado en seguida al orden por sus mismos compañeros. Esta disposición de los reclusos era notable y conmovedora.

Además de la veneración innata que tienen por la santidad del día, sienten que, observando esa fiesta, se ponen en contacto con el resto del mundo, no son ya enteramente réprobos, perdidos y expulsados de la sociedad, puesto que en el penal se celebra la solemnidad lo mismo que fuera. Este sentimiento lo he observado en todos mis compañeros de cadena.

Akim Akímich hacía también sus preparativos. No tenía recuerdos de familia, porque, huérfano, había sido recogido de pequeño y criado en una casa extraña, y a los quince años de edad sentó plaza de soldado. Tampoco había experimentado grandes alegrías porque vivió siempre de modo regular y uniforme, con el temor de faltar a los deberes que le habían impuesto, ni era excesivamente religioso, porque su formalismo había extinguido en él todo sentimiento, todas sus pasiones y todas sus tendencias, buenas o malas; se disponía, pues, a celebrar la Pascua de

Navidad sin grandes entusiasmos ni preocupaciones; no lo entristecía ningún recuerdo ni echaba nada de menos; hacía todo aquello con la escrupulosidad que ponía en el cumplimiento de sus deberes, como una obligación más, impuesta por la tradición.

Por otra parte, no era amigo de profundizar las cosas y, por tanto, no había recapacitado jamás sobre la importancia de aquel hecho, aunque se sujetaba a la costumbre con minuciosidad religiosa. Si le hubiesen mandado al día siguiente hacer todo lo contrario, habría obedecido con la misma sumisión y el mismo escrupuloso cuidado que el día anterior.

Una vez en su vida, sólo una vez, quiso obrar por sí mismo y le costó ir a presidio. Esta lección no había caído en saco roto, aunque estuviese escrito que jamás comprendería que había delinquido; sin embargo, había escarmentado en cabeza propia y se trazó una línea de conducta juiciosa y saludable: no discutir ni razonar sobre nada ni en ninguna circunstancia, porque su espíritu no estaría nunca a la altura del asunto sobre el que se había de juzgar.

Fiel observador de la tradición, miraba el lechón que había rellenado de harina de cebada y asado él mismo (pues tenía nociones culinarias), no como un lechón ordinario que se podía comprar y asar como todos, sino como un animal especial, nacido expresamente para las fiestas de Navidad.

Tal vez se había acostumbrado a ver en su mesa desde su más tierna infancia y en tal día un lechón, y concluía que para celebrar dignamente aquella fiesta era indispensable un lechón asado. Estoy seguro de que si no hubiese comido de esta carne, lo habría atormentado constantemente el remordimiento de haber incumplido su deber.

Hasta el día de Navidad, Akim llevó invariablemente el mismo uniforme viejo, remendado y raído hasta la trama, pero supe que guardaba cuidadosamente en el fondo de su baúl el nuevo traje que le entregaran cuatro meses antes y que de ninguna manera lo habría estrenado antes de ese día.

La vigilia de Navidad sacó, en efecto, su flamante uniforme, lo examinó con cuidado y se lo probó. El traje le sentaba perfectamente; todas las prendas eran proporcionadas: la chaqueta se abotonaba hasta la garganta; el cuello, derecho y tieso como si fuera de cartón, sostenía alta la barba; el talle recordaba de lejos el corte militar; así es que Akim sonrió satisfecho al mirarse y remirarse en el espejito, al que había puesto un marco dorado; al notar que un botón no estaba en su sitio exacto, se apresuró a corregir la falta, después de lo cual volvió a probarse la chaqueta.

Tenía la cabeza bien afeitada, pero, como observase que despuntaban algunos pelos, fue de inmediato a ver al mayor para que lo rasurase conforme a lo dispuesto por la ordenanza. Realmente a nadie se le habría ocurrido mirarlo al siguiente día, pero obraba para tranquilidad de conciencia y cumplimento de todos sus deberes. Esta veneración por el botón más pequeño, por la más insignificante franja de cadeneta del hombro y por la menor presilla, estaba fija en su espíritu como un deber imperioso y en su corazón, como la imagen de belleza más acabada que puede y debe alcanzar un hombre que se precie algo. En su cualidad de "anciano" de la cuadra hubo de cuidar de que se extendiese heno sobre el tablado, conforme a lo que se practicaba en los otros pabellones. No sé qué significado tenía ese heno en la mesa el día de Navidad.

Cuando Akim terminó su trabajo, hizo sus oraciones y se tendió en su camastro, sin tardar en dormirse con el tranquilo sueño de la infancia, para despertarse a la mañana siguiente antes de la hora de costumbre.

Los demás reclusos lo imitaron, pues esa noche no se trabajaba, y en cuanto a jugar, nadie se habría atrevido siquiera a proponerlo. Amaneció, finalmente, el deseado día, los tambores saludaron con alegres redobles la aparición de la aurora, y el suboficial de guardia recorrió de inmediato todos los pabellones deseando felices Pascuas a los reclusos, quienes contestaban en tono afectuoso expresando los mismos votos.

Akim y todos los que habían comprado lechones o ánades, corrieron a las cocinas, después de rezar precipitadamente sus oraciones, para vigilar el asado.

A través de las ventanillas del pabellón, medio cegadas por la nieve, se veían las encendidas espirales de humo que salían de las siete chimeneas de las cocinas.

En el patio, envuelto aún en la oscuridad, se veían los reclusos, vestidos de punta en blanco, que se dirigían también a las cocinas. Fueron muy pocos, los más impacientes, los que dedicaron su primera visita a los cantineros.

Todos se portaban con decoro, pacíficamente, como en ningún otro día del año. No se oían altercados ni injurias, pues todos comprendían que era aquélla una fiesta de amor y de paz.

Algunos reclusos iban de pabellón en pabellón a felicitar a sus compañeros; parecía que se restablecían entre ellos corrientes de amistad hasta entonces interrumpidas. Haré notar, sin embargo, que entre los penados no existen verdaderos vínculos de amistad: es muy raro que un forzado, pertenezca a la sección común o a la militar, estreche relaciones con otro. Éramos, en general, duros y desapegados en nuestro trato mutuo, salvo raras excepciones. Yo también salí del pabellón.

Empezaba a clarear; palidecían las estrellas, la niebla era densa y el humo de las chimeneas se elevaba al cielo en largas espirales.

Varios reclusos con quienes tropecé en el patio me auguraron felices Pascuas y yo les correspondí en la misma forma. Entre ellos había algunos a quienes jamás había dirigido la palabra.

Cerca de la cocina me alcanzó un individuo de la sección militar, llamándome por mi nombre. Corría de prisa. Yo me detuve para esperarlo. Era un jovencito de cara redonda, ojos de expresión dulce y suave, y poco comunicativo con todos. No me había hablado aún desde mi

167

ingreso en el penal y hasta entonces no reparó en mí ni yo en él; no sabía cómo se llamaba.

—¿Qué quiere usted? —le pregunté con cierto estupor, al notar que me miraba con tamaños ojos y reía estúpidamente pero con expresión de júbilo.

—¡Qué he de querer! ¡Pues que hoy es día de fiesta! —contestó.

Comprendí que no tenía nada más que decirme y lo dejé, entrando en la cocina. Después de aquella escena casi nunca nos volvimos a encontrar, y hasta el día en que salí del penal no le dirigí la palabra.

En torno de las llameantes chimeneas se apiñaban los reclusos, vigilando cada cual sus guisos y asados. Los cocineros preparaban el rancho diario, porque la comida se anticipaba algunas horas. Nadie, empero, había comido aún, porque se guardaban las conveniencias, y el ayuno no cesaba hasta la llegada del sacerdote, que era esperado de un momento a otro.

No era todavía de día cuando oí gritar al cabo de guardia de servicio en la puerta del recinto:

—¡Eh, cocineros!

Estas llamadas se repitieron sin interrupción durante dos horas. Los cocineros acudían a la puerta para recibir las cuantiosas limosnas que casi todos los vecinos de la ciudad nos enviaban, consistentes en panecillos blancos, hogazas, rosquillas, galletas y otras pastas dulces.

Entre estos regalos había numerosos panes de flor de harina, pero no escaseaban tampoco los de calidad más inferior y changhi negros recubiertos ligeramente de crema agria. Éste era el regalo del pobre al pobre, por el cual gasta el primero su último kopek.

Todo se aceptaba con profundo reconocimiento, sin hacer distinciones entre los donantes y el valor de sus obsequios. Los forzados que recibían los regalos se quitaban los casquetes, daban las gracias a los donantes, les auguraban felicidades sin número y llevaban de inmediato la limosna a la cocina, donde los decanos las repartían a los individuos de sus cuadras respectivas, sin que surgiera la menor reclamación; tal era la equidad que presidía la distribución.

Cuando Akim hubo terminado su tarea en la cocina, procedió con diligencia a su tocado, y se atavió con aire solemne, abrochándose todos los botones de su traje, sin exceptuar uno. Hecho esto, hizo sus oraciones, que duraron más que de costumbre.

Eran muchos los penados que cumplían las prácticas religiosas, pero ancianos en su mayor parte; los jóvenes eran poco aficionados a la plegaria; cuando más, se persignaban al levantarse de la cama, y aun los días festivos.

Terminada su oración, Akim se acercó a mí para felicitarme, y lo invité a tomar el té conmigo; aceptó el convite, pero a condición de que yo había de compartir con él su lechón asado.

Poco después llegó Petrov, también para felicitarme. Creo que ya había bebido y no prolongó su visita más allá de cinco minutos. Entretanto, en el pabellón militar se hacían los preparativos de rigor para recibir al sacerdote.

Dicho pabellón no estaba construido como los demás, y las camas se extendían a lo largo de las paredes, no en medio de la cuadra como en los nuestros; de manera que era el único cuya parte central no se hallaba obstruida. Probablemente la habían construido de aquel modo para poder reunir a los presos en caso necesario. En medio de la sala se colocó una mesita, sobre ella una imagen santa y ante ésta una pequeña lámpara encendida.

Llegó, finalmente, el sacerdote, con la cruz y el agua bendita, y se puso a rezar y a cantar delante del ícono, después de lo cual roció a todos con el agua bendita y dio a besar la cruz uno por uno. Así, recorrió luego todos los pabellones, asperjándonos constantemente.

Cuando llegó a la cocina, elogió el pan del penal, que, por su elaboración excelente y su cochura insuperable, era muy codiciado en la ciudad.

Los reclusos le ofrecieron en seguida y él los aceptó: dos panes recién salidos del horno, que un inválido se encargó de llevar de inmediato a casa del cura.

Los presidiarios acompañaron la cruz con el mismo respeto con que la habían recibido. Momentos después llegaron el mayor y el comandante de la plaza. Este último era muy querido y respetado. Acompañado del primero, recorrió todos los pabellones, deseando felices Pascuas a los reclusos, y después pasó a la cocina y probó los guisados, que aquel día eran inmejorables. Cada preso tenía derecho a una libra de carne; se habían preparado, además, unas tortas de harina de maíz, y no se había economizado la manteca.

El mayor despidió al comandante en la puerta del recinto, después de ordenar que nos sirviesen la comida. Pero los reclusos se esforzaban por huir de su vista; no gustaba su mala mirada, siempre inquisidora detrás de sus anteojos, vagando a derecha e izquierda, como si buscase un desorden que reprimir o un culpable que castigar.

Nos sentamos a la mesa. El lechón preparado por Akim Akímich estaba muy bien asado. No acertaba a explicarme cómo a los cinco minutos escasos de haberse marchado el mayor había tantos reclusos borrachos, siendo así que en su presencia no se notó en ninguno síntoma de embriaguez.

No tardaron en hacer su aparición varios tocadores de balalaica. El pequeño polaco hacía ya rato que seguía, rascando su violín, a un penado que lo había contratado por todo el día para que ejecutase bailables.

La conversación se hacía por momentos más ruidosa y desordenada. Todos estaban ahítos y no pocos alegres en demasía. Algunos ancianos, penados serios, se retiraron a dormir la siesta, que no perdonaban jamás los días festivos.

El viejo creyente de Staróduvo, después de haber dormido, se encaramó a la chimenea, abrió su libro y estuvo orando todo el resto del día y buena parte de la noche, sin un minuto de interrupción.

Un espectáculo de tanta vergüenza lo afligía, según dijo. Los cherqueses fueron también a sentarse junto a la hoguera, mirando con curiosidad no exenta de profundo disgusto a aquella gente ebria.

—¡Aman, Aman! —me dijo Nurra en un arranque de justa cólera y moviendo tristemente la cabeza—. ¡Aman, Alá estará indignado!

Isaí Fomich encendió con aire arrogante una vela en un rincón y se puso a trabajar con objeto de hacer patente que la Navidad no era para él día de fiesta.

Aquí y allá se formaron partidos de juego. Los penados no se cuidaban de los inválidos, pero establecieron centinelas para evitar una sorpresa del suboficial de guardia que parecía también preocupado aquella noche por lo que pudieran hacer, pues sólo hizo tres rondas y los reclusos, avisados oportunamente por sus espías, en un abrir y cerrar de ojos guardaban las cartas, mientras los borrachos se escondían no con menos rapidez.

Creo, sin embargo, que el oficial estaba decidido a cerrar los ojos ante ciertos pecadillos. Aquel día no era una falta grave estar borracho. Poco a poco se fueron enardeciendo los ánimos y comenzaron los altercados; no obstante, la mayor parte estaba en su cabal juicio y se divertía viendo a los ebrios, que bebían sin medida.

Gazin triunfaba. Paseaba con aire satisfecho por delante de su cama, bajo la cual tenía el aguardiente que ocultó hasta aquel día de manera cuidadosa en un escondrijo situado detrás de los pabellones y enterrado por la nieve.

Estaba tranquilo y no había bebido, porque se reservaba esa satisfacción para el último día de las fiestas, cuando hubiera vaciado los bolsillos de todos los parroquianos.

En todas las cuadras se oían canciones. La bacanal se hacía por momentos infernal. Algunos reclusos paseaban formando grupos y hacían vibrar constantemente las cuerdas de sus balalaicas, con las que acompañaban el canto de sus compañeros.

Un coro de ocho o diez penados se detuvo ante el pabellón de la sección militar y entonó varias canciones populares, alegres unas, humorísticas otras y algunas excesivamente tristes. Sólo recuerdo una, admirablemente cantada: "Era ayer la fiesta de mi juventud".

En el penal oí una variante, desconocida para mí hasta entonces. Al final del canto se habían añadido unos versos. Lo que cantaban especialmente eran las canciones llamadas de los "presidiarios". Una de ellas, "Acontecía", muy humorística, refiere de qué modo cierto individuo se daba la gran vida y cómo había sido enviado al penal: "Antes rociaba con champaña sus exquisitos manjares, mientras ahora, las coles y la aguacha devora con placer". También estaba de moda la canción siguiente, muy conocida: "¡Adiós los felices días de mi juventud primera. Transcurridos en orgías que ninguno contuviera! La fortuna de niño he perdido y, tras tanto prodigar el dinero y gozar libremente, he venido viejo y pobre a ser prisionero".

También las había melancólicas. Una de ellas, creo que bastante conocida, era una verdadera canción de galeotes: "La luz del cielo ya brilla. El tambor toca diana. El anciano abre la puerta. El escribano nos llama. Como estamos detrás de los muros nuestro modo de vivir no ven. Dios, celeste Creador, con vosotros está, y no podemos morirnos aquí".

Otra canción, todavía más triste, pero cuya melancolía era estupenda, la cantaban con letra insulsa y bastante incorrecta: "Ya no más volverán a ver mis ojos la tierra en que nací. Y por toda la vida me condenan a tormentos que nunca merecí. El búho llorará sobre los techos. Y hará al bosque su canto repetir. Mas yo, embriagado el corazón de pena, no estaré por allí".

Las cantan muchas veces, mas no en coro, siempre en solo. Así, cuando terminan los trabajos, sale de la cuadra un detenido, se sienta sobre el escalón, se pone a reflexionar, apoyada la barba en la mano, y canta indolentemente con voz aguda de falsete. Al escucharle parece que hay algo que se destroza en el corazón. Entre los presos había muchos que poseían una voz magnífica.

Entretanto, caía la noche, y el fastidio, el tedio, el abatimiento pusieron fin a la algazara. El recluso que momentos antes se desternillaba de risa, tarareaba ahora una canción triste que parecía un sollozo continuado. Otros, que habían recurrido a los golpes repetidamente, vagaban de pabellón en pabellón, ávidos de armar camorra. Los que tenían la borrachera melancólica buscaban amigos para consolarse y llorar juntos en el dolor de su embriaguez. Todos querían divertirse y pasar la fiesta en medio del mayor regocijo; pero, en cambio, aquel día fue en extremo penoso y turbulento. Nuestras ilusiones se habían desvanecido.

Petrov vino a verme dos veces. Como no había bebido en exceso, conservaba todo su aplomo, pero, hasta el último momento, abrigó la esperanza de que ocurriría algo extraordinario y divertido. Cierto es que no dijo una palabra sobre el particular, pero se le conocía en los ojos.

Sirotkin, que lucía una camisa encarnada nueva y flamante, recorría, como Petrov, todos los pabellones, y esperaba también algún hecho resonante.

Dos penados disputan únicamente por saber cuál de ellos hará un regalo al otro. Llevan largo rato discutiendo y han estado a punto de llegar a los golpes. Uno de ellos guarda profundo rencor a su contrincante y se queja de que éste hubiese escondido el dinero que le dieran por el capote que vendió un año antes. Según él, había hecho muy mal y le "llovía sobre mojado".

El que así se queja es un individuo bastante robusto, musculoso, tranquilo y sin pelo de tonto, pero cuando está embriagado gusta de hacerse de amigos para desahogar en su seno el dolor que lo embarga, y los insulta, pretextando cualquier desatención, con el único objeto de reconciliarse luego con ellos.

El que lo escucha, un hombrón bien plantado, de cara llena y astuto como una zorra, ha bebido tal vez más que su compañero, pero no lo demuestra. Es todo un carácter y pasa por rico. Probablemente no tiene ningún motivo para excitar la cólera de su camarada y lo conduce ante un cantinero.

Allí, el amigo quejumbroso jura y perjura que el otro le debe algún dinero y que, siquiera por el buen parecer, le debe pagar unos tragos de aguardiente.

El cantinero, no sin un poco de respeto y mucho desprecio hacía el amigo que pretende emborracharse a costa del otro, toma un vaso y lo llena de aguardiente.

—Stepán, ponte en lo justo: debes pagar, puesto que me adeudas lo que sabes…

—No tengo ganas de gastar saliva contigo —responde aquél.

—No, Stepán, te engañas —insiste el otro, tomando el vaso que le presenta el cantinero—; tú me debes un poquito y es preciso que no tengas ni tanto así de conciencia para que te atrevas a negarlo… Hasta los ojos que usas no son tuyos… los has pedido prestados y en adelante no te van a prestar ni el saludo… porque eres un miserable, un canalla, Stepán…

—¡Pero qué estás ahí gimoteando! ¿No ves que derramas el aguardiente? —exclama el cantinero—. Ya que te lo regalan, aprovéchalo y acaba en seguida, que no voy a estar aquí todo el día esperando a que apures el vaso.

—Beberé, pero no porque te tenga miedo, ¿sabes? —responde el interpelado—. Felicísimas Pascuas, Stepán Doroféyich —añade dirigiéndose al que acababa de llamar canalla—. ¡Ojalá vivas cien años sin contar los que ya tienes!

Bebe, da un chasquido con la lengua, respira con satisfacción, se sienta y prosigue en tono serio y grave:

—La verdad es que he trasegado a mis tripas demasiado aguardiente, pero se acabó ya la broma. Dame las gracias, Stepán Doroféyich.

—No hay de qué.

—¿De manera que no me quieres dar las gracias? Eres un canalla y voy a contar a todo el mundo lo que me has hecho. Escucha…

—El que me va a escuchar eres tú, pedazo de bruto —exclama, al fin, Stepán, perdida la paciencia—. Dividamos el mundo en dos partes, tú te tomas una y yo otra, y me dejas en paz por todos los días de tu vida, y ¡ay de ti si vuelves a interponerte en mi camino!

—¿No me restituirás mi dinero?

—¿Qué dinero ni qué niño muerto? Vamos, ya estorbas aquí.

—Cuando me lo quieras devolver en el otro mundo… yo no lo tomaré. El dinero es el sudor de nuestra frente y los callos de nuestras manos, y por cinco kopeks arderás en el infierno…

—Allí es donde te voy a mandar ahora mismo si no te quitas de mi vista, ¡borracho! —interrumpe Stepán—. ¡Arre!

—¿Por qué me espoleas? ¿Soy acaso caballo?

—¡Vamos, largo de aquí, y pronto!

—¡Canalla!

—¡Galeote!

Y las insolencias y los insultos menudean más agresivos por momentos. Otros dos individuos están sentados juntos en la cama. Uno de ellos es de elevada estatura, robusto, carnoso, un toro por la fuerza. Llora o poco menos, pues está muy conmovido. El otro, vanidoso, ágil, delgado, de nariz descomunal, que parece constantemente helada, y ojos azules, pequeños y fijos siempre en el suelo. Es un hombre de buena familia, bien educado, ex secretario y trata a su amigo con altivez, lo cual desagrada a éste.

El primero, que ha estado bebiendo aguardiente todo el día, chilla y sacude con fuerza la cabeza de su camarada, a quien tiene asido con ambas manos:

—¡Se ha "tomado una libertad" conmigo!

"Tomar una libertad" significa haber propinado una paliza.

—Repito que te engañas —responde el ex secretario en tono dogmático, sin dignarse levantar los ojos para mirar a su interlocutor.

—¡Cómo voy a engañarme! —continuó el atleta bajando las manos a los hombros de su amigo y atrayéndole aún más hacia sí—. Tú eres el único ser amado que me queda en el mundo y por eso he dicho que te has tomado una libertad conmigo…

—Vuelvo a repetir de una vez para siempre que te engañas y te ruego que vayas a dormir la borrachera y me dejes en paz.

El amigo corpulento retrocede tambaleante, mira al ex secretario con aire socarrón y, acercándose de pronto, le descarga una bofetada terrible. Así acaba la amistad de aquel día: el ex secretario desaparece como por arte de encantamiento, refugiándose debajo de la cama.

Uno de mis conocidos entra en el pabellón. Es un penado de la sección especial, extraordinariamente bueno y alegre, nada tonto, de carácter sencillo y chancero, sin mala intención: es cabalmente aquel que a mi llegada al penal andaba en busca de un aldeano rico, declaró que tenía amor propio y acabó por beber de mi té. Tenía cuarenta años, labios enormes, nariz colosal, carnosa y granujienta.

Lleva una balalaica, a la cual le destroza las cuerdas. Lo acompaña otro recluso de baja estatura y enorme cabeza que trabajaba en la sastrería y se esforzaba por vivir solitario, rehuyendo por sistema la compañía de sus camaradas. Mas ahora que estaba borracho, se había pegado a Varlámov, como si fuese su sombra, siguiéndolo en exceso conmovido, gesticulando y dando tremendos puñetazos sobre las puertas, las camas y las mesas.

Varlámov le hacía tanto caso como si no existiese. Lo más curioso es que estos dos hombres no se parecían en nada, pertenecían a secciones diferentes, no tenían el mismo oficio, vivían en distintos pabellones y sus caracteres eran opuestos.

El forzado de baja estatura se llamaba Bulkin. Varlámov sonrió al verme sentado en mi sitio junto a la estufa, se detuvo, reflexionó un instante, avanzó luego resueltamente hasta dos pasos de distancia del sitio que yo ocupaba, volvió a detenerse, templó su guitarra y cantó en tono de recitado: "Tiene mi amada el rostro blanco y lleno. Y es lo mismo que un pájaro si canta. Con su ropa de satén brillantemente adornada. Está la hermosa muy bien".

Esta canción puso a Bulkin fuera de sí: agitó los brazos y exclamó, dirigiéndose a todos:

—¡Miente, hermanos, miente como un sacamuelas! ¡Es mentira todo lo que dice!

—Presento mis respetos a nuestro viejo Aleksandr Petróvich —dijo Varlámov inclinándose ante mí con sonrisa amable.

La frase "mis respetos al viejo" la emplea el pueblo bajo de Siberia, aun dirigiéndose a los jóvenes. La palabra viejo, signo de respeto, de veneración y de cortesía, encierra también reconocimiento de superioridad.

—¿Cómo vamos, Varlámov? —le pregunté por decir algo.

—Así, así —me contestó—; trampeando, como siempre. Los verdaderamente afortunados en esta fiesta son los que están borrachos desde el amanecer. ¡Dispénsame!

—¡Miente! ¡Miente! —repitió Bulkin, golpeando furiosamente la cama con el puño cerrado.

Se diría que Varlámov había empeñado su palabra de honor de no hacer caso de su acólito; lo más curioso del caso era que Bulkin no lo había dejado ni un minuto siquiera desde la mañana, exclamando invariablemente apenas despegaba aquél los labios:

—¡Miente! ¡Miente!

Lo seguía como su sombra, trataba de armar pendencia con él a cada palabra que decía, descargaba puñetazos sobre las paredes y los objetos que tenía a su alcance, hasta ensangrentarse las manos, y sufría visiblemente por estar convencido de que Varlámov "mentía como un sacamuelas". Si hubiese tenido pelos en la cabeza se los habría arrancado en un acceso de desesperación. Se diría que había asumido la responsabilidad de todos los actos de Varlámov y que los defectos de éste le atormentasen la conciencia. Y lo divertido era, repito, que Varlámov no le hacía caso por más barbaridades que dijese o hiciese.

—¡Embustero! ¡Embustero! ¡Embustero! —insistía Bulkin—. No dice ni una palabra que sea verdad.

—¿Y a ti qué te importa? —le decían los reclusos.

—Pues bien —comenzó a decir Varlámov bruscamente, dirigiéndose a mí—, cuando joven era yo un buen mozo y las muchachas se despepitaban por mis hechuras…

—¡Mentira! —interrumpió Bulkin—. ¡Ahí lo tienes mintiendo todavía! Los presos soltaron la carcajada.

—Por mi parte me pavoneaba delante de ellas; poseía una camisa roja, pantalones anchos de felpa, me acostaba cuando lo tenía a bien, como el conde de la Botella; en una palabra, hacía cuanto me venía en gana.

—¡Miente! —declaró Bulkin resueltamente.

—Había heredado de mi padre una casa de piedra, de dos pisos, y en dos años no quedó de aquella casa más que las puertas, sin montantes ni columnas. ¡Qué vamos a hacer! El dinero es como las palomas, que se van y vuelven…

—¡Mentira! —repitió Bulkin más enfurecido aún.

—A los pocos días de llegar aquí, escribí una carta a mi familia, pidiéndole dinero. Pero dicen que yo he obrado contra la voluntad de mi familia, que le he echado un borrón no sé dónde y… hace ya ocho años que mandé aquella carta.

—¡Sí que tarda la contestación! —observé, sonriendo.

—Pero es el caso —repuso Varlámov, acercando cada vez más su nariz a mi cara— que tengo aquí una amante…

—¿Una amante? ¡Usted…!

—Sí, yo mismo. El otro día me decía Onufriyev: "la mía es delgada como una aguja y más fea que el demonio, pero no es mendiga como la tuya".

—¡De manera que su amante es mendiga!

—¿Pues qué pensabas que era, una princesa real? —me respondió—. Es una mendiga.

Y reía estrepitosamente, al tiempo que los demás le hacían coro, pues todos sabían que, en efecto, tenía relaciones con una pordiosera, a la que daba en junto diez kopeks cada seis meses.

—Bueno, ¿qué quiere? —pregunté, deseando que me dejase en paz.

—¿No me pagarás por esto medio litro? En todo el día no he bebido más que té —añadió alegremente, tomando el dinero que yo le daba—, y el té me sienta muy mal… se me está revolviendo el vientre… como si fuera una botella de agua.

La desesperación de Bulkin no tuvo límite al ver que yo entregaba dinero a Varlámov.

—¡Pero qué loco! —exclamó, mirando con ojos desencajados a su alrededor—. ¡No sabe que todo lo que dice este hombre es mentira!

—¡Te quieres callar! —exclamaron, impacientes, algunos reclusos—. ¿Qué te puede importar lo que hagan los demás?

—Es que no puedo permitir que falte a la verdad —contestó Bulkin, golpeando furiosamente el suelo con el pie—. ¡No quiero que mienta!

Varlámov se despidió de mí y se apresuró a hacer una visita al cantinero. Sólo entonces pareció fijarse en su sombra.

—¡Ven conmigo! —dijo a Bulkin, deteniéndose en el umbral, como si aquél fuese indispensable para la ejecución de algún proyecto.

Y tras darle un empellón lo hizo pasar delante, y ambos desaparecieron de nuestra vista seguidos de las carcajadas de mis compañeros de cadena.

Mas ¿para qué seguir describiendo escenas semejantes? Al fin terminó, por fortuna, aquel día tan pesado y azaroso. Los reclusos no tardaron en dormirse profundamente, delirando aún más que las noches anteriores. Aquí y allá continuaban, empero, algunos grupos jugando a las cartas. A la mañana siguiente debía reanudarse la vida del presidio y volver todos a los trabajos forzados…

XI

La representación

La anunciada función de teatro se celebró el tercer día de pascua por la tarde. No fueron escasas ni insignificantes las dificultades que fue preciso vencer, y los actores, encargados además de su organización, habían procedido con tales reservas, que incluso se ignoraba el sitio donde tendría lugar la representación y el título de las obras.

Durante aquellos tres días, los actores que iban al trabajo se las ingeniaban de mil maneras para reunir el mayor número posible de trajes.

Cada vez que me encontraba con Bakluschin, hacía éste crujir los dedos en señal de satisfacción, pero nada me comunicaba.

Creo que el mayor estaba de buen humor; sin embargo, ignorábamos si había oído hablar del espectáculo y si lo autorizaría. Supongo que sí, porque si llegaba a prohibirlo se exponía a que los soldados lo tomasen a mal, se insubordinaran o embriagaran; por lo tanto, era mejor que se entretuviesen con algo.

Atribuyo este razonamiento al mayor porque es el más lógico. Por otra parte, si los penados no hubiesen organizado este espectáculo, la administración hubiera tenido que procurarles algunas distracciones con motivo de las fiestas.

Mas, como nuestro mayor se distinguía por sus ideas diametralmente opuestas a las del resto del género humano, debo advertir que mis suposiciones son del todo gratuitas, y que tal vez no estaba dispuesto a autorizar la función, si de ella tenía conocimiento. Un hombre como él tenía siempre que aplastar, ahogar a alguno, arrebatar alguna cosa, privar de un derecho; en una palabra, poner orden en todas partes: este es el concepto en que toda la ciudad lo tenía.

Nada le importaba en absoluto que sus vejaciones causaran rebeliones, pues para estos delitos había sus castigos correspondientes (existe quien razona como nuestro mayor); con esos pícaros forzados no procedía otra cosa que emplear una severidad inflexible y atenerse a la aplicación estricta de la ley, y nada más. Estos ineptos ejecutores de la ley no entienden más que aplicarla sin comprender que su espíritu conduce derechamente a los desórdenes: "La ley lo dice, ¿qué más quieres?".

Hasta se asombran sinceramente de que se exija de ellos, además de la ejecución de la ley, buen sentido y cabeza sana. Sobre todo la última condición se les antoja superflua; es, en concepto de ellos, un lujo escandaloso; les parece hasta una vejación, pura intolerancia.

Sea como sea, lo cierto es que el mayor no se opuso a la organización del espectáculo, y esto era lo que más interesaba a los penados. Es más, me atrevería a asegurar que si durante las fiestas no ocurrieron desórdenes en el penal, ni riñas sangrientas, ni robos, fue porque contaban con que el jefe del establecimiento se haría por lo menos de la vista gorda respecto de la proyectada función.

El suboficial exigió a los reclusos su palabra de honor de que se comportarían con cordura y evitarían toda clase de excesos; halagados aquéllos por la fe que se prestaba a su palabra de honor, mantuvieron escrupulosamente su promesa, obligando a los levantiscos a dominarse y a los borrachos a que se ocultaran. La función debía durar hora y media, y estaba todo de tal manera dispuesto que si llegaba el aviso de suspenderla las decoraciones habrían desaparecido en un abrir y cerrar de ojos.

Los trajes los guardaban cuidadosamente los actores en el fondo de sus baúles. En realidad, programa no hubo más que uno que escribió Bakluschin para la segunda y tercera representación en honor de las distinguidas personas que nos honraron con su presencia: el oficial de guardia, que vino una vez, el oficial de servicio, el comandante de los guardias y un teniente de ingenieros.

Suponían los reclusos que la fama de nuestro teatro se extendería por la ciudad, en la que, por carecer de salón de espectáculos, daban los aficionados algunas representaciones en las casas particulares. El más insignificante éxito regocijaba a los presos como a verdaderos niños, y con él se envanecían.

—¡Quién sabe! —llegaron a decir—. Acaso si se enteraran de esto los jefes y vienen a la función, entonces se enterarían de lo que valen los presos; porque no se trata de un espectáculo dado por los soldados, con barcos flotantes, osos y machos cabríos, sino de actores, de verdaderos actores que hacen comedias compuestas para los señores. ¡Estoy seguro que en la ciudad entera no hay un teatro igual! Según dicen, el general Abrocimov ha dado en su casa una representación y va a dar otra; pues bien, respecto de trajes, es posible que nos ganen, pero en cuanto al diálogo ¡habría que verlo! Puede ser que hasta llegue a oídos del mismo gobernador, y quién sabe si le dará por venir. ¡Como en la ciudad no tienen teatro!

En pocas palabras, la fantasía de los presos, a partir, sobre todo, del primer éxito, llegó aun a imaginarse que se les distribuirían recompensas y que se disminuiría el número de trabajos forzados, sin perjuicio de ser ellos los que, un instante después, se reían de todo corazón de sus quimeras. Eran, por decirlo de una vez, verdaderos niños, aunque tuviesen ya cuarenta años.

El título de la obra que se pondría en escena era Filatka y Miroschka, rivales. Bakluschin se vanagloriaba conmigo, desde una semana antes, de que desempeñaría el papel de Filatka, que se había reservado a propósito, como jamás se hubiera visto en los mejores escenarios de San Petersburgo, asegurándome que los demás actores no irían a la zaga. El papel de Miroschka lo desempeñaría Sirotkin.

—¡Ya verá usted qué bien le sienta el vestido de mujer! —me decía guiñando el ojo con malicia, a la vez que con la lengua producía un ligero chasquido, haciéndola chocar con el velo del paladar.

La propietaria bienhechora tenía que sacar un vestido con muchos volantes y un quitasol, en tanto que el propietario llevaría traje de oficial con cordones, y un bastón en la mano.

La obra que se representaría en segundo lugar era un drama titulado El glotón Kedril. Este título me llamó la atención, pero a pesar de las preguntas que hice, nada pude saber anticipadamente. Sólo supe que dicha pieza no se había impreso; era una copia manuscrita proporcionada por un cabo retirado que vivía en el arrabal, quien, con seguridad, habría en otro tiempo tomado parte en su representación en alguna función de militares.

En efecto, en las ciudades y gobiernos lejanos se encuentran numerosas producciones literarias de esta clase que, según creo, permanecen completamente ignoradas, sin imprimir, pero que aparecen en el repertorio del teatro popular de ciertas zonas de Rusia. "Teatro popular" he dicho; y por cierto que sería muy conveniente que nuestros investigadores de la literatura popular se ocupasen en hacer algunas cuidadosas investigaciones acerca de este teatro, que existe y que quizá no es tan insignificante como se piensa.

No me es posible creer que todo lo que vi en el penal fuera obra de nuestros presos, pues para este resultado se requieren tradiciones anteriores, procedimientos establecidos y nociones transmitidas de generación en generación que hay que buscar entre los soldados y obreros de fábricas, en las ciudades industriales y aun entre los burgueses de ciertas poblaciones pequeñas. Estas tradiciones se han conservado en aldeas y cabezas de distrito, así como entre la baja servidumbre de algunas grandes propiedades rústicas. Llego a creer que, gracias a esa servidumbre de los hidalgos, se han multiplicado las copias de esta clase de producciones. Los antiguos propietarios y los señores moscovitas tenían sus teatros propios en los que representaban sus siervos: de ahí proviene nuestro teatro popular, el sello de cuyo origen es indiscutible.

Respecto de El glotón Kedril nada llegué a averiguar, no obstante mi viva curiosidad, sino que los demonios salían a escena y se llevaban al infierno a Kedril. Mas ¿qué significa este nombre de Kedril? ¿Por qué se llamaba Kedril y no Kidril? ¿La acción era rusa o extranjera? No pude poner en claro esta cuestión.

Se anunciaba que terminaría el espectáculo con una "pantomima con música". Todo prometía ser muy curioso. Los actores eran quince, gente toda animada y decidida; se movían mucho, repetían los ensayos, lo que solían efectuar detrás de las cuadras, se recataban y adoptaban aires de misterio; en una palabra, querían sorprendernos con algo extraordinario e inesperado.

Los días laborables se cerraban las cuadras muy temprano, al oscurecer, pero en las fiestas de Navidad se hacía una excepción: durante esos días no se corrían los cerrojos hasta la hora de retreta —las nueve—, favor concedido, especialmente, en atención al espectáculo que se iba a celebrar.

Mientras duraron las fiestas, se enviaba cada noche una comisión a rogar muy humildemente al oficial de guardia que "permitiese la representación y no cerrase todavía el penal", alegando que la víspera había habido representación, sin que se produjera el menor desorden. El oficial de guardia se hacía el siguiente razonamiento: "Ayer no hubo ningún desorden ni infracción de la disciplina y, puesto que dan su palabra de que la velada de hoy transcurrirá de igual modo, ellos mismos serán su

propia policía, que es, después de todo, la más rigurosa que puede haber."
Además, sabía a la perfección que si prohibía la representación, aquellos hombres, presidiarios al fin y al cabo, podrían hacer alguna barbaridad que diera qué hacer a la guardia.

Por último, la tercera razón que lo movía a prestar su consentimiento el fastidio extremo que representaba el servicio de guardia, mientras que, si se permitía la comedia, disponía de un espectáculo dado, no por soldados, sino por reclusos, gente curiosa, que sería con toda seguridad interesante y al que tenía pleno derecho de asistir.

En caso de que llegara el oficial de servicio y preguntara por el de guardia, se le respondería que éste había ido a contar los presos y cerrar las cuadras, respuesta exacta y de fácil comprobación.

He aquí por qué nuestros vigilantes autorizaron el espectáculo durante todas las fiestas y no se cerraban las cuadras hasta las nueve de la noche. Como los presos sabían de antemano que la guardia no se opondría a su proyecto, estaban tranquilos sobre este punto.

A las seis vino Petrov a buscarme a mi pabellón para acompañarme a donde se celebraba el espectáculo. Allí estaban reunidos ya todos los individuos de mi sección, excepto el viejo creyente de Staróduvo y algún polaco. Éstos no quisieron asistir hasta la última representación, la del cuatro de enero, cuando se les convenció de que no había que temer ningún desorden y de que la cosa valía la pena.

El retraimiento despreciativo de los polacos irritaba a los reclusos; sin embargo, les recibieron con las mayores deferencias, señalándoles los primeros puestos.

En cuanto a Isaí Fomich y los cherqueses, no cabían en sí de gozo. El judío depositó el último día diez kopeks en el tapete, pues los organizadores de la fiesta habían acordado que todos los reclusos contribuyeran voluntariamente, a la medida de sus recursos, a los gastos del espectáculo y a animar un poquito a los actores.

Petrov me aseguró que me dejarían ocupar uno de los primeros sitios, no sólo porque siendo yo el más rico de todos tenían la esperanza de que daría más que ningún otro, sino porque, era el único competente en la materia. Su previsión se realizó. Paso a describir, antes de todo, la sala y la construcción del teatro.

El pabellón de la sección militar, que se había convertido en sala de espectáculos, medía quince pies de ancho y, como, según he dicho en otro lugar, las camas estaban adosadas a la pared, quedaba en el centro un espacio bastante amplio. La primera parte del pabellón se había reservado a los espectadores, y en la otra, que comunicaba con otra sala, se levantó el escenario.

Lo primero que me sorprendió fue el telón que dividía la sala en dos. Mi sorpresa estaba bien justificada, pues el telón era realmente admirable: pintado con verdadera maestría al óleo, representando árboles, lagos y estrellas. Lo habían construido con pedazos de telas nuevas y viejas cedidas por los penados, unido todo lo mejor posible, y donde no llegó el lienzo lo sustituyó el papel, mendigado pliego por pliego en las oficinas. Nuestros pintores, entre ellos Brulov, lo decoraron primorosamente y el efecto era sorprendente.

Este aparato de lujo llenaba de júbilo a los reclusos, aun a los más sombríos y exigentes. La iluminación consistía en algunos cabos de vela diseminados aquí y allá. Habían llevado de la cocina un par de bancos y unas cuantas sillas, pedidas en el cuerpo de guardia, y las colocaron frente al escenario, reservando aquéllos para los suboficiales y jefes inmediatos de los penados y éstas para los superiores que asistiesen al espectáculo.

Esta previsión fue muy atinada pues la tarde de la última representación estuvieron ocupados todos los sitios de preferencia.

Los reclusos llenaban el resto de la sala, encaramados algunos en las camas, en la estufa y en todo lo que ofrecía un punto de apoyo, sin que les importase que la posición fuese más o menos incómoda, descubiertos por respeto a los visitantes, y con chaqueta o pelliza corta, a pesar del calor sofocante que allí hacía.

Nos abrieron paso a Petrov y a mí hasta cerca de los bancos, porque yo era para ellos un buen juez, un conocedor profundo de la materia, como lo confirmaba el hecho de que Bakluschin me hubiese consultado repetidas veces y seguido siempre mis consejos. Por esta razón se creyeron obligados a cederme uno de los mejores sitios.

Aquellos individuos no eran vanidosos ni ligeros, sino superficiales. Se burlaban de mí en el trabajo porque era un obrero torpísimo. Almázov tenía razón para despreciar a los nobles y hacer ostentación de su destreza para calcinar el alabastro.

Las vejaciones y las burlas de que éramos objeto las provocaba nuestro origen, ya que, por nuestra cuna, pertenecíamos a la casta de los antiguos señores, de los cuales no podían ellos guardar recuerdos muy gratos.

Pero allí, en el teatro, esos mismos individuos eran los que me cedían la preferencia y confesaban que en aquella materia era yo más competente que todos ellos. Aun los que me detestaban con mayor cordialidad, deseaban oírme elogiar su obra y eran sumamente deferentes conmigo; así es como ahora juzgo, ateniéndome a la impresión entonces recibida. Comprendí que en aquella decisión equitativa no había, por parte de ellos, ningún servilismo, sino más bien el sentimiento de su propia dignidad.

El rasgo más característico de nuestro pueblo es su conciencia y su sed de justicia. Nada de falsa dignidad y necio orgullo que sin títulos aspire a escalar los primeros puestos; el pueblo desconoce este defecto. Si apartas la grosera corteza que la cubre, descubrirás, mirándola sin prevención, atentamente y de cerca, cualidades inesperadas. No es gran cosa lo que nuestros sabios tienen que enseñar a nuestro pueblo, mejor dicho, son aquéllos los que, por el contrario, deben aprender en la escuela de éste.

Petrov me había dicho llanamente que me colocarían delante porque daría más dinero. Los asientos no tenían precio fijo; daba cada cual lo que quería y podía. Casi todos pusieron una moneda en su asiento al hacerse la colecta. Aun dado que me hubieran dejado pasar adelante por la esperanza de que daría más que cualquiera otro, ¿no había también en esto un sentimiento profundo de dignidad personal?

—¡Tú eres más rico que yo, vete, pues, al primer sitio; cierto que aquí todos somos iguales, pero tú pagas más, y por consiguiente, un espectador como tú agrada a los actores; ocupa el primer puesto, ya que no estamos aquí por nuestro dinero, y nosotros mismos debemos saber sacrificarnos!

¡Qué altiva fierza en este modo de proceder! No es esto rendir culto al dinero, que lo es todo, sino, en último análisis, el respeto de sí mismo. Entre nosotros no se concedía demasiada estima a la riqueza; así es que, aun cuando pasé revista a todo el penal, no recuerdo que ninguno de nosotros se humillara jamás por dinero.

Si me hacían embustes, más bien era por pillería y bribonada, que por esperanza del beneficio mismo; era aquello un rasgo de buen humor, de ingenua sencillez. No sé si me expreso con claridad. Pero me he olvidado del teatro y es cosa de volver a él.

Antes de levantarse el telón, el espectáculo de la sala era extraño y animado. En primer término, el montón, hollado, aplastado doquiera pero aguardando llenos de impaciencia, con caras radiantes, que comenzara la representación. En las últimas filas hervía una masa confusa de presidiarios; muchos de ellos habían llevado de la cocina troncos que apoyaban en la pared y sobre los cuales se encaramaban, pasando en esta postura tan incómoda horas enteras, apoyándose también con ambas manos en los hombros de sus camaradas, y completamente satisfechos de sí mismos y de su sitio. Otros apuntalaban con sus pies la estufa, puestos sobre la última grada, y permanecían todo lo que duraba la representación sostenidos por los que se hallaban delante de ellos, en el fondo, cerca de la pared. Al lado, amontonada sobre los camastros, había también una masa compacta, aquéllos eran los mejores puestos.

Cinco presidiarios, a quienes cupo en suerte uno de los sitios preferentes, se habían subido y tendido sobre la estufa, desde donde miraban hacia abajo: éstos se anegaban en felicidad. Al lado opuesto hormigueaban los rezagados, que no hallaron buenos puestos. Todos se mantenían con decoro y sin hacer ruido, queriendo aparecer dignos ante los señores que nos visitaban. La más ingenua expectativa se dibujaba en aquellos rostros rojos y húmedos de sudor a causa del calor sofocante.

De pronto se hizo un silencio absoluto: la orquesta empezó a tocar... Esta orquesta merece párrafo aparte.

Los artistas eran todos de casa, y la instrumentación se componía de dos violines (propiedad uno del recluso polaco, de quien he hablado, y el otro pedido prestado a un conocido residente en la ciudad); tres balalaicas, construidas por los mismos penados; dos acordeones, dos guitarras y una pandereta. Los violines no hacían más que gemir y rechinar, y las guitarras corrían parejas con los violines, pero, en cambio, en las balalaicas realizaban los artistas verdaderos prodigios. Más de un prestidigitador habría envidiado la agilidad de sus dedos.

No tocaban más que bailables, y en los compases más vivaces daban un papirote en las cajas de sus instrumentos. El tono, el gusto, la ejecución, el motivo, todo era original, personalísimo. Uno de los guitarristas conocía a fondo su instrumento. Era precisamente el ex noble que había asesinado a su padre. La pandereta hacía también muy buen papel. El artista la manejaba de un modo admirable, y cuando resbalaba el dedo pulgar sobre el parche, producía sonidos repetidos, claros, monótonos, que a menudo se deshacían en multitud de notas breves y sordas que saltaban susurrando. Los dos acordeones completaban la orquesta: la armonía, el sonido, la expresión y la concepción misma del motivo resultaban admirables.

Finalmente se levantó el telón y aparecieron en escena los primeros personajes. Yo estaba sentado cerca de Alei, al que rodeaban sus hermanos y otros cherqueses. Observé que los musulmanes, los tártaros, son muy aficionados a los espectáculos escénicos. A mi lado resplandecía Isaí Fomich, quien desde el momento en que se levantó el telón fue todo ojos y oídos: su cara reflejaba un ansia vivísima de sorpresa y de placer. Habría sentido de verdad que se defraudaran sus esperanzas.

La graciosa carita de Alei brillaba con una alegría tan infantil y tan pura, que gozaba yo lo indecible sólo con mirarlo. Cada vez que una carcajada general respondía a un chiste oportuno, volvía la cabeza involuntariamente para ver a Alei. Este no reparaba siquiera en mí: algo más interesante atraía toda su atención. A mi izquierda se sentaba un forzado ya viejo, siempre tétrico, malhumorado y gruñón. También éste se fijó en Alei y observé que más de una vez lo miraba a hurtadillas y en sus labios se dibujaba una sonrisa de satisfacción.

Comenzó el espectáculo con la representación de Filatka y Miroschka. Filatka —Bakluschin— estaba sencillamente admirable, representaba su papel a la perfección. Se notaba a leguas que había estudiado cada frase, cada movimiento. Sabía dar a las palabras y a los gestos un significado que correspondía perfectamente al carácter del personaje. Añádase a esto un entusiasmo no fingido, sino real, sentido; sencillez y naturalidad.

A todas luces, Bakluschin era un verdadero actor, un actor de vocación y de gran talento artístico. Más de una vez he visto a Filatka en los escenarios de San Petersburgo y de Moscú, y declaro que ningún actor de esas capitales estuvo nunca a la altura de Bakluschin.

La emoción lo excitaba, pues sabía que el recluso Potsiéyikin tenía que hacer el papel de Kedril en la segunda función. No sé por qué me parecía que éste último debía tener más talento que Bakluschin, el cual sufría como un chiquillo por esta preferencia. ¡Cuántas veces se me había acercado aquellos últimos días para confiarme sus sentimientos! Dos horas antes de la representación, tenía fiebre, y cuando los aplausos premiaban su exquisita labor, su rostro resplandecía de júbilo, la inspiración brillaba en sus ojos.

La escena de los besos entre Miroschka y Filatka, en la que éste dice a la muchacha "enjúgate", enjugándose él al mismo tiempo, resultó de una comicidad perfecta. Y las carcajadas fueron generales, estrepitosas. Lo que más me interesaba de todo aquello eran los espectadores. Todos habían depuesto su actitud de gravedad y se abandonaban con franqueza a su alegría.

Los aplausos eran cada vez más ruidosos. Un forzado tocaba con el codo a su compañero de asiento y le comunicaba de prisa sus impresiones, sin preocuparse por saber con quién hablaba. Cuando se iniciaba una escena cómica, se veía a otro levantarse agitando los brazos, como invitando a sus camaradas a reír, mientras otro daba chasquidos con la lengua y no podía estarse quieto. Hacia el final, la alegría general llegó al paroxismo.

No exagero. Represéntense con la imaginación el presidio, las cadenas, los largos años de reclusión, de trabajo, la vida monótona que se desliza, por decir así, gota a gota, los días tristes del otoño… De pronto se permite a los infelices forzados que se distraigan, que respiren libremente una hora, que olviden por breves momentos sus angustias, que organicen un espectáculo, ¡y qué espectáculo! Un espectáculo tal que excita la admiración en toda la ciudad y hace exclamar: "¡Oh, bravos penados!".

Todo les interesaba. Les parecía algo excesivamente curioso ver a Vanka, Nietsviétayev o Bakluschin con vestidos diferentes a los que llevaban ya tantos años. Es un forzado, ciertamente; sus cadenas resuenan cuando anda, pero ver ahí que aparece en escena vestido con elegancia como gran señor; su cráneo rasurado desaparece bajo la peluca, y los bigotes postizos lo transforman por completo. Saca del bolsillo un pañuelo rojo y lo desdobla con suprema elegancia, como lo haría el caballero más distinguido.

El "rico protector" aparece con uniforme de ayudante de campo, bastante deslucido, es cierto, pero completo, con charreteras y todo. El efecto producido es indescriptible. Los dos estaban enamorados de aquel traje y, ¡parece increíble!, se habían desafiado como chiquillos para decidir a cuál de ellos correspondía aquel papel, pues ambos querían aparecer en escena vestidos con el uniforme de ayudante de campo…

Los demás actores separaron a los contendientes y, por mayoría de votos, se confió el disputado papel a Nietsviétayev, no porque fuese más apuesto que el otro, sino porque había confesado poseer un bastoncito y saber manejarlo como el caballero más elegante de la alta sociedad; mientras Vanka Ospieti no era capaz de hacer cosa semejante por no haber estado jamás en contacto con el gran mundo.

Y, en efecto, cuando Nietsviétayev se presentó en escena, no hizo más que trazar rápidamente círculos en el suelo con su fina caña de bambú, creyendo, sin duda, que esto era signo de exquisita educación, de suprema elegancia.

Probablemente en su niñez, siendo un siervo desarrapado, lo había seducido de tal modo la gracia con que algún señor manejaba su delgado junco, que treinta años después intentó seducir y admirar a sus compañeros de cadena.

Nietsviétayev estaba tan absorto en esta ocupación, que no miraba a nadie y respondía sin levantar los ojos del suelo: lo único importante para él eran los círculos que iba trazando con su bastoncillo de bambú.

La "dama bienhechora" también era sorprendente. Compareció con un raído vestido de muselina. Parecía un espantapájaros, con los brazos y el cuello desnudos, sombrero enorme, en la garganta largos lazos que semejaban bridas, una sombrilla en la mano izquierda y armada la derecha con un abanico de papel encarnado con el que no dejaba un momento de hacerse aire.

Las carcajadas generales que provocó su presencia fueron tan contagiosas, que la propia gran dama perdió su gravedad y soltó el trapo a reír. Este papel lo desempeñaba el recluso Ivánov. En cuanto a Sirotkin, estaba graciosamente vestido de muchacha. En resumen, todos los actores desempeñaron discretamente su cometido, la satisfacción fue general, y no se oyó una frase de censura ni de crítica acerba.

Durante el entreacto la orquesta volvió a tocar Sieni moï sieni y se levantó de nuevo el telón. Ahora se representaba El glotón Kedril. Kedril es una especie de Don Juan, pero sólo porque al final de la comedia los demonios se llevan a los infiernos al amo y al criado.

El manuscrito que sirvió para los ensayos y para la representación era sin duda un fragmento de la obra, pues aquello no tenía pies ni cabeza.

La escena se desarrolla en una posada rusa. El posadero introduce en la habitación que ha destinado a un caballero de larga capa y ancho sombrero. Kedril sigue a su amo llevando una maleta y un pollo asado envuelto en papel azul. Viste pelliza y sombrero de lacayo.

El penado Potsiéyikin, el rival de Bakluschin, desempeñaba el papel de criado glotón y el de amo, Ivánov, el mismo que tuvo a su cargo el de dama en la pieza anterior. El posadero —Nietsviétayev— advierte al caballero que el cuarto está habitado por demonios, y se retira.

El caballero le contesta en tono destemplado que eso lo tiene sin cuidado y manda a su criado que deshaga los paquetes y le sirva la cena. Kedril es glotón, pero esto no impide que a la vez sea cobarde, y al oír hablar de demonios palidece y tiembla como la hoja en el árbol. Quisiera huir, pero teme a su amo y además tiene hambre. Es voluptuoso, bruto, astuto a su manera y pusilánime. A pesar de que teme a su amo como al fuego, lo engaña a cada paso. Es un notable tipo de criado en el que se encuentran los rasgos principales del carácter de Leporello, pero indistintos y confundidos. Este carácter lo hacía resaltar Potsiéyikin de un modo realmente admirable; su talento artístico era indiscutible y superaba por mucho al de Bakluschin, a quien me guardé de comunicarle mi impresión.

Por el contrario, el penado que hacía el papel de amo era sencillamente un atolondrado, aunque su dicción era clara y sus gestos, adecuados. Mientras Kedril deshace los paquetes, el caballero pasea por la habitación, asegurando que está resuelto a sentar cabeza y renunciar a sus aventuras por esos mundos de Dios.

Kedril escucha haciendo muecas y divirtiendo lo indecible a los espectadores con sus ocurrentísimos apartes. No le importa que los diablos carguen con su amo, pero, como no los ha visto nunca, le pregunta cómo son. El caballero le contesta que, al hallarse en cierta ocasión en un gravísimo apuro, pidió auxilio al infierno, y Satanás le ayudó, pero que, según los pactos, la última hora de su vida estaba por llegar y sospechaba que los demonios se presentarían en el momento menos pensado para llevarse su alma.

Kedril está más muerto que vivo, pero su amo no ha perdido su sangre fría e insiste en que le sirva al punto la cena. Al oír hablar de comer, Kedril resucita, desenvuelve el paquete del pollo y saca una botella de vino, y la cata, a escondidas, antes de ponerla sobre la mesa. El público ríe a mandíbula batiente, pero en aquel momento cruje la puerta y las ventanas se abren bruscamente a impulsos del viento. Kedril se pone a temblar como un azogado y, sin darse cuenta de lo que hace, se lleva a la boca un pedazo de pollo, que en vano trata de tragar.

—¿Estamos? —pregunta el amo que continúa midiendo a largos pasos la habitación sin reparar en su criado.

—En seguida, señor… Ya ve usted que lo estoy preparando —contesta Kedril al mismo tiempo que se sienta y comienza a devorar la cena.

Continúan las risas. El público está encantado de la astucia del criado que de una manera tan graciosa se burla de su señor. Justo es, empero, confesar que Potsiéyikin era merecedor de ésa admiración, pues trabajaba como un actor cómico consumado.

Sentado a la mesa, come ávidamente, y cada vez que su amo se vuelve, se apresura a ocultarse detrás de la silla, con expresión de terror, pero sin soltar el pollo. Calmado un tanto su voraz apetito, es preciso pensar en el de su amo.

—¿Has acabado, Kedril? —le pregunta éste sin mirarlo.

—Me queda muy poco —contesta el criado, mirando con desconsuelo los restos del pollo—. ¡Y tan poco! —añade, dejando sobre la mesa el alón que no ha devorado—. Cuando guste el señor.

El señor, que está demasiado preocupado para darse cuenta de la jugarreta de su criado, se sienta a la mesa, y éste se coloca de pie detrás de su silla con una servilleta debajo del brazo, haciendo muecas de burla y gestos grotescos, que desternillan de risa a los espectadores.

En el momento en que el caballero se dispone a cenar aparecen los demonios en el aposento. Estos demonios no tienen nada de humano ni de terrestre: son fantasmas enteramente vestidos de blanco, que llevan un farol encendido en el lugar de la cabeza y en la mano una guadaña. Nadie supo explicarme la razón de haber adoptado semejante disfraz para imitar a los demonios. Verdad es que a todos les tenía sin cuidado la propiedad del vestuario. Les habían dicho que los fantasmas blancos eran demonios, y esto les bastaba.

El caballero permaneció impávido ante los gritos y la presencia de los que iban a apoderarse de él para llevarle al infierno, pero Kedril, más cobarde que una liebre, se acurruca debajo de la mesa. A pesar de su espanto no se olvida de tomar la botella.

Desaparecen los demonios y el caballero empieza a comerse el alón del pollo; mas, antes de que pudiera masticar el primer bocado, vuelven tres de sus infernales enemigos y lo arrastran consigo.

—¡Kedril, sálvame! —grita, al fin, desesperado.

—¡En seguida! —responde el criado, apoderándose también del resto del pollo y del pan ocultándose de nuevo debajo de la mesa.

Cuando se convence de que en la habitación ya no hay amo ni demonios, sale de su escondite, mira alrededor, sonríe satisfecho, guiña el ojo y, haciendo una mueca comiquísima, se sienta a la mesa exclamando:

—¡Ahora soy yo mi señor!

Y añade en tono confidencial, volviéndose hacia la sala:

—Al otro se lo han llevado los demonios…

"El entusiasmo de los espectadores es indescriptible". Dijo esta frase con tal picardía y una mueca tan cómica, que era imposible no aplaudir. Pero la dicha de Kedril duró poco.

Apenas había escanciado un vaso de vino y se lo llevaba a los labios, entraron de nuevo los tres demonios y se apoderaron de él. Kedril aúlla como un poseído, pero no se atreve a volver la cabeza. Quisiera defenderse, mas no puede, porque tiene ocupadas las manos con el vaso y la botella, de la que no quiere desprenderse, y así, con los ojos desencajados y de par en par abierta la boca por el terror, se queda mirando al público un minuto con tan cómica expresión de cobardía, que era verdaderamente digno de ser pintado. Por último lo arrastran, se lo llevan, y él, gritando desaforadamente, agita sin cesar piernas y brazos, mientras aprieta cada vez más la botella. Todavía se oyen sus aullidos desde más allá de los bastidores cuando baja el telón.

Toda la concurrencia ríe, verdaderamente encantada… La orquesta preludia la famosa danza Kamarinskaya. Principia muy suavemente, pianísimo, pero poco a poco se desarrolla el tema, se refuerza, se acelera el compás, y sobre las tablillas de las balalaicas resuenan atrevidos castañeteos. Aquello era la Kamarinskaya con todo su arrebato; habría sido bueno que Glinka la oyera tocar en nuestro penal. Empieza la pantomima con música, y mientras dura se toca la Kamarinskaya. La escena representa el interior de una isba. Un molinero está sentado junto a su mujer que hila el copo afanosamente. Sirotkin hace el papel de molinera y Nietsviétayev el de marido.

Nuestras decoraciones eran pobrísimas. Así en esta pieza como en las anteriores, había que suplir con la imaginación lo que faltaba de realidad. En vez de la pared en el fondo se veía un tapete o una manta, a la derecha unos malos biombos y a la izquierda el escenario sin cerrar dejaba ver los camastros.

Pero los espectadores no son descontentadizos, y con gusto se imaginan todo lo que se echa de menos; cosa fácil, porque todos los detenidos son grandes soñadores. Se dice: ¿esto es un jardín? ¡Bueno, pues un jardín! ¿Un aposento? ¿Un molino? ¡Perfecto; no hay que andarse con exigencias!

Sirotkin estaba delicioso con su traje femenino. El molinero acaba su trabajo, toma el gorro y el látigo, y acercándose a su mujer, le da a entender por medio de gestos muy expresivos que se guarde de recibir a algún amigo durante su ausencia, amenazándola con el látigo.

La molinera hace signos afirmativos. Evidentemente conoce la resistencia de aquel látigo. Mas, apenas vuelve la espalda el marido y desaparece de la escena, lo amenaza con los puños apretados.

A los pocos momentos oye llamar a la puerta, corre a abrir y deja libre el paso a un muchik, vecino suyo y uno de sus amantes, el cual le regala un pañuelo encarnado.

La joven esposa ríe y el muchik se dispone a abrazarla cuando de nuevo llaman a la puerta. ¿Qué hacer? La molinera obliga a su vecino a que se esconda debajo de la mesa y, tomando el huso, va a abrir. Se presenta otro de sus adoradores, el furriel, vestido de uniforme.

Hasta aquel momento la pantomima iba muy bien; los gestos eran apropiadísimos, y al ver a aquellos actores improvisados, no podía uno menos que decirse: "¡Cuántos talentos pierde Rusia, aniquilándolos en los presidios y el destierro!"

El recluso que hacía el papel de furriel había visto, sin duda, alguna representación en un teatro de provincias o de aficionados, y le pareció que ninguno de nuestros actores sabía lo que traía entre manos, entró en escena como los héroes clásicos del antiguo repertorio, a zancadas. Antes aun de levantar la otra pierna, echó la cabeza y el busto hacia atrás, lanzó una mirada feroz a su alrededor y avanzó luego majestuosamente con paso mesurado. Semejante manera de andar es ridícula en extremo; sin embargo, no se oyó entre los reclusos una frase de censura.

Acaba de entrar el furriel cuando por tercera vez se oyen golpes en la puerta. La molinera pierde la cabeza, no sabe qué partido tomar. Al fin se decide e indica a su segundo adorador que se esconda dentro del arcón de la harina.

El recién llegado es también un enamorado como los otros dos, pero viste de brahmán. Una carcajada general acoge su aparición en la escena. El supuesto brahmán es el recluso Kochkin, que representa muy bien su papel, pues sabe caracterizarse de maravilla. Por medio de gestos expresa su amor a la molinera, levantando los brazos y cruzándolos luego sobre el pecho…

Por cuarta vez llaman a la puerta con tal violencia que no deja lugar a dudas acerca de quién puede ser el nuevo visitante. La molinera, aterrada, no sabe qué hacer y el brahmán corre desesperado de un lado para otro, suplicándole que lo esconda. La fiel esposa ayuda a su tercer amante a ocultarse detrás del armario y se pone a hilar, sin hacer caso de los golpes que su marido descarga furiosamente en la puerta.

Sirotkin representaba su papel a la perfección; en su rostro afeminado se reflejaba el mayor espanto. Desesperado, al fin, el molinero, de un tremendo puntapié, abre la puerta de par en par y se acerca a su mujer con el látigo levantado. Lo ha observado todo, pues estaba al acecho, y pregunta por señas a la enamoradiza joven que le diga dónde se han escondido sus amantes. No logra su deseo y se pone a registrar toda la pieza.

Encuentra primero al muchik, su vecino, y lo hace salir de debajo de la mesa a puntapiés y de la casa a fuerza de latigazos. El furriel, asustado, trata de huir y levanta la tapa del arcón, denunciándose a sí mismo, y el apuesto militar ha de salir del molino con pasos menos majestuosos y mesurados de lo que a su gallardía convenía, por la acción del látigo.

No es tan afortunado en su busca del brahmán, pero al fin lo encuentra detrás del armario, lo saluda cortésmente y asiéndole luego por la luenga barba lo lleva al centro del escenario. El brahmán quiere defenderse y grita:

—¡Maldito! ¡Maldito!

Son las únicas palabras que se pronuncian durante la pantomima.

El marido no lo escucha y trata de ajustar las cuentas con su mujer, quien viendo que le ha tocado esta vez arroja torno y huso, y se pone a salvo fuera del aposento. Se oye entonces rodar un puchero, y los presos sueltan la carcajada. Alei, sin mirarme, me coge de la mano y grita: "¡Mira! ¡Mira! ¡El brahmán!". Ríe con tanta gana, que no se puede tener en pie.

Cae el telón y comienza otra escena. Todavía hubo dos o tres más, todas muy divertidas. No las habían compuesto los presidiarios, pero algo pusieron en ellas de su cosecha. Cada actor improvisaba y actuaba con tal destreza, que venía a desempeñar el mismo papel de diferente modo cada noche.

La última pantomima, que pertenecía al género fantástico, terminaba con un baile, durante el cual se enterraba a un muerto. El brahmán verifica diversos encantamientos sobre el cuerpo del difunto, pero nada consigue. Por último se oye el canto: "El sol poniente", y el muerto resucita. El brahmán baila con el muerto, y se acaba el espectáculo con esta escena.

Los reclusos se retiran a sus pabellones respectivos, radiantes de júbilo, elogiando a los actores y deshaciéndose en frases de agradecimiento ante el suboficial que les había permitido llevar a cabo el espectáculo. No se oyen discusiones ni altercados. Todos están satisfechos, son felices en lo que cabe y se duermen con un sueño tranquilo que en nada se parece al de las noches anteriores.

No es esto ilusión mía sino la realidad. Se ha permitido a estos pobres hombres que vivan un momento como han querido, que se diviertan humanamente, que se sustraigan por una hora a su condición de forzados y se cambien moralmente aunque sea por unos minutos…

Es ya entrada la noche. Tengo un sobresalto y me despierto bruscamente. El viejo devoto continúa rezando encaramado en la estufa, y allí estará hasta que amanezca. Alei duerme beatíficamente a mi lado, y recuerdo que, al acostarse, reía aún y hablaba de la representación con sus camaradas… Mis compañeros de cadena también duermen a la oscilante luz del farol. Miro sus rostros de expresión triste, sus pobres lechos, la desnudez y la miseria que nos rodea… los miro y me esfuerzo por convencerme de que aquello no es una pesadilla angustiosa, sino realidad.

Oigo un gemido. Alguno extiende el brazo y hace resonar las cadenas sobre las tablas. Otro se agita y sueña en voz alta, mientras el viejo creyente ruega "por los cristianos ortodoxos". Oigo su plegaria regular, dulce, un poco lánguida: "Señor mío Jesucristo, ten piedad de nosotros…".

—No estoy aquí para siempre sino por algunos años —murmuro y vuelvo a reclinar la cabeza en la almohada.

SEGUNDA PARTE

❀

I
EL HOSPITAL

Pocos días después de las fiestas de Navidad caí enfermo y fui conducido al hospital militar, situado a media versta del penal. Era un edificio de un solo piso, sumamente vasto y pintado de amarillo. Todos los veranos se empleaban numerosos sacos de ocre para enjalbegarlo. En su inmenso patio existen diversas dependencias, destinadas para oficinas, habitaciones para los médicos; el cuerpo principal del edificio constituía el hospital propiamente dicho.

Las salas de este lugar eran numerosas, pero como sólo había dos reservadas para los penados siempre se encontraban llenas y en ocasiones era preciso juntar las camas. Ocupaban estas salas del hospital los desgraciados de todas las categorías, desde los arrestados y los condenados por la jurisdicción militar, hasta los forzados de la sección militar y los que procedían de las compañías disciplinarias.

¡Triste institución en la que se recogía a los soldados de mala conducta para corregirlos y de la cual salían, sin embargo, al cabo de un año o dos, los seres más depravados y los pillos más redomados que sustenta la superficie de la Tierra!

Los penados que se sentían indispuestos lo comunicaban al suboficial, éste inscribía su nombre en un libro de registro y los enviaba al hospital, con la escolta suficiente para impedir la huida.

Llegados al hospital y si estaban realmente enfermos, los hacían quedarse en el benéfico establecimiento. A su llegada los reconocía un médico, el cual los autorizaba para quedarse en el hospital si estaban realmente enfermos.

Por la mañana pedí ser inscrito, y a la una de la tarde, mientras todos mis compañeros se hallaban en el trabajo, me trasladé al hospital, acompañado de un soldado, ocultándome en los zapatos (según había visto a los demás penados en iguales circunstancias) el dinero y varios objetos que me podían ser necesarios.

Atravesé los umbrales del hospital, excitada mi curiosidad por conocer esta nueva fase de la vida del presidio.

El día era templado, nebuloso y triste, uno de esos días en que ciertos edificios como el hospital toman un aspecto tétrico, oprimente, antipático.

Entré, con el soldado que me acompañaba, en la sala de espera, donde se hallaban otros dos reclusos, con sus guardianes respectivos, que habían de ser reconocidos por los doctores. Nos examinó con afabilidad y detenimiento, y nos entregó una hoja con nuestros nombres para que fuéramos admitidos en las salas destinadas a los forzados, donde el médico que las tenía a su cuidado haría el diagnóstico de nuestras enfermedades, recibiría las medicinas y determinaría el régimen alimenticio que debíamos seguir.

En repetidas ocasiones había oído hablar a mis compañeros de cadena agotando el diccionario de los elogios refiriéndose a los médicos.

—Son verdaderos padres —me dijeron cuando entré en el hospital.

Y no me engañaron.

Nos despojaron de todas nuestras ropas para que vistiésemos las del establecimiento: calzones anchos, babuchas, gorros de algodón y una bata de un tejido de tupida trama y forrada de tela y de emplastos. La bata estaba horriblemente sucia, pero no tardé en comprender su utilidad.

Nos condujeron a una de las salas de los penados, situadas al final de un corredor de altas bóvedas y bien aireado. La limpieza exterior nada dejaba que desear; todo brillaba como patenas, o a lo menos así me lo parecía, recordando la horrible suciedad del penal.

Los dos detenidos que me acompañaban penetraron en la sala de la izquierda y yo fui introducido en la situada a la derecha del corredor. Por delante de la puerta, cerrada con grandes cerrojos y candados, paseaba un centinela fusil al hombro y bayoneta calada. El sargento de guardia del hospital le ordenó que me dejase libre el paso, y al punto me encontré en una sala larga y estrecha, en la que había dispuestas veintidós camas, tres o cuatro de ellas desocupadas aún.

Las camas estaban pintadas de verde, eran de madera y sin duda las chinches habían tomado posesión de ellas antes que los enfermos.

Me señalaron una, colocada en un rincón, junto a la ventana. Enfermos graves que no pudiesen abandonar el lecho había muy pocos; en su mayoría, mis nuevos compañeros eran convalecientes o padecían ligeras dolencias, y mientras unos se hallaban tendidos negligentemente en sus camas, otros paseaban a lo largo de la sala por el centro de ella. El aire era pesado, sofocante, impregnado del olor peculiar de los hospitales y de otras emanaciones más ingratas aún al olfato que las medicinas, a pesar de que la estufa funcionaba día y noche.

Levanté las ropas de mi cama y no quedé muy satisfecho de la limpieza de las sábanas ni de la colcha de algodón. Junto a la cama había una mesita con un jarro, un vaso de hojalata y un remedo de servilleta. Sobre la mesa había también una alacena, en la que el enfermo que tuviese la costumbre de tomarlo podía guardar los utensilios del té, y un recipiente de madera para el kvas. Pero los enfermos que se podían permitir estas delicadezas eran pocos.

Las pipas y las bolsas del tabaco, puesto que todos los reclusos fumaban, incluso los enfermos del pecho, las ocultaban entre los colchones. Ni el médico ni los vigilantes ordenaban ni hacían jamás registros, y si sorprendían a alguno con la pipa en la boca volvían la cabeza hacia otro lado para darle tiempo de ocultarla.

Por otra parte, los enfermos eran muy prudentes y fumaban siempre detrás de las estufas, y raras veces en la cama y aun de noche. Era la primera vez en mi vida que había entrado en un hospital en concepto de enfermo y, por consiguiente, todo lo que me rodeaba resultaba nuevo para mí. Observé que mi llegada excitó la curiosidad general y que me miraban descaradamente con ese ligero aire de superioridad de que hacen alarde ante un novato o un infeliz los habituales de las salas de audiencias y de juzgados.

A mi derecha estaba tendido sobre su cama un ex secretario, hijo ilegítimo de un capitán retirado, acusado de monedero falso. No estaba enfermo, pero aseguraba a los médicos que tenía un aneurisma y se dio tal maña para persuadirlos, que se libró de los trabajos forzados y del castigo corporal a que había sido condenado. Al cabo de un año fue recluido en un asilo de T…k.

Era un joven de veintiocho años, vigoroso, de mediana estatura, avispado, más enredador que un abogado; inteligente y de finos modales, pero presuntuoso hasta lo inconcebible. Convencido de que no existía en el mundo un hombre más honrado que él, no se creyó nunca culpable, y en esta persuasión vivió y exhaló su último suspiro.

Éste fue el primero que me dirigió la palabra, interrogándome con curiosidad. Naturalmente, lo primero que me dijo fue que era hijo de un capitán, pues gustaba que lo tuviesen por gentilhombre.

De inmediato se me acercó un enfermo de las compañías disciplinarias con el único objeto de decirme que conocía a muchos nobles deportados, y para convencerme me citó algunos por sus nombres y apellidos. Pero bastaba fijarse en su cara para no dudar de que mentía con desvergüenza. Se llamaba Chekúnov, y bailaba a mi alrededor porque suponía que mi bolsa estaba repleta. En cuanto vio sobre mi mesita un cartucho de té y otro de azúcar, se ofreció espontáneamente a hervir el agua y facilitarme una tetera.

M…tskii me había prometido que me enviaría la mía al día siguiente por conducto de uno de los reclusos que trabajaban en el penal, pero Chekúnov no consintió que esperase y al punto se procuró los utensilios necesarios para hacer la infusión, y aquella misma tarde pude tomar mi acostumbrada taza de té.

El celo extremado que mostraba por servirme le valió las burlas punzantes de los demás enfermos y, sobre todo, del tuberculoso Ustíantsev, el soldado que para sustraerse al castigo de la flagelación ingirió un litro de aguardiente con polvo de tabaco, acarreándose así la tisis que en breve tiempo lo llevó al sepulcro.

Ustíantsev no había despegado los labios desde que yo entré en la sala, y permanecía recostado en su cama respirando con dificultad, pero sin dejar de examinarme de pies a cabeza con aire desdeñoso, y siguiendo con la mirada todos los movimientos de Chekúnov, cuya servidumbre lo irritaba. Su gravedad extraordinaria hacía cómica la indignación que se había apoderado de él.

Finalmente, no pudo contenerse más y exclamó con voz entrecortada y débil, porque sus días estaban ya contados:

—Miren ustedes qué satisfecho está ese lacayo porque ha encontrado amo.

Chekúnov se volvió rápidamente.

—¿A quién llamas lacayo? —le preguntó con acento despreciativo.

—Aquí no se puede dar ese nombre nada más que a ti —repuso Ustíantsev con aire de superioridad, como si tuviera el derecho de mandar a Chekúnov y éste la obligación de obedecerlo.

—¡Que yo soy un lacayo!

—Sí, tú. ¿Eso te sorprende? ¡Tendría gracia que trataras de negarlo!

—¿Y a ti qué te importa? ¿No ves que estos señores están acostumbrados a que se lo hagan todo sus criados y sin ellos no saben valerse? ¿Y por qué no he de servirle yo? Mejor harías en callarte, cara de perro.

—¿Yo cara de perro?

—U hocico de mastín, como mejor te acomode.

—¡Mira quién habla! ¡Pero si a ti te han enviado a presidio por feo!

—Y tú vas a reventar de tonto, ¡y ojalá sea pronto!

—¿De veras? Pero al menos moriré sin haberme rebajado ante ningún hombre. El hijo de mi madre no... no...

Un acceso de tos violentísimo le impidió continuar. El desdichado esputaba sangre, y no pudiendo hablar, agitaba la mano con gesto amenazador, aunque Chekúnov le había dado la espalda encogiéndose de hombros con desdén.

¡Ah! No era la aversión que le inspiraba Chekúnov sino el odio que sentía hacia mí lo que encolerizaba al pobre tísico. No se le habría ocurrido la idea de enojarse con Chekúnov ni de despreciarle porque me sirviese, pues aquél sabía perfectamente que no lo hacía por mi cara bonita sino por mi dinero.

Lo que lo exasperaba hasta el delirio era que yo, a pesar de ser un recluso cargado de cadenas, continuaba siendo un señor que podía permitirme el lujo de tomar té y tener un criado. Sin embargo, yo no deseaba ni buscaba sirvientes. En realidad, yo procuraba hacer por mí mismo todo lo que necesitaba, con objeto de no parecer melindroso ni darme aires de gran señor. No obstante, a despecho de mi resolución, en la que entraba mucho de mi amor propio, me veía siempre asediado por personas serviciales y complacientes que acababan por dominarme, de tal modo que más bien era yo su servidor, aunque a los ojos de todos pasara por un señor que no podía prescindir de criados y gustaba de darme importancia. Esto me desesperaba.

Ustíantsev padecía del pecho y por eso era irascible. Los demás enfermos se limitaban a mirarme con indiferencia no exenta de desprecio. Verdad es que todos estaban a la sazón preocupados por un hecho que ahora acude a mi memoria. Al escuchar sus conversaciones, supe que aquella misma noche conducirían a nuestra sala a un forzado que en aquellos momentos debía estar sufriendo el castigo de las varas, y los enfermos esperaban con cierta ansiedad a su nuevo camarada, aunque se decía que la pena era suave: ¡quinientos varazos!

Examiné rápidamente con la mirada a los enfermos y observé que casi todos padecían escorbuto o afecciones en los ojos, enfermedades muy comunes en aquel país. Otros eran tísicos o anémicos, y como no existían salas para evitar contagios, los reclusos enfermos estaban en contacto con los sanos en la misma sala.

Existían, en efecto, forzados sanos de cuerpo que iban al hospital con el único objeto de tener algunos días de descanso. Los médicos los admitían por compasión, cuando había camas disponibles.

La vida de los cuerpos de guardia y del presidio era tan dura en comparación con la del hospital, que muchos preferían meterse en cama a pesar del aire sofocante y de la absoluta prohibición de salir de la sala. Casi todos los aficionados a este género de vida pertenecían a las compañías disciplinarias.

Examiné también con curiosidad a mis nuevos compañeros. Uno de ellos, especialmente, atrajo mi atención. Estaba tísico y casi moribundo. Su cama estaba algo separada de la de Ustíantsev y frente a la mía. Se llamaba Mijaílov. Lo había visto dos semanas antes en el penal y ya me parecía que estaba muy grave. Habría debido ponerse en cura mucho tiempo antes, pero se burlaba de su enfermedad, y hasta las fiestas de Navidad no ingresó en el hospital, donde murió tres semanas después de tisis galopante.

En la cama contigua yacía un soldado del disciplinario, un viejo mal encarado, repulsivo. Recuerdo a este anciano porque me causó impresión a primera vista y fue el que me inició en las particularidades de la sala de reclusos. Tenía un fortísimo resfriado de cabeza y estornudaba a cada momento: estornudó durante una semana entera, aun en sueños, cinco o seis veces seguidas, repitiendo invariablemente:

—¡Dios mío, qué castigo!

Sentado en la cama, se tapaba ávidamente la nariz con rapé para estornudar más fuerte y con mayor regularidad, y lo hacía sobre un pañuelo de su propiedad, grande y a cuadros y de color chocolate a fuerza de… del uso que se hacía de él.

Cada vez que estornudaba, miraba con cuidado lo que había salido de su pequeña nariz y remangaba y limpiaba aquél en la bata. Hacía esto, porque el pañuelo era suyo y precisaba mirar que el continuo lavado no lo estropease, mientras que la bata se le endosaría a otro enfermo sin pasar previamente por la lejía.

Nuestro pueblo bajo no es muy escrupuloso en esto, pero, en cuanto a mí, sentí que se me revolvía el estómago al ver las asquerosas operaciones de aquel viejo y me puse a examinar con curiosidad y repugnancia la bata que me habían entregado, y… preferible es hablar de otra cosa.

Los condenados a castigos corporales eran conducidos al hospital con las espaldas aún sangrantes, y como los curaban con compresas y ungüentos, la bata que se ponían sobre sus camisas húmedas se impregnaba de olores que no eran nada gratos al olfato. Cada vez que durante el tiempo de mi prisión ingresé en el hospital (y por desgracia era a menudo), me endosaba siempre con desconfianza instintiva la ropa que me entregaban.

A los pocos momentos de haberme servido el té Chekúnov —el agua de nuestra sala, llevada el día antes, se corrompía en seguida bajo la influencia del aire fétido que reinaba—, se abrió la puerta y, vigilado por doble escolta, introdujeron al penado que acababa de sufrir el tremendo castigo corporal. Fue aquélla la primera vez que vi a un hombre recién apaleado; en lo sucesivo, tuve ocasión de ver conducir a muchos.

Los enfermos acogían a aquellos desgraciados con simulada gravedad, que era mayor o menor según la importancia del delito cometido, y, por consiguiente, del número de varazos que le habían suministrado.

Los condenados que habían sido apaleados con crueldad y tenían reputación de terribles bandidos gozaban de un respeto y consideración de que no eran merecedores un desertor o un simple recluta como el que acababa de entrar. No obstante, en ambos casos se manifestaba una simpatía especial; se abstenían todos de hacer observaciones mortificantes, se cuidaba al desgraciado con solicitud y se le ayudaba en sus curaciones, en caso de que lo supiera hacer por sí mismo.

Los mismos practicantes sabían que ponían a los pacientes en manos hábiles y ejercitadas, y no tenían por qué preocuparse. La cura principal consistía en aplicarles muy a menudo en las espaldas paños empapados en agua fría, lavar cuidadosamente las heridas y extraer las astillas que se hubieran clavado al romperse las varas.

Esta última operación era en extremo dolorosa para los pacientes; sin embargo, la soportaban sin exhalar un quejido, con un estoicismo asombroso. Únicamente se nota que sus sufrimientos son atroces al observar su rostro demudado, sus ojos medio salidos de las órbitas, sus labios temblorosos y sus dientes apretados, y la espuma sanguinolenta que sale de sus bocas.

El soldado que habían conducido tenía veintitrés años, era musculoso, apuesto, bien formado, de elevada estatura y tez morena. Sus espaldas desnudas ostentaban huellas imborrables del castigo que acababa de sufrir, y todo su cuerpo abrasado por la fiebre temblaba bajo la empapada sábana en que lo habían envuelto. Durante cerca de una hora no hizo más que pasear de arriba abajo por la sala.

Lo miré al rostro. Parecía que no pensaba en nada; sus ojos, de expresión salvaje, no se detenían en ningún objeto ni en ninguna persona; no obstante, creí que miraba con avidez la humeante taza de té que había sobre mi mesa, y como el desgraciado temblaba de pies a cabeza y le castañeteaban los dientes, le dije que podía bebérsela si gustaba.

Al oír mi invitación, se volvió con rapidez, se acercó a la mesita, tomó la taza y, sin ponerle azúcar ni probar antes la temperatura del líquido, lo apuró sin pestañear, esforzándose por no mirarme.

Cuando hubo bebido, dejó la taza en silencio, sin hacerme siquiera un ademán con la cabeza, y reanudó su paseo. Era evidente que lo atormentaba la idea de tener que hablarme y darme las gracias.

En cuanto a los detenidos, se abstuvieron de interrogarlo: después de haberle aplicado las compresas, no se ocuparon de él, pensando, sin duda, que era mejor dejarlo tranquilo y no fastidiarlo con preguntas ni demostraciones de compasión. El soldado parecía satisfecho de la conducta de sus compañeros.

Caía la noche. Encendieron el farol y las bujías los enfermos que contaban con ellas. El médico hizo su visita postrera aquel día; el suboficial de guardia contó los enfermos y cerró la puerta, después de hacer entrar un enorme bacín que no retirarían hasta la mañana siguiente. Esta transgresión, de las más elementales leyes de la higiene, me sorprendió sobremanera, pero así lo había establecido la costumbre. De día no se dejaba salir a los enfermos más que un minuto; de noche, no había ni que pensar en ello.

El hospital de los forzados no se parecía en nada a los hospitales ordinarios: también allí era un recluso y sufría el castigo a que había sido condenado. Ignoro quién estableció esta regla, pero sé que era completamente inútil y que jamás se manifestó de un modo tan evidente el formalismo absurdo y pedante. Esta regla no fue impuesta por los médicos, pues, lo repito, los reclusos no tenían más que elogios para ellos, a quienes miraban y respetaban como a padres cariñosos.

Los médicos tenían siempre alguna frase amable, alguna palabra cariñosa que les animaba; eran buenos con nosotros por sentimientos humanitarios, porque comprendían que un forzado enfermo tiene derecho a respirar el aire puro como cualquier otro paciente, por encumbrado que estuviera.

Los convalecientes de las otras salas podían pasear con libartad por los corredores, hacer ejercicio, respirar un aire menos infecto que el de nuestra enfermería, corrompido o saturado siempre de exhalaciones deletéreas.

Durante varios años, otro hecho inexplicable me atormentó como un problema insoluble para el que todavía no he podido hallar respuesta; me refiero a las cadenas de las que no libran a ningún enfermo por grave que sea su estado.

Los tísicos expiran con los grillos en los pies… Todos, empero, están habituados a esto y lo admiten como un hecho natural, inevitable. Creo que a nadie, ni aun a los médicos, se les habría ocurrido la idea de solicitar que librasen de las cadenas a los reclusos gravemente enfermos; cuando más, habrían hecho una excepción a favor de los tuberculosos.

A decir verdad, las cadenas no eran excesivamente pesadas, pues su peso oscilaba entre ocho o doce libras, fardo que puede soportar muy bien un hombre sano. Me dijeron, sin embargo, que al cabo de algunos años, las piernas se adelgazan horriblemente y se debilitan a causa de las cadenas.

No sé si será cierto, pero me inclino a creerlo. Un peso, por pequeño que sea (pongamos diez libras, que es el ordinario), llevado siempre en la pierna, aumenta de un modo anormal la pesadez general de la extremidad y a la larga debe ejercer una influencia desastrosa sobre su desarrollo…

Para un forzado que goce de buena salud, esto no es nada; mas ¿se puede decir lo mismo de uno enfermo? Para los que tienen alguna afección en el pecho y cuyas piernas y manos se adelgazan espontáneamente, incluso el peso de una paja les resulta insoportable. Si los médicos reclamaran esta liberación, aunque sólo fuese para los tísicos, harían una verdadera, una gran obra de misericordia.

Se me objetará, tal vez, que los forzados son malhechores, indignos de compasión. Pero ¿es preciso redoblar la severidad con aquellos cuya desventura es tanta? No puedo creer que esta agravación tenga por objeto castigar al penado. Los tribunales dispensan a los tísicos de los trabajos forzosos. Debe haber en esto una razón misteriosa, importante, una precaución saludable, ¿pero de qué clase? He aquí lo que no alcanzo a comprender.

¿Es posible suponer que el tísico trate de escapar? ¿A quién se le puede ocurrir semejante pensamiento, en especial cuando su enfermedad ha llegado a cierto grado? No es fácil engañar a los médicos ni que éstos tomen por tísico a un hombre de salud envidiable. Es esta una enfermedad que se conoce al primer golpe de vista.

Por otra parte (digámoslo, ya que se presenta ocasión), ¿pueden los hierros impedir que un penado se fugue? Los hierros son una difamación, una vergüenza, un peso físico y moral, pero nada más: al menos éste es mi parecer, puesto que no pueden imposibilitar el escape. El forzado más inhábil y menos inteligente sabrá limar o romper los eslabones, sin más instrumento que una piedra y con poco esfuerzo.

Las cadenas son, pues, una precaución inútil; y si se le ponen a los forzados por vía de castigo, ¿no sería humanitario eximir de semejante tormento a un agonizante?

Al escribir estas líneas se presenta a mi imaginación la fisonomía de un moribundo, de un tísico, la de aquel Mijaílov que yacía frente a mi cama y junto a la de otro tísico, Ustíantsev, y que murió, si mal no recuerdo, cuatro días después de su ingreso en el hospital. Conocía muy poco a Mijaílov. Era un joven de veinticinco años a lo sumo, de elevada estatura, flaco y de bellísimo rostro. Pertenecía a la sección especial y se distinguía por su extraña taciturnidad, pero dulce y triste. Se diría que se había disecado en el penal, según la gráfica expresión de los reclusos, que conservaban de él un recuerdo grato.

Yo sólo me acuerdo de que tenía unos ojos bonitos, y la verdad es que no sé porqué me había venido ahora su figura con la nitidez de la memoria. Falleció a las tres de la tarde un día claro y seco; el sol lanzaba sus rayos vívidos y oblicuos a través de los empañados y verdosos cristales de la sala; un torrente de luz inundaba a aquel desventurado, que había perdido ya los sentidos y expiraba tras una larga agonía. Desde la mañana se empañaron sus bellísimos ojos, y no pudo reconocer a los que se acercaban...

Su respiración era lenta, penosa, profunda, interrumpida; su pecho se levantaba con violencia como si ansiase el aire. Primero arrojó al suelo las ropas de la cama y luego comenzó a arrancarse a jirones la camisa, que resultaba para él un peso insoportable. Sus compañeros se la quitaron. Causaba horror ver aquel cuerpo desmedidamente largo, de manos y piernas descarnadas, de vientre hundido y pecho levantado, en el que se dibujaban netamente las costillas como las de un esqueleto.

Sobre este esqueleto no quedaba más que una cruz con un pequeño escapulario y las cadenas de las que fácilmente habrían podido librarse las piernas disecadas que oprimían. Un cuarto de hora antes de la muerte se extinguió todo rumor en la sala: los demás reclusos enfermos hablaban muy quedo y andaban en puntillas, con cautela, para no turbar aquel silencio lúgubre, sepulcral.

De vez en cuando se comunicaban sus expresiones y dirigían miradas furtivas al moribundo, cuyos estertores eran más débiles por momentos. Finalmente, con mano temblorosa e insegura, tocó la cruz que tenía sobre el pecho e hizo ademán de desprendérsela; también le pesaba, le oprimía. Se la quitaron y diez minutos después el infeliz forzado era cadáver.

De inmediato sus compañeros dieron unos golpecitos en la puerta para comunicar el hecho al centinela y al punto entró un vigilante que miró con aire distraído al difunto y fue a llamar al practicante. Era este un joven, demasiado pagado quizá de sí mismo, pero muy simpático.

Vino en seguida, se acercó al cadáver, turbando con el ruido de sus pasos fuertes y ligeros el silencio reinante en la sala, le pulsó con aire desenvuelto que parecía haber tomado para aquella circunstancia, hizo un gesto con la mano y salió.

Sin pérdida de tiempo se dio parte a las autoridades para que se llenasen las formalidades de rigor en estos casos, y mientras llegaban los empleados del hospital, uno de los reclusos dijo en voz baja que era preciso cerrarle los ojos al difunto. Otro, siguiendo este consejo, se acercó en silencio a Mijaílov, le cerró los ojos y, al ver en la almohada la crucecita que le habían quitado, la tomó reverentemente, la besó y se la puso de nuevo sobre el pecho. La cara del muerto se osificaba; un rayo de luz blanco temblaba sobre ella haciendo brillar dos hileras de dientes a través de los labios exangües.

El suboficial de guardia llegó, al fin, acompañado de dos soldados, y avanzó a pasos lentos hacia el lecho mortuorio, examinando de reojo a los penados que lo miraban con aspecto triste. A dos pasos del cadáver se detuvo bruscamente, con visible turbación. Aquel cuerpo desnudo y disecado y cargado de cadenas lo impresionó hondamente, y aunque no estuviese obligado a ello, se descubrió, haciendo la señal de la cruz.

Tenía el rostro severo y la cabeza entrecana; era un soldado que contaba muchos años de servicio. A su lado estaba Chekúnov, de cabellos grises como él, que lo miraba fijamente siguiendo todos sus movimientos con extraña atención.

Sus miradas se cruzaron y observé que a Chekúnov le temblaba el labio superior. El viejo forzado se lo mordió, rechinó los dientes y, tras indicar al cadáver con un movimiento de cabeza, exclamó:

—¡También él tenía madre!

Estas palabras me llegaron al alma. ¿Por qué se le había ocurrido y exteriorizado esta idea?

El cadáver fue levantado junto con su jergón; crujió la paja de maíz y las cadenas tocaron el suelo, produciendo un ruido seco. Las recogieron, echándolas sobre el cuerpo del difunto, y desapareció la fúnebre comitiva. Al punto se rompió el silencio y todos se pusieron a hablar en voz alta. No obstante, oí la voz del suboficial que cuando llegaba al corredor gritó a un soldado que fuese en busca del cerrajero.

¡Había llegado la hora de quitar las cadenas al muerto!

II
CASTIGOS CORPORALES

Los doctores visitaban la sala por la mañana. Hacia las once aparecían todos juntos, acompañando al médico en jefe. Hora y media antes, el nuestro hacía su visita reglamentaria. Era muy joven, afable y apuesto, experimentado en su ciencia y queridísimo de los reclusos. No le encontraban más que un defecto: "demasiado amable". En efecto, era poco comunicativo y hasta parecía confuso ante nosotros; se le demudaba el rostro o enrojecía como la grana a la menor reclamación de los enfermos. Creo que habría consentido en recetar a los pacientes las medicinas que éstos le indicaran; por lo demás, era una excelente persona.

Muchos médicos gozan en Rusia del afecto y del respeto del pueblo, y muy justamente, según he podido observar. Sé que mis palabras parecerán a muchos una paradoja, sobre todo si se considera la desconfianza con que este mismo pueblo mira la medicina y en específico a los extranjeros.

Prefiere, en efecto, aun en las enfermedades más graves, dirigirse a cualquier curandero y emplear remedios caseros (que, por otra parte, no se deben despreciar), que consultar a un doctor o ir a un hospital. Mas esta prevención debe ser atribuida a una causa íntima, que no tiene relación alguna con la medicina; es decir, a la desconfianza íntima del pueblo por todo lo que tiene un carácter administrativo, oficial. No hay que olvidar que el pueblo está asustado y mal prevenido sobre los hospitales, a causa de los relatos, a menudo absurdos, de horrores fantásticos que suponen ocurren en ellos… aunque, por desgracia, en el fondo, esos relatos encierran algo de verdad.

Pero lo que más repugna al pueblo es que lo habrá de cuidar gente extraña durante su enfermedad. Añádase a esto la severidad de la dieta, lo que se refiere de la dureza de corazón de los enfermeros y doctores, de la autopsia de los cadáveres, etcétera. El bajo pueblo piensa, también, que lo curarán señores, ya que para él los médicos no son más que señores; mas una vez que los ha conocido (salvo excepciones, que son muy raras) se desvanecen sus temores.

Este triunfo se debe atribuir a nuestros doctores, especialmente a los jóvenes, los cuales, por regla general, saben ganarse el cariño y la confianza del pueblo. Hablo de lo que yo mismo he visto y experimentado, y no creo que en otras partes ocurra lo contrario. En ciertas poblaciones lejanas, los médicos admiten propinas, abusan de sus hospitales y descuidan a los enfermos, y aun a veces se olvidan de su propia ciencia.

Pero esos apóstatas, esos lobos introducidos en el aprisco, tratan en vano de excusarse echando la culpa al ambiente que les rodea y los ha corrompido; su proceder no tendrá jamás justificación posible, sobre todo si han perdido todo sentimiento humanitario. Y la humanidad, la afabilidad, la compasión fraternal son precisamente los remedios más eficaces para el enfermo. Hora sería ya de que cesáramos de lamentarnos con apatía de las circunstancias que nos han infiltrado la gangrena. Hay en esta excusa un fondo de verdad, pero el bribón astuto que sabe salir de todos los aprietos lo primero que hace es disculparse con el ambiente en que se halla y logra conseguir el perdón, más aun si maneja bien la lengua o la pluma.

Pero me he separado de la cuestión; quería únicamente decir que el pueblo bajo es desconfiado y siente profunda antipatía más bien hacia la medicina administrativa, que hacia la persona de los médicos. Cuando los ve y los trata de cerca, se desvanecen todos sus prejuicios.

Nuestro médico se detenía en general ante la cama de cada enfermo, lo interrogaba con seriedad y atención, y recetaba después con la misma simpática gravedad. A veces notaba que el pretendido enfermo gozaba de completa salud y que había ido allí con el doble objeto de descansar de los rudos trabajos forzados y dormir sobre un jergón en una habitación caldeada, preferible siempre a los bancos del cuerpo de guardia donde se aglomeraban los procesados en pésimas condiciones, pues en Rusia son peor tratados los que sufren prisión preventiva que los condenados a las más graves penas.

En estos casos, el médico inscribía en su lista al supuesto enfermo como afectado de "fiebre catarral" y le permitía estar en el hospital una semana. Todos se reían de esta "fiebre catarral", porque sabían que era la fórmula admitida en una conspiración entre el doctor y el paciente para indicar una enfermedad fingida.

A veces el enfermo imaginario abusaba de la complacencia del doctor y prolongaba su permanencia en el establecimiento hasta que lo arrojaban a viva fuerza. Entonces había que ver al bueno del médico luchando con la testarudez del forzado y aconsejándole que solicitase ser dado de alta en el penal, aunque podía hacerlo por su cuenta si escribía sencillamente en la hoja respectiva esta única palabra: "curado".

—Tienes que marcharte —le decía afablemente—; ya estás curado y debes darte cuenta de que faltan camas, que el local es reducido y esperan otros enfermos.

Y al fin, el obstinado recluso, herido en su amor propio, accedía a los ruegos del que tenía derecho a mandar sin contemplaciones.

El médico en jefe, aunque compasivo, honrado y muy querido de los penados, era incomparablemente más severo y resuelto que nuestro doctor. En ciertas ocasiones empleaba una severidad implacable que le granjeaba el respeto de mis compañeros. Llegaba a nuestra sala, acompañado siempre de los otros médicos cuando el nuestro había verificado sus visitas, y diagnosticaba cada caso particular, deteniéndose en especial con los enfermos graves, a los que dirigía frases de aliento y consuelo.

No despedía nunca a los pacientes fingidos, pero si alguno se obstinaba en permanecer más tiempo del debido en el hospital, lo daba de alta, diciéndole con sequedad:

—Vaya, amiguito, ya has descansado bastante; vete y no abuses de nuestra complacencia.

Los que se obstinaban en no marcharse eran, por lo general, reclusos extenuados por el trabajo en los interminables días de verano o los condenados que habían de sufrir el castigo corporal. Recuerdo que fue preciso emplear una severidad implacable y cruel para expulsar a uno de éstos. Había ingresado para que le curaran una afección en los ojos y se quejaba de agudísimos dolores en los párpados. Lo sometieron a diversos tratamientos: vejigatorios, sanguijuelas, inyecciones de soluciones corrosivas, pero todo en vano: el mal permanecía estacionado, la inflamación no aumentaba ni disminuía, y los ojos continuaban encendidos. Los médicos comprendieron, al fin, que su enfermedad era fingida.

Tiempo hacía que los demás reclusos sabían a la perfección que estaba representando una comedia y que engañaba a los doctores, aunque él nada hubiera confesado. Era un joven robusto y bien hecho, pero que no produjo desde el primer momento una impresión muy agradable a sus compañeros, pues era, además, disimulado, sombrío, desconfiado e insociable.

Muchos temían que diese un golpe de mano, porque había sido condenado a recibir mil varazos e ingresar después en las compañías disciplinarias, pues era soldado. Su delito: robo con circunstancias agravantes. Este temor era muy fundado, pues, como he dicho en otro lugar, los condenados a los castigos corporales no vacilaban en cometer un asesinato con tal de diferir la ejecución de la sentencia. El ladino se frotaba los ojos con cal todas las mañanas antes de la visita, y por esta razón los tenía siempre enrojecidos cuando lo examinaban los médicos.

Finalmente el médico en jefe lo amenazó con emplear las ortigas para curarlo, como si se tratase de un caballo. No por esto se desanimó el fingido enfermo: era demasiado tozudo o demasiado cobarde. Por muy dolorosa que fuese la operación no podía comparársele con el castigo que lo esperaba.

Y los doctores llevaron a cabo su amenaza. Asieron la piel del cuello del paciente y, tirándola hacia atrás cuanto era posible, le practicaron una doble incisión a lo largo y a lo ancho, introduciéndole luego una torcidita de algodón del grosor de un dedo. Cada día, a hora fija, tiraban del algodón adelante y atrás para levantar más la piel con objeto de que la herida supurase y no se pudiera cicatrizar.

El pobre diablo soportó varios días este tormento, que le ocasionaba dolores horribles, pero al fin se decidió a pedir el alta. En menos de veinticuatro horas tuvo los ojos completamente curados, y apenas se le cicatrizó la herida del cuello fue trasladado al cuerpo de guardia donde sufrió al día siguiente el temido castigo.

Penosos son los momentos que preceden al suplicio, tan penosos, que he hecho mal en llamar cobardía el temor que experimentan los condenados. Preciso es que sea terrible este castigo para que los forzados cometan las mayores atrocidades y agraven su pena, con tal de aplazar su ejecución.

Sin embargo, tal vez recuerde el lector que he hablado de reclusos que han solicitado ser dados de baja en el hospital antes de estar completamente curados de sus heridas, con objeto de recibir cuanto antes el resto de los golpes señalados en la sentencia. Para éstos, la vida del cuerpo de guardia era ciertamente peor que para cualquier otro forzado. La costumbre de ser apaleado contribuye a dar intrepidez y resolución a los condenados. Los que han sido apaleados a menudo tienen las espaldas y el alma encallecidas, y acaban por considerar tan tremendo castigo como un ligero contratiempo y, por consiguiente, no lo temen.

Uno de nuestros forzados de la sección especial, un calmuco convertido al cristianismo, llamado Aleksandr, o Aleksandra, según lo denominaban en broma sus compañeros (un tipo raro, más vivo que el diablo, intrépido y audaz, pero bueno en el fondo), me dijo en cierta ocasión que había recibido cuatro mil palos.

Hablaba de este castigo riendo y tomándolo a broma, pero me aseguró muy seriamente que, de no haber estado acostumbrado a los palos desde su infancia, pues en su tribu se los propinaron a granel, según demostraban las cicatrices con que tenía cubierta la espalda, no habría soportado los cuatro mil varazos que le suministraron en el presidio. Bendecía la educación que tuvo a base los azotes.

—Me pegaban —me decía, sentado en su cama junto al fuego—, por la cosa más insignificante. Me pegaron sin motivo varias veces al día durante quince años, y me pegaba el que quería, por lo cual me acostumbré perfectamente a los palos.

Había sido soldado, y otro día me habló del miedo cerval que se apoderó de él al saber que lo habían condenado a recibir cuatro mil varazos por haber matado a un superior.

—Pensaba —me decía— que el castigo era excesivo y que, por muy habituado que estuviese a los palos, moriría en la operación. ¡Demonios! ¡Cuatro mil varazos no son poca cosa! Por añadidura, todos mis jefes estaban de un humor de los mil diablos y deseaban descuartizarme por aquel asuntillo.

"Sin duda yo estaba persuadido de que no escaparía con vida. ¿Cómo impedirlo? Se me ocurrió hacerme cristiano, creyendo que así me perdonarían. Mis compañeros me aseguraban que nada adelantaría; sin embargo, yo me decía: '¡Quién sabe! Tal vez serán más compasivos con un bautizado que con un mahometano'.

"Recibí, pues, el bautismo, y me impusieron el nombre de Aleksandr. Pero, ¡qué quieres!, no me rebajaron ni un palo de la cuenta a pesar de mi conversión.

"Esto, naturalmente, me llenó de indignación y juré que me burlaría de todos, y me burlé, no una, sino varias veces. Yo sé perfectamente hacerme el muerto o, mejor dicho, si me empeño, no hay quien dude de que estoy agonizando.

"Pues bien, me condujeron ante el pabellón y recibí los primeros mil palos. Se ensañaban terriblemente conmigo y me propinaron el segundo millar. Llegado el momento, caigo al suelo desplomado y privado de los sentidos, arrojando espuma por la boca. No respiraba siquiera. Llega el médico y declara formalmente que estoy agonizando y me llevan al hospital donde en seguida recobro los sentidos.

"Dos veces más me hicieron pasar bajo las varas. ¡Qué furiosos estaban! Pero volví a burlarme de ellos. Recibí el tercer millar de palos, y de nuevo me hice el muerto. En el cuarto, juro por mi fe que cada golpe debía contarlo por tres. ¡Qué manera de apretar la mano! Aquéllas no eran varas, sino cuchillos afilados que se me hundían en las carnes, y si no hubiera vuelto a morirme cuando aún faltaban doscientos palos para liquidar la cuenta, creo que me habrían matado de veras.

"Pero no perdonaron ese pequeño saldo: cuando los médicos, que por segunda vez habían caído en la trampa, me declararon solvente, tomaron mis acreedores un desquite tremendo, porque los últimos doscientos varazos valían por sí solos más que los tres mil ochocientos que llevaba descontados.

"Yo me reía, empero, de todo aquello, porque estaba acostumbrado a esas caricias. Eso sí, si no llego a estarlo, dejo la piel para siempre.

"¡Bueno me pusieron, sin embargo!", añadió con aire pensativo, terminando su relato. Parecía que repasaba la cuenta de los golpes que había recibido.

—¿Sabe usted —prosiguió tras una breve pausa—, que sueño siempre que me están apaleando?

En efecto, durante el sueño lanzaba alaridos que despertaban sobresaltados a los demás penados. Este hombre robusto, de pequeña estatura, de cuarenta y cinco años, ágil y jovial, estaba en buena armonía con todos, aunque dispuesto siempre a apoderarse de lo que no le pertenecía. Por este motivo lo castigaban a menudo. ¿Pero quién era el forzado que no robaba, sin que fuera apaleado por sus raterías?

Añadiré sobre este particular que me asombraba la resignación extraordinaria y la absoluta carencia de rencor de aquellos desgraciados cuando hablaban del suplicio y de los jefes encargados de su ejecución. En sus relatos, que a veces me oprimían el corazón, no se notaba ni sombra de odio.

No sucedía lo mismo a M…tskii, el cual sólo había recibido quinientos azotes. Éste nunca me había hablado de ello, y cuando le pregunté si era cierto me contestó afirmativamente con aire desabrido, que denunciaba todo el rencor que encerraba su alma. Se puso rojo como la grana, y cuando levantó los ojos, que mantenía fijos en el suelo, vi brillar una llama de odio, y sus labios temblaron de indignación. Comprendí que jamás olvidaría aquella negra página de su historia.

Mis compañeros, por el contrario, consideraban de un modo muy diferente su desventura, sin que esto quiera decir que no hubiese alguna excepción.

"Es imposible", pensaba yo a veces, "que tengan conciencia de su culpabilidad y de la justicia de su pena, sobre todo cuando obraron no contra sus compañeros, sino contra sus jefes. La mayoría de ellos no se considera culpable.

He dicho ya que nunca observé en los forzados ni sombra de remordimiento cuando habían perpetrado su crimen sobre personas de su misma condición. Cuando las víctimas habían sido sus jefes, no había que pensar siquiera en la posibilidad de ese remordimiento. Me parecía que en estos casos tenían un modo de ver perfectamente práctico y empírico. Se atribuía el hecho al destino, a la fatalidad, al arrebato y a la obcecación, y lo consideraban una acción inconsciente.

El forzado se da siempre la razón a sí mismo en todos los delitos cometidos contra sus superiores. La lucha entre la administración y el recluso es de igual modo encarnizada. Lo que contribuye a justificar al delincuente a sus propios ojos es la certidumbre de que su sentencia será juzgada con criterio diferente en el medio en que ha vivido, y sabe que el pueblo bajo no le considerará definitivamente perdido, a menos que el delito lo haya cometido precisamente contra personas de su misma esfera, de su misma condición.

Sobre este punto está tranquilo: conoce que pisa sobre terreno firme y no odia el knut que se le suministra. Lo considera sólo inevitable, se consuela pensando que no es el primero que lo ha recibido ni será el último; y esta lucha sorda durará mucho tiempo. ¿Detesta, acaso, el soldado al turco contra el cual combate? No, por cierto; sin embargo, éste lo atraviesa de parte a parte con su bayoneta, lo aplasta, lo mata.

No se crea, empero, que estos relatos los hacían siempre con indiferencia y sangre fría. Cuando hablaban del lugarteniente Cherebiátnikov, lo hacían siempre con indignación mal reprimida. Conocí al lugarteniente Cherebiátnikov durante mi primera permanencia en el hospital, por medio, naturalmente, de las conversaciones que oía a los reclusos. Lo vi más tarde una vez que mandaba la fuerza destacada en el penal. Tenía treinta años, era de elevada estatura, grueso y corpulento, de rostro encendido y labios salientes. Sus dientes eran blanquísimos y su sonrisa horrible como la de Nosdriev.

Al verlo se adivinaba en seguida que era un hombre incapaz de reflexionar. Cuando era designado para dirigir la ejecución de una sentencia de apaleamiento o flagelación, gozaba lo indecible, con loca pasión.

Justo es hacer constar que los demás oficiales tenían a Cherebiátnikov por un monstruo y que los forzados eran de la misma opinión. Hubo un tiempo, no tan lejano que haya podido ser olvidado, en que ciertos ejecutores de la justicia estaban enamorados de su horrible profesión.

Por lo general, los que presidían las ejecuciones lo hacían con tranquilidad, sin enardecerse. Mas el oficial a quien me refiero era una excepción, un verdadero sibarita en materia de suplicios. Era sumamente apasionado por su arte, lo amaba por sí mismo. Cual corrompido patricio de la Roma imperial, pedía a este arte cierto refinamiento, ciertos placeres contra natura, para excitar sus sentidos y experimentar nuevas sensaciones.

Llevan un penado a sufrir el castigo que le ha sido impuesto; el oficial de servicio es Cherebiátnikov. La sola vista de la larga fila de soldados armados de gruesas varas lo enajena de placer. Les pasa revista con aire satisfecho y exhorta a todos y a cada uno a cumplir a conciencia con su deber, pues, de lo contrario… los soldados ya saben lo que significa este modo adverbial.

Adelanta al reo. Si no es conocido aún de Cherebiátnikov, lo hace objeto de sus sangrientas burlas, con lo que experimenta un vivísimo placer. Todo condenado, cuando ha sido despojado de sus ropas, de cintura para arriba, y conducido ante la presencia del oficial, atado a la culata de un fusil para recorrer así la "calle verde", esto es, la fila de soldados armados de varas, suplica con voz débil y lastimera al oficial ejecutor que dulcifique en cuanto sea posible la sentencia y no emplee una severidad superflua.

—Nuestra nobleza —le dice— es buena, le suplico que tenga compasión de mí. Toda mi vida rogaré a Dios por nuestra nobleza… No me mate… Sea compasivo…

Cherebiátnikov, que espera precisamente esto, suspende la ejecución y entabla un diálogo con el reo, empleando un acento conmovedor y sentimental:

—Pero, amigo mío —le dice—, ¿qué quieres que yo haga? No soy yo el que te castiga, sino la ley.

—Nuestra nobleza puede hacer todo lo que quiera en estos casos. ¡Tenga piedad de mí…!

—¿Pero crees tú que yo no te compadezco? ¿Supones que disfruto viendo cómo te apalean? ¡Yo también soy hombre, caramba!

—Ciertamente, nobleza. Ya se sabe que los señores oficiales son para nosotros como padres, que nos miran como a sus hijos… ¡Sea para mí un padre, nobleza! —exclama el desventurado reo, entreviendo una probabilidad de sustraerse al castigo.

—Así, pues, amigo mío, juzga por ti mismo, ya que Dios te ha dado un cerebro para reflexionar. Yo sé muy bien que por humanidad debo ser condescendiente y misericordioso con los pecadores…

—Dice muy bien nuestra nobleza —interrumpe el condenado abriendo el pecho a la esperanza.

—Sí, yo debo ser misericordioso contigo, por muy culpable que seas. ¡Pero, lo repito, no soy yo quien te castiga, sino la ley! Es preciso que lo tengas en cuenta. Yo sirvo a Dios y a la patria, y por consiguiente, cometería una grave falta y un pecado si atenuase la pena que te han impuesto…

—¡Oh, nobleza…!

—Veamos, ¿qué quieres que haga? Bueno, pase por esta vez. Sé que cometo una falta, pero voy a darte gusto… Suavizaré el castigo… ¡Quién sabe, sin embargo, si este favor redundará en perjuicio tuyo! No importa, así te acordarás siempre de mí y no harás en lo sucesivo nuevas barbaridades. No obstante, mi conciencia…

—¡Oh, nobleza… Yo le juro que…!

—Bueno, bueno, ¿me juras que te portarás bien en lo sucesivo?

—Que el Señor me mate en este trance, y en el otro mundo…

—No jures, que a veces el Señor escucha los ruegos que se le dirigen y acaso te convenga que no oiga tus juramentos.

—¡Ah, nobleza!

—Pues bien, escucha: me compadeceré de tus lágrimas de huérfano, porque supongo que eres huérfano, ¿no es cierto?

—Huérfano de padre y madre, nobleza; estoy solo en el mundo.

—Bueno, tus lágrimas de huérfano me han enternecido. Pero ten entendido que será la primera vez y la última.

Y añadía con acento tan conmovido que el reo no sabía cómo expresar su agradecimiento.

—Llévenselo.

La terrible comitiva se ponía en marcha, al redoble del tambor; los soldados levantaban las varas.

—¡Duro! —gritaba Cherebiátnikov—. ¡No le dejen hueso sano! ¡Arránquenle a tiras el pellejo! ¡Háganlo trizas! ¡Duro! ¡Más duro todavía! ¡Denle con todas sus fuerzas a ese pobre huérfano!

Los soldados, enardecidos por estas excitaciones, descargaban las varas con todas sus fuerzas sobre la espalda de aquel desgraciado, cuyos ojos despedían llamas, mientras Cherebiátnikov corre en pos de los apaleadores desternillado de risa. ¡Cómo goza el malvado! Aquel bárbaro espectáculo lo divierte, ríe a carcajadas estrepitosas y repite con bien timbrado acento:

—¡Duro! ¡Duro! ¡Háganme pedazos a ese bribón! ¡Acaricien como se merece a ese desdichado huérfano, que está muy necesitado de cariño!

Su programa era variado en estos casos. Llevan otro penado para que sufra el mismo castigo, y suplica al teniente que tenga compasión de él. Esta vez no se las da Cherebiátnikov de misericordioso, y dice con brutal franqueza al condenado:

—Quiero castigarte con todo rigor porque lo tienes muy merecido; sin embargo, voy a hacerte una gracia: no serás atado a la culata del fusil, sino que correrás con toda la agilidad de tus piernas delante de los soldados. Claro está que no escaparás porque esos amiguitos no son mancos ni las varas cortas; recibirás, pues, más de un palo, pero recorrerás la calle en menos tiempo. Vamos a ver, ¿qué te parece?

El condenado lo ha escuchado con desconfianza y recelo, pero se ha dicho: "¡Quién sabe! Tal vez este procedimiento me resulte más ventajoso, pues si corro con todas mis fuerzas, malo ha de ser que no me ahorre algún palo". Y añade en voz alta:

—Pues bien, nobleza, acepto.

—Y yo no me desdigo. ¡Mucho ojo, pues, con distraerse —prosigue, dirigiéndose a los soldados—: que no les falle ningún golpe!

Cherebiátnikov sabe a la perfección que la recomendación huelga, pues al soldado que no diese en el blanco no lo salvarían ni los padres de gracia.

El forzado arranca a correr como si llevase el diablo en los talones; mas a los primeros pasos comienza a caer sobre su espalda una lluvia de palos formidables, y rueda por el suelo como fulminado por el rayo.

—¡Ah, nobleza —exclama, con voz temblorosa—, prefiero atenerme al reglamento!

Cherebiátnikov lo escucha riendo a mandíbula batiente. Sería muy prolijo referir todo lo que se contaba de aquella fiera con figura humana.

Se hablaba también en nuestra sala de un lugarteniente llamado Smekálov, que ejercía las funciones de comandante de la plaza antes de la llegada de nuestro mayor actual. Su nombre se pronunciaba acompañado siempre de los más subidos elogios.

Aquel lugarteniente no era un enamorado del castigo de flagelación, pues su carácter y sus sentimientos diferían completamente de los de Cherebiátnikov. Sin embargo, no era nada clemente con los condenados. Sus ejecuciones se recordaban con satisfacción. Había conseguido captarse la simpatía de los reclusos y hacerse popular entre ellos. ¿Cómo realizó este milagro? Del modo más sencillo.

Nuestros camaradas olvidan fácilmente todos los tormentos si el que se los inflige les dirige después alguna palabra afectuosa. Smekálov no ignoraba esto, pues es condición natural del bajo pueblo ruso, y supo aprovecharse de esas buenas disposiciones.

—Era tan bueno como el mejor de los padres —decían a veces los reclusos, en especial cuando comparaban a su antiguo director con el actual—. Tenía un corazón de oro.

Smekálov era un hombre sencillo, bueno, quizá, a su manera. No obstante, hay jefes que son no sólo buenos, sino compasivos, y los reclusos los detestan, se burlan de ellos y únicamente los respetan por temor. Smekálov supo, empero, conducirse con tanto tino, que los penados lo tenían por su hombre.

Es esta una cualidad innata, un mérito excepcional del que no suelen darse cuenta los que lo poseen.

Existen muchos hombres que, sin tener nada de buenos, logran hacerse de una bien cimentada reputación de bondad. Atribuyen la causa de esta fama al hecho de no despreciar a los humildes que están bajo sus órdenes, y creo que tienen razón. No parecen grandes señores, tratan con amabilidad al pueblo, se amoldan a sus costumbres, respetan sus usos, y el pueblo daría con placer su vida por ellos. Gustosos cambiarían un gobernante o un jefe que fuese la bondad personificada, por otro, rígido y severísimo, que tuviese ese aire de pueblo que tanto les encanta. Y si, por añadidura, este jefe o gobernante es amable, miel sobre hojuelas.

El lugarteniente Smekálov, como he dicho, castigaba a veces con excesiva severidad, pero lo hacía con tal aire de pesar, que los reclusos no le guardaban rencor, antes al contrario, celebraban como un espectáculo divertido las ejecuciones que presenciaba o dirigía.

Smekálov se divertía también gastando bromas a los que sufrían el castigo, pero en forma muy distinta de Cherebiátnikov y siempre de la misma manera; o sea, haciéndole preguntas sobre cosas que no venían a cuento y que regocijaban a los que lo oían. Se hacía llevar una silla y examinaba una por una las varas que se habían de emplear en el suplicio. La víctima le imploraba que tuviese compasión de él.

—Lo siento mucho, amiguito —le contestaba con afabilidad—, pero nada puedo hacer por ti, sino aconsejarte que te tiendas en seguida para acabar cuanto antes este enojoso asunto.

El condenado lanzaba un suspiro y se echaba al suelo.

—Dime, buena pieza —le decía entonces Smekálov—, ¿sabes leer de corrido?

—Sí, nobleza, he sido bautizado y desde la infancia me enseñaron a leer.

—Pues bien, lee...

El condenado sabe de antemano qué es lo que ha de leer y cómo acabará esta lectura, porque la broma se ha repetido ya treinta veces y no hay penado que la ignore.

Los soldados, con las varas levantadas, esperan la señal para descargarlas sobre la espalda desnuda de la víctima, y ésta empieza a leer.

Al llegar a la palabra piedad, el lugarteniente se quita la pipa de la boca y con gesto inspirado grita a los ejecutores:

—Sean ustedes piadosos. Y se suelta a reír.

Los soldados que rodean al lugarteniente le hacen coro y la víctima sonríe también, aunque a la voz de mando convenida: "Sean ustedes piadosos", silban las varas y caen sobre su espalda como navajas de afeitar.

El lugarteniente se marcha satisfecho de su jugada, y media hora después el pobre apaleado vuelve al penal para contar, riendo a carcajadas, la trigésima repetición de la feliz ocurrencia de Smekálov.

—¡Qué gracia tiene ese hombre! ¡Qué buen corazón! —exclaman a una voz los que lo oyen.

—No lo dejarán estar mucho tiempo aquí, porque es el hombre que nos conviene —observaba otro—. Los jefes buenos no hacen los huesos duros en el penal.

III
TODAVÍA EL HOSPITAL

He hablado ahora de los castigos corporales y de quienes los ejecutaban, porque no tuve una idea exacta de estas cosas hasta que ingresé en el hospital. Lo que sabía era sólo de oídas.

En nuestra sala estaban recluidos todos los condenados de los batallones que habían de recibir los schipitzruten. Había también algunos pertenecientes a secciones militares de la guarnición y de los destacamentos que dependían de ella.

Durante los primeros días yo no hacía más que observar lo que sucedía a mi alrededor, con tanta más curiosidad cuanto que estas costumbres extrañas y aquellos presos apaleados, o a punto de serlo, me causaban una impresión terrible.

Estaba conmovido, asustado. Escuchando sus conversaciones o los relatos de los otros detenidos sobre este tema me forjaba problemas que trataba luego de resolver.

Quería conocer absolutamente todos los grados de las condenas y de las ejecuciones y los pareceres de los penados sobre el particular. Trataba de figurarme el estado psicológico de los castigados. Ya he dicho que era muy raro que un detenido conservase toda su sangre fría antes del momento fatal, aunque ya supiese por experiencia cuán terrible era semejante castigo.

El condenado experimentaba un miedo horrible, pero simplemente físico, un miedo inconsciente que atrofiaba todo otro sentimiento. Durante los varios años que permanecí en el penal, tuve ocasión de estudiar con detenimiento a los condenados que solicitaban ser dados.

Esta interrupción del suplicio es casi siempre solicitada por el médico que asiste a las ejecuciones. Si el número de golpes que han de recibir es demasiado grande para que pueda ser suministrado con impunidad de una sola vez al detenido, se divide en dos o tres secciones, según el parecer del médico que presencia la ejecución. En general se suministran quinientos, mil o mil quinientos de una sola vez; pero, si se trata de dos mil o tres mil, se reparten en dos o tres veces. Los que tenían ya la espalda curada y debían recibir aún el resto de la pena estaban tétricos, melancólicos, taciturnos el día previo a su salida del hospital.

Se notaba en ellos un embobamiento muy visible que trataban de disimular con una despreocupación extremada. Estos no entablaban jamás conversación con ninguno y permanecían casi siempre silenciosos. Y, cosa rara, los reclusos se abstenían sistemáticamente de dirigir la palabra a los que habían de ser castigados y, sobre todo, no hacían ninguna alusión al castigo que sufrirían.

Nada de consuelos ni de palabras superfluas; no se les hacía caso, y esto era con toda seguridad lo que preferían los condenados. Se contaba, no obstante, con alguna excepción, como Orlov, del que ya he hablado.

Éste se desesperaba porque su espalda tardaba en curarse y no veía llegar la hora de salir del hospital para acabar de una vez con el resto de su castigo de varas, ser incorporado a una expedición de penados y tener ocasión de fugarse durante el viaje.

Era un viejo zorro, una naturaleza ardiente y apasionada, atento únicamente al objeto que se hubiera prefijado. En el momento de su llegada parecía contentísimo y en un estado de excitación anormal, aunque disimulaba sus impresiones.

Antes de pasar bajo las varas, temió sucumbir a mitad del castigo. Había oído hablar de las medidas que a su respecto tomara la administración cuando estaba aún pendiente de las resultas del proceso, y, por tanto, se había preparado para morir. Mas, apenas recibió la mitad de los varazos a que había sido condenado, recobró todo su valor.

Cuando llegó al hospital, yo no había visto llagas semejantes; no obstante, estaba radiante de júbilo. Ahora no dudaba ya de que sobreviviría al resto de la pena; los horrores que le habían contado eran, a su juicio, pura invención, puesto que habían consentido en interrumpir el suplicio.

Tras su larga prisión preventiva, comenzaba a soñar con el viaje, con la fuga, con la libertad, con los bosques, con los campos… Sin embargo, dos días después de salir del hospital, volvía a él para morir en el mismo lecho que había ocupado durante su primera permanencia; no soportó la segunda mitad del castigo.

Todos los penados, sin excepción, incluso los más pusilánimes, atormentados antes de la ejecución por el pensamiento del castigo que les esperaba, lo soportaban luego animosamente; era raro que se oyesen gemidos la noche misma de la ejecución.

Pregunté a varios de mis compañeros de cadena sobre la intensidad de este dolor, con objeto de determinarlo con exactitud y saber con cuál sufrimiento se podía comparar; no era la curiosidad lo que me impulsaba a hacer estas preguntas, sino, lo repito, la conmoción y el espanto. Pero en vano interrogaba; no pude obtener una respuesta satisfactoria. Todos me contestaban invariablemente:

—¡Quema como el fuego!

El primero a quien pregunté fue a M…tskii, el cual me contestó:

—Quema como el fuego, como el infierno. Parece que se tienen las espaldas en contacto con un horno encendido.

Todos absolutamente decían lo mismo.

Hice otro día una extraña observación, que tal vez no fue bien fundada, aunque la confirmara la opinión de los mismos penados; esto es, que las varas son el suplicio más terrible que se aplica en Rusia.

A primera vista parece absurdo, imposible; sin embargo, es de tener en cuenta que quinientos varazos, y aun cuatrocientos, son suficientes para matar a un hombre; más de quinientos, la muerte es casi segura. Un hombre de complexión ordinaria soporta mil azotes sin peligro; dos mil pueden acabar con un hombre de mediana fuerza, bien constituido. Todos los penados aseguran que las varas son peores que el látigo.

—Las varas queman más y hacen sufrir incomparablemente más —dicen ellos.

Que torturan más, es evidente, porque irritan y obran sobre el sistema nervioso, que sobreexcitan de modo extraordinario. No sé si existen ya (no hace mucho tiempo eran numerosos) algunos de aquellos señores para quienes apalear a una víctima constituía un placer inefable, un placer digno del marqués De Sade y de la Brinvilliers. Creo que éste estriba en una carencia absoluta de corazón, y que esos señores deben gozar y sufrir al mismo tiempo.

Existen personas que dejan pequeños a los tigres en ferocidad y avidez de sangre. Los que han poseído este poder ilimitado sobre la carne, sobre la sangre y sobre el alma de sus semejantes, de sus hermanos; los que han ejercido este poder y están facultados para envilecerse a sí mismos con el envilecimiento supremo de otro ser, son incapaces de resistir a sus propios deseos y a su sed insaciable de sensaciones. La tiranía es una costumbre susceptible de desarrollo y a la larga se convierte en enfermedad incurable. Sostengo que el mejor hombre del mundo se puede endurecer y embrutecer hasta el extremo de no distinguirse en nada de una fiera.

La sangre tiene el poder de embriagar y favorecer el desarrollo de la dureza del corazón y del desenfreno. El espíritu y la razón son entonces accesibles a los fenómenos más anormales, que parecen goces inefables. El hombre y el ciudadano desaparecen para siempre en el tirano, y entonces se hace imposible la vuelta a la dignidad humana, el arrepentimiento, la resurrección moral. Añádase que la posibilidad de ejercer semejante poder influye por contagio sobre la sociedad entera, porque es avasalladoramente seductor.

La sociedad que mira estas cosas con indiferencia está ya infectada hasta la médula. En una palabra, el derecho concedido a un hombre para infligir castigos corporales a un semejante suyo es una de las peores llagas de nuestra sociedad y el medio más seguro de extinguir el amor al prójimo. Este derecho contiene los gérmenes de una descomposición inevitable, inminente.

La sociedad desprecia al verdugo de profesión, pero no al verdugo-señor. Todo encargado de fábrica y todo capataz deben sentir un placer irritante al pensar que el obrero sujeto a sus órdenes depende de él, junto con toda su familia. Estoy seguro de que en una generación no se extirpa tan fácilmente lo que tiene de hereditario. El hombre no puede desprenderse de lo que lleva en la sangre, de lo que ha mamado del seno materno. Estas revoluciones son difíciles de realizar. No consiste todo en confesar la propia culpa y el pecado original. Esto es poco, demasiado poco, es preciso arrancarlo, desarraigarlo, lo cual no es obra de un momento. He hablado del verdugo.

Los instintos de un verdugo se encuentran, generalmente hablando, en todos nuestros contemporáneos; pero los instintos animales del hombre no se desarrollan con uniformidad: cuando éstos sofocan todas las otras facultades, el hombre se convierte en un monstruo odioso.

Existen dos clases de verdugos: los que lo son por voluntad espontánea y los que ejecutan por deber, por oficio. El verdugo espontáneo vale, en todos conceptos, mucho menos que el verdugo pagado, que inspira una aversión profunda, una repugnancia invencible, un miedo irreflexivo, casi místico.

¿De dónde procede este horror casi supersticioso hacia el verdugo profesional, mientras que se mira con indiferencia y compasión a los otros? El verdugo obligado es un recluso elegido para estas funciones. Hace su aprendizaje con un ejecutor veterano y queda adscrito a un penal determinado, ocupando un departamento especial, convenientemente vigilado.

Un hombre no es una máquina. Aunque azote a un semejante suyo en cumplimiento de su deber, se enardece a veces y aprieta la mano bárbaramente por puro placer, sin que tenga motivos para odiar a su víctima. Lo anima a obrar así únicamente la vanidad, el deseo insano de hacer alarde de su destreza; trabaja enamorado de su arte y pone todo su amor propio en que la obra resulte irreprochable y admire a los inteligentes. Sabe a la perfección que es un réprobo, que infunde un terror supersticioso, y es imposible que esta consideración no excite sus instintos bestiales.

Hasta los niños saben que este hombre no tiene padre ni madre. ¡Cosa extraña! Todos los verdugos que he conocido eran hombres de mente desarrollada, inteligentes y dotados de un amor propio excesivo.

El orgullo se desarrolla en ellos a consecuencia del desprecio que en todas partes encuentran, y tal vez se fortalece por la conciencia que tiene del terror que infunde y del poder que ejerce sobre los desventurados.

El aparato teatral de que se revisten sus funciones públicas contribuye quizá a hacerles presuntuosos. He tenido ocasión de conocer y examinar de cerca a un ejecutor de estatura ordinaria. Era un hombre de cuarenta años, musculoso, delgado, de semblante simpático y abundante y rizada cabellera. Sus andares eran graves, acompasados; su porte, elegante. Contestaba a las preguntas que se le hacían con claridad y concisión, y un no sé qué de condescendencia, como si valiese infinitamente más que yo.

Los oficiales de guardia le dirigían la palabra con cierto respeto que no pasaba inadvertido al verdugo, quien, precisamente por esto, se mostraba más ufano y altivo en presencia de sus superiores. Estoy seguro de que se consideraba muy por encima de sus interlocutores: se leía en sus ojos. A veces, en verano, cuando el calor era excesivo, lo enviaban a la ciudad para matar a los perros vagabundos, que constituían un peligro para los habitantes, y era notable la gravedad con que recorría las calles y el placer bestial con que llevaba a cabo su cometido, vigilado de cerca por el soldado encargado de su custodia personal y espantando con su mirada a las mujeres y niños que osaban levantar los ojos a la cima de su grandeza.

Los verdugos llevan una vida muy cómoda: poseen dinero, viajan como príncipes y tienen cuanto aguardiente pueden desear. Las propinas que reciben de los condenados civiles les producen una muy saneada renta. De ordinario se aceptan sus pretensiones, pues, de lo contrario, cargan la mano con crueldad inaudita, sin que valgan protestas, porque así no hacen otra cosa que ejercer un derecho inherente a su profesión.

Ocurre a veces que exigen una suma considerable a un condenado pobrísimo, y entonces todos los parientes y amigos de éste se ponen en movimiento para reunirla y ¡ay de la víctima si no lo consiguen!

Me refirieron dos actos de barbarie. Afirmaban los penados que el verdugo puede matar a un hombre de un solo golpe.

—¿Es posible? —pregunté yo, sorprendido.

—¡Demasiado! —me respondieron.

Era tan firme el tono de su voz, que no dejaba lugar a dudas. El propio verdugo me aseguró después que era sumamente fácil. Me dijeron también que podía recorrer a estacazos las espaldas de un condenado sin causarle dolor y sin que quedasen huellas del castigo.

Aun en los casos en que era recompensado con esplendidez para que no pegase con ensañamiento, el primer golpe lo descargaba con todas sus fuerzas, aunque los siguientes fuesen tan ligeros que apenas los sentía el condenado. No sé por qué obraba así. ¿Era para acostumbrar al paciente a los golpes sucesivos, que le parecerían caricias si los comparaba con el primero, o para hacerle comprender que no había gastado en balde su dinero?

¿Quería, acaso, demostrar la pujanza de su brazo o su fuerza brutal, por satisfacer únicamente su vanidad? De todas suertes, el verdugo está siempre excitado antes de la ejecución, tiene conciencia de su fuerza y de su poder. En aquel momento es un actor. El público lo admira y tiembla. Es sin duda por esto por lo que dice a su víctima: "¡Cuidado, que te escocerá!", palabras de ritual que preceden al primer golpe.

Es difícil imaginar hasta qué punto puede el hombre desnaturalizarse. Durante los primeros días de mi estancia en el hospital escuchaba con atención los relatos de los enfermos, que rompían la monotonía de los días pasados en el lecho.

Cada mañana la visita colectiva de los médicos nos proporcionaba alguna distracción. Luego nos servían la comida. Naturalmente, comer era un asunto capital en nuestra vida monótona. Las raciones eran diferentes, según la naturaleza de las enfermedades. A ciertos detenidos les daban caldo, a otros sopa de vegetales y a varios de sémola, que era la más codiciada. A los convalecientes les servían cocido.

Los escorbúticos eran los que mejor comían, pues les daban carne asada con cebollas, rabanillos y, a veces, aguardiente. El pan era, según las enfermedades, de harina o de maíz.

La exactitud observada en la distribución de las raciones hacía reír a los enfermos. Algunos no probaban siquiera la que les correspondía y la cambiaban por la de otro compañero al que habían prohibido aquel género de alimentación.

Los que estaban a dieta, compraban su ración a algún escorbútico, y otros se procuraban, por su dinero, desde luego, dos o tres raciones de carne, que vendían muy baratas: a cinco kopeks, generalmente. Si en nuestra sala no había ninguno que tuviese carne para vender, enviaban a nuestro vigilante a comprarla a las enfermerías militares libres, como solíamos apellidarlas.

El momento más pesado era el que seguía al de las comidas. Algunos dormían para pasar el tiempo, otros charlaban, discutían o referían cuentos en voz alta. Si no llevaban nuevos enfermos, el aburrimiento resultaba insoportable. La entrada de algún compañero nos distraía un tanto, sobre todo si no era conocido. Todos lo examinaban atentamente y querían conocer su historia.

Los más interesantes eran los enfermos que llegaban de tránsito, pues éstos tenían siempre algo que contar. Claro está que no hablaban jamás de sus asuntos personales. Si el propio detenido no iniciaba la conversación, se limitaban a preguntarle de dónde venía, con quiénes hacía el viaje, adónde lo conducían.

Animados por la relación de los recién llegados, los otros contaban a su vez lo que habían hecho u oído. Se hablaba en especial de las expediciones de presos, del jefe de aquéllas y de los ejecutores.

Al atardecer conducían a los reclusos que habían sido vapuleados y su entrada era para nosotros, como ya he dicho, otro motivo de distracción. Cuando ninguna novedad rompía nuestro tedio, parecía que a los enfermos los desesperaba hasta la vista de sus vecinos de cama y a menudo se producían pendencias.

Lo que sobre todo divertía a mis camaradas era la presencia de algún demente, que era conducido a nuestra sala para someterlo a observación.

Sucedía a veces que los condenados a la flagelación se fingían locos para sustraerse a la pena que les habían impuesto, y llevados al hospital eran desenmascarados al punto o renunciaban de manera espontánea a su estratagema. Hubo detenidos que dos o tres días antes cometieron mil extravagancias, fingiendo accesos furiosos, y de pronto recobraron el juicio, se mostraron cuerdos, en extremo sensatos y pidieron con insistencia que les diesen de baja del hospital.

Ni los forzados ni los médicos les reprochaban su astucia ni les recordaban sus locuras: los inscribían sin decir palabra, los conducían en silencio al cuerpo de guardia y volvían al poco rato con la espalda ensangrentada y recobrada la razón.

En cambio, la llegada de un alienado auténtico era una verdadera desventura para toda nuestra sala. Los que gritaban, bailaban y cantaban eran acogidos al principio con entusiasmo.

—¡Esto sí que es divertido! —decían contemplando al desgraciado que hacía muecas y contorsiones.

Pero el espectáculo era demasiado penoso y triste: jamás pude mirar a un demente con indiferencia y sangre fría. Durante tres semanas tuvieron a uno en nuestra sala, y no sabíamos ya dónde ocultarnos para librarnos de él, cuando llevaron otro alienado.

Éste me causó honda impresión. Durante el primer año,o, para ser más exacto, durante los primeros meses de mi condena, iba a trabajar, con una cuadrilla de estufistas, a la fábrica de tejas y ladrillos situada a dos verstas del penal. Trabajábamos en la reparación del horno para cocer ladrillos y los demás objetos de barro.

Una mañana M...tskii y B me presentaron al suboficial encargado de la vigilancia de la fábrica, un tal Ostrojski, polaco de origen, de sesenta años de edad, por lo menos, de elevada estatura, flaco y de aspecto imponente. Hacía largos años que servía en Siberia y, aunque procediese de la clase baja del pueblo, había sido un campeón de la insurrección de 1830.

M...tskii y B lo apreciaban y respetaban mucho. Era asiduo lector de la Biblia. Le hablé; su conversación era amable y sensata, y contaba con amenidad extraordinaria los episodios de su vida.

No lo volví a ver en dos años, pero supe que le habían formado expediente, y cuando menos lo esperaba, lo condujeron a nuestra sala. Se había vuelto loco.

Entró mayando y riendo estrepitosamente y se puso a bailar con movimientos indecentes, que recordaban la danza llamada Kamarinskaya.

Los enfermos estaban entusiasmados, pero yo me sentía oprimido por la tristeza... Tres días después no sabíamos qué hacer. Ostrojski armaba continuas pendencias, se golpeaba a sí mismo, gemía y cantaba aun en el corazón de la noche, y sus extravagancias nos producían lástima y repugnancia. Sus accesos furiosos eran frecuentes. Le pusieron la camisa de fuerza, pero nuestra situación no mejoró, pues continuó gritando de día y noche.

Al cabo de tres semanas, todos los enfermos pidieron unánimemente al médico en jefe que lo trasladaran a otra sala. Así se hizo, pero, dos días después, accediendo a las súplicas de los enfermos de la sala a que había sido trasladado, el médico lo hizo volver a la nuestra. Y como había dos enfermos a la vez y ambos furiosos, no hacían más que pasar constantemente de una sala a otra de las destinadas a los reclusos.

Recuerdo también a otro demente sumamente original. Era un condenado de aspecto imponente, robusto, vigoroso. Contaba a la sazón unos cincuenta y cinco años, tenía los ojos pequeños, rojos y salientes, y el rostro, tétrico y sombrío, desfigurado por la viruela.

Se sentó en la cama contigua a la mía. Era pacífico, no hablaba con nadie y reflexionaba sin cesar, como si algún grave asunto lo preocupase.

Avanzaba la noche cuando, de improviso, se dirigió a mí y, con aire misterioso, confidencial, me dijo que había sido condenado a recibir mil varazos, pero que nada tenía que temer, porque la hija del coronel G… intercedía a su favor. Lo miré sorprendido y traté de hacerle comprender que, en semejantes casos, la hija de un coronel nada podía hacer en pro ni en contra. Aún no había adivinado yo quién era aquel individuo, pues ignoraba que lo habían llevado al hospital no por enfermedad física, sino por loco.

Le pregunté de qué padecía y me contestó que no existía en el mundo quien gozase de salud tan inmejorable como la suya, añadiendo que la hija del coronel se había enamorado de él con locura. La joven, según decía, pasó dos semanas antes en carruaje por delante de la reja a la que estaba asomado, y verlo y prendarse de él fue una misma cosa.

Desde entonces había ido al cuerpo de guardia tres veces, con el objeto exclusivo de contemplar de cerca a su galán: la primera fue acompañando a su padre, so pretexto de ver a su hermano, oficial de servicio a la sazón; la segunda, acompañando a su madre para distribuir limosnas a los presos, y al pasar junto a él confesó su amor y le aseguró que obtendría su libertad.

El desdichado estaba persuadido de que le perdonarían la pena a que había sido condenado y hablaba con la mayor tranquilidad y firmeza de la pasión que había inspirado a la señorita.

Esta invención novelesca, el amor de una muchacha bien educada por un hombre cincuentón, horrorosamente feo y, por añadidura, presidiario, demostraba con claridad que el temor al castigo que lo esperaba le había hecho perder el juicio a aquel hombre excesivamente miedoso. Sin duda vio algo mientras estaba asomado a la ventanilla de su calabozo, y la locura que el miedo cada vez mayor hacía germinar en su mente dio forma humana al objeto que viera.

Yo lo escuché silencioso y cuando hubo terminado conté su historia a mis compañeros; pero, cuando éstos lo interrogaron con curiosidad, el infeliz calló con obstinación.

A la mañana siguiente lo examinó el doctor y, como no hallase en él ni síntomas de enfermedad, ordenó que saliese del hospital. Cuando el buen médico se dio cuenta de su error, esto es, cuando supo que había sido conducido allí no por enfermedad del cuerpo sino por desequilibrio mental, era ya demasiado tarde para evitar el cumplimiento de la pena.

Culpa fue de la administración, que no se tomó la molestia de advertir oportunamente las razones en que se fundaba para recluirlo en el hospital. Esta negligencia imperdonable fue causa de que dos días después el pobre demente corriera la "calle verde". Parecía asombrado de que osasen infligirle tal castigo, pues hasta el último momento creyó que sería indultado, merced a la influencia de la señorita que creía perdidamente enamorada de él.

Cuando se vio delante del batallón formado para ejecutar la sentencia, prorrumpió en gritos pidiendo socorro e invocando a su protectora. Como en nuestra sala no había camas disponibles lo condujeron a la enfermería, donde permaneció ocho días sin despegar los labios, absorto y triste, y cuando tuvo curada la espalda, se lo llevaron no sé a dónde. No he vuelto a saber de aquel desventurado.

Por lo que se refiere a los remedios y al tratamiento médico, los que sólo estaban ligeramente indispuestos no tomaban ninguna clase de medicinas ni observaban las prescripciones facultativas.

Pero, en general, los enfermos obedecían escrupulosamente al médico, aunque preferían los remedios externos: vejigatorios, sanguijuelas, cataplasmas.

Estos remedios únicos en que el pueblo ignorante tiene fe eran los que más se aplicaban en nuestro hospital. Observé un hecho bastante curioso. Algunos individuos que soportaban sin exhalar un gemido los horribles dolores que les producían los castigos corporales de varas o de látigo, hacían muecas espantosas y gritaban desesperados, sollozando, cuando les aplicaban una ventosa.

Las ventosas de nuestro hospital eran especiales. Como el aparato con que se practican las incisiones instantáneas en la piel estaba algo estropeado, era preciso recurrir a la lanceta. Para una ventosa es preciso hacer doce incisiones, que no resultan, empero, dolorosas cuando se emplea el aparato a propósito, porque las hace de manera instantánea; pero la lanceta corta con lentitud y el paciente sufre de un modo atroz.

Si las ventosas son diez, las punzaduras ascienden al respetable número de ciento veinte, y la operación resulta sumamente dolorosa. Lo he experimentado yo mismo. Aunque el dolor no es tan agudo que impida contener los quejidos.

Era ridículo ver a aquellos individuos fuertes y robustos chillar como mujerzuelas y retorcerse con desesperación. Se les habría comparado con los que son resueltos y tranquilos cuando se trata de asuntos importantes, pero que, en casa, se ponen furiosos por una nonada, porque no les sirvan la comida a la hora de costumbre. Entonces se enfurecen, blasfeman, todo lo encuentran mal, les irrita y les ofende.

Semejantes caracteres son comunes en el pueblo bajo y eran numerosos en el penal, a causa de la cohabitación forzada. A veces los detenidos se burlaban e incluso insultaban a estos delicados, que cesaban al punto en sus quejas, como si sólo hubieran esperado aquellos insultos para callar.

Ustíantsev no podía tolerarlos y en seguida llamaba al orden al escandaloso. Es verdad que recriminaba también a los insultadores. Era esto una necesidad engendrada por su enfermedad y aun por su estupidez. Nos miraba primero fijamente y comenzaba en seguida una tremenda filípica, como si fuese el llamado a guardar el orden y vigilar por la moralidad de todos.

—No puede pasarse sin meter la nariz en todas partes —decían riendo los reclusos, porque le tenían lástima y evitaban cualquier altercado con él.

—¿Has charlado ya bastante? Tres carros no bastarían para cargar todo lo que has dicho.

—No hay razón para gritar tanto por un puntazo de lanceta. ¡Calla, hombre, que te vas a desgañitar!

—¿Por qué se quejará de esa manera? ¡Vaya hombre!

—Y cuenta —añadía otro— que las ventosas no valen la pena. Yo las he probado y les aseguro que lo único fastidioso en el mundo es que lo tiren a uno de las orejas…

—¿Te han tirado a ti?

—¡Claro está!

—Ahora se comprende que las tengas como esportillas.

En efecto, el forzado a quien fue dirigida la pregunta, Schapkin, tenía unos apéndices auriculares enormes. Antiguo vagabundo, joven aún, inteligente y pacífico, hablaba siempre jocosamente, aunque disfrazando sus burlas con cierto aire de seriedad.

—¿Cómo podía yo sospechar que te habían tirado de las orejas, cabeza de chorlito? —proseguía Ustíantsev, dirigiéndose, indignado, a Schapkin.

Pero éste no le hacía caso.

—Vamos, cuenta —añadía otro—, ¿quién fue el que te hizo esa caricia?

—¡Qué caricia ni que ocho cuernos! —exclamaba Schapkin con cómica indignación—. Los jefes de policía no tienen nada de cariño, y a fe que no era manco el que por poco me deja sin orejas. Pues bien, escuchen ustedes, que es buena.

"Habíamos llegado a K..., Efim, otro vagabundo que no tenía apellido y yo. Por el camino nos recreamos de lo lindo en una aldea llamada Tolmina. Llegamos a la ciudad y en seguida tanteamos el terreno para ver si podíamos dar un buen golpe y salir de inmediato a escape. Ya saben ustedes que a campo abierto es uno libre como el aire, pero no así en las ciudades. Entramos a la primera taberna que vimos y nos sorprendió encontrarnos con un hombrón que daba miedo, de mala catadura y vestido pobremente al uso tudesco, el cual se acercó a nosotros y, tras cuatro vulgaridades, nos espetó esta pregunta:

"—¿Llevan ustedes sus pasaportes?

"—No —le contestamos.

"—¡Caramba, ni yo tampoco! —repuso contrariado—. Lo peor del caso es que me acompañan dos amigos que están al servicio del general Cucú. Hasta ahora hemos ido tirando más que pasablemente, pero la plata comienza a escasear... No obstante, puedo ofrecerles un litro de aguardiente si lo quieren compartir conmigo.

"—¡Con todo gusto! —nos apresuramos a responder—. Beberemos todo lo que usted quiera.

"Entonces ellos nos indicaron el sitio donde se podía dar el golpe. Se trataba de una casa situada en un extremo de la ciudad, residencia de un opulento burgués, de donde con toda seguridad no saldríamos con las manos vacías, y decidimos realizar la operación aquella misma noche.

"Pero, ¡ay!, mientras discutíamos el procedimiento, cayeron sobre nosotros los sabuesos de la policía, nos llevan a la delegación, y el propio jefe dice que se encarga del atestado y, por consiguiente, del interrogatorio. Era un hombre alto, corpulento y de enormes bigotes.

"Además de nosotros cinco, había otros tres vagabundos en su despacho. Ya saben ustedes, camaradas, que nada hay tan divertido como el interrogatorio de un vagabundo, pues al punto pierde la memoria y ni aunque le des martillazos en la cabeza la recobraría. ¡Cuando cierra el pico no hay quien lo haga hablar!

"El jefe de policía encendió su pipa, apuró una taza de té y, dirigiéndose a mí, comenzó a preguntarme:

"—¿Quién eres tú?

"Yo contesté, como suelen responder todos mis compañeros:

"—¡Aseguro a nuestra alta nobleza que no lo sé!

"—¿Ah, sí? Bueno, espera, que luego ajustaremos cuentas, pues tu hocico no me es desconocido. Y tú, ¿quién eres? —pregunta a otro.

"—Hijo del país, nobleza.

"—¿Te llamas 'Hijo del país'?

"—Sí, nobleza.

"—Está bien, quedamos en que eres 'Hijo de todo el país'. ¿Y tú? —añade, dirigiéndose a otro detenido.

"—Soy lo mismo que éste, alta nobleza.

"—Bien, ¿pero cómo te llamas?

"—Como él.

"—¿Quién te ha puesto ese nombre, bribón?

"—Personas de bien, señor. Nuestra alta nobleza sabe que no falta en este mundo esta clase de gente.

"—¿Quiénes son esas personas de bien?

"—Lo sabía, pero se me olvidó. Perdone, nuestra alta nobleza, no es culpa mía.

"—¿Pero has olvidado a toda esa gente honrada?

"—Por completo, nobleza.

"—Sin embargo, tendrás familia, hermanos, padres, alguien, en fin, de quien puedas acordarte.

"—Es posible que los haya tenido, pero no me acuerdo de nadie, se lo aseguro a nuestra alta nobleza.

"—¿Dónde has vivido hasta ahora?

"—En el bosque.

"—¿Siempre en el bosque?

"—Siempre en el bosque.

"—¿También en el invierno?

"—No sé lo que es eso.

"—¡Eres un pillo de siete suelas! Y tú, ¿cómo te llamas? —prosigue, encarándose con otro detenido.

"—Toparofi, nobleza.

"—¿Y tú?

"—Aguza, nobleza.

"—¿Y tú?

"—Afila, nobleza.

"—¿Y tampoco se acuerdan de nada?

"—De nada en absoluto.

"—Llévenlos a todos a la cárcel —añade el jefe de policía, dirigiéndose a sus agentes—. Más tarde veré lo que se ha de hacer. Tú, desmemoriado —me dice—, siéntate ahí delante de la mesa.

"Lo miro con aire embobado, veo papel, pluma y tintero, y vacilo, diciéndome: '¿Para qué me querrá este tipo?'

"—¡Siéntate —repite—; toma la pluma y escribe! —y tras decir esto, me dio tal tirón de orejas, que lo miré como el diablo miraría a un cura echando bendiciones, seguro de que se las había llevado entre los dedos.

"—¡No sé escribir, nobleza!

"—¡Escribe, te digo!

"—¡Tenga compasión de mí, alta nobleza!

"—¡Escribe o te desnuco!

"Y esta vez no se contenta con tirarme de las orejas, sino que me las retuerce despiadadamente. Les aseguro, camaradas, que habría preferido recibir quinientos azotes. ¡Oh, qué dolor más horrible!

"—¡Escribe! ¡Escribe! —seguía diciendo el maldito policía.

"¿Se había vuelto loco? No, escuchen la razón de su insistencia. Pocos días antes, un empleado había dado un golpe en Tobolsk, apoderándose de cuanto contenían las cajas de las oficinas y tomando al punto las de Villadiego con el importe de su operación.

"El dichoso empleado tenía también unas orejas respetables y sus señas personales convenían malhadadamente con las mías, de aquí que el jefe de policía quisiera averiguar a toda costa si sabía yo escribir".

—Era un viejo zorro el tal policía. Y dime, ¿te dolían los tirones?

—¡No me lo recuerden siquiera!

Resonó una carcajada unánime.

—¿Y escribiste?

—¡Qué había de escribir! Dejé correr la pluma por el papel haciendo garabatos hasta que el policía se cansó de retorcerme las orejas, me propinó la docena de pescozones de rigor y me dejó ir… a la cárcel.

—Pero tú sabes escribir, ¿verdad?

—Sí, pero se me olvida apenas veo la pluma en la mesa de un jefe de policía.

Gracias a estas conversaciones se pasaban menos aburridas las horas en el penal.

¡Dios mío que fastidio! Los días eran interminables, sofocantes, horriblemente monótonos. ¡Si por lo menos hubiese tenido un libro! Sin embargo, entraba con frecuencia en el hospital, sobre todo al principio de mi condena, ora porque estaba realmente enfermo, ora para descansar, o bien para salir por unos días del penal, donde la vida resultaba aún más penosa, en especial desde el punto de vista moral.

En el presidio se encontraban siempre las mismas envidias, la misma hostilidad pendenciera, las mismas burlas, las mismas provocaciones y las mismas caras amenazadoras que denunciaban el odio que inspirábamos a aquellos desalmados quienes pertenecíamos a una clase social más elevada que ellos.

En el hospital, por lo menos, vivíamos como iguales, éramos camaradas. El momento más triste del día era el del anochecer. Nos acostábamos muy temprano. En el fondo de la sala se percibía una vieja estufa como un punto brillante.

El resto del departamento permanecía envuelto en una oscuridad casi completa. El aire infecto, sofocante; algunos enfermos no podían conciliar el sueño y se pasaban horas enteras incorporados en la cama, y la cabeza apoyada absortos en sus pensamientos.

Yo les miraba tratando de adivinar en qué pensaban para matar el tiempo y también me ponía a fantasear, a soñar con el pasado que se ofrecía con prepotencia a mi imaginación.

Recuerdo pormenores que en cualquier otro tiempo habría olvidado y no me habrían causado una impresión tan honda como entonces. Soñaba también con el porvenir.

¿Cuándo saldría del penal? ¿Qué sería entonces de mí? ¿Volvería a mi país natal?

Pensaba, pensaba y sentía renacer en mi alma la esperanza… Me ponía luego a contar, uno, dos, tres, cuatro…, confiando en que así me dormiría, pero llegaba a veces hasta tres mil sin conseguirlo.

De vez en cuando oía que Ustíantsev tosía, con voz de tísico, gemía luego y balbuceaba:

—¡Dios mío, he pecado!

¡Qué espantoso era escuchar aquella voz enferma, débil y entrecortada en medio del silencio absoluto que reinaba en la sala!

En un rincón conversaban algunos enfermos que tampoco podían conciliar el sueño. Uno de ellos contaba su pasado, hablaba de cosas lejanas y desvanecidas; de su vida de latrocinios, de sus hijos, de su mujer, de sus antiguas costumbres…

Se oía una que otra vez un susurro ligero como de agua que cayera en un recipiente allá lejos, en el fondo de la sala…

Recuerdo que en una de esas interminables noches de invierno, escuché un relato que al principio me pareció un sueño contado bajo la angustia de una fuerte pesadilla, soñada en un momento de perturbación febril, de delirio.

IV
EL MARIDO DE AKULKA

Eran las once de la noche. Hacía rato que yo dormía profundamente en mi cama, cuando me desperté sobresaltado. La luz débil y oscilante del farolillo apenas alumbraba una parte de la sala. Todos dormían, incluso Ustíantsev.

En el corredor resonaban los pasos de la patrulla que se acercaba: se oyó el ruido seco producido al golpear en el suelo con la culata de un fusil y en seguida el chirrido de los cerrojos de la puerta que se abría. Entró el cabo de guardia, contó a los enfermos y abandonó la sala, en la que volvió a reinar el más profundo silencio.

Sólo entonces noté que cerca de mí hablaban en voz baja. No oí el principio de su conversación y perdí muchas frases, pero poco a poco me fui acostumbrando a aquel murmullo y lo entendí todo.

Sucede a menudo que dos detenidos que tienen las camas juntas y no han intercambiado una palabra en semanas y aun en meses enteros entablan de improviso una conversación animada en el corazón de la noche y se cuentan mutuamente sus historias y sus anhelos.

Uno de ellos hablaba con candor, incorporado en su lecho y la cabeza inclinada hacia su interlocutor. Estaba visiblemente sobreexcitado. Su compañero, sentado con aire triste y apático en su cama, balbucía de vez en cuando alguna frase en respuesta al que hablaba, tomando repetidos polvos de rapé. Cherevin, el oyente, era soldado de la compañía disciplinaria, malhumorado siempre, frío y calculador, un imbécil lleno de amor propio, mientras que Schíshkov, su interlocutor, era un joven de treinta años, de la clase media privilegiada, en el que apenas había yo reparado.

Durante el tiempo que llevaba en el penal, jamás me había inspirado interés, porque era excesivamente vanidoso y atolondrado. A veces guardaba silencio por semanas enteras y permanecía ceñudo y desdeñoso. De repente se animaba e iba de pabellón en pabellón contando las historias más extrañas, calumniando a mansalva, desafiando a todos y promoviendo alborotos y pendencias; parecía fuera de sí por la exaltación. Lo castigaban entonces con unos cuantos azotes y volvía a guardar silencio por otros cuantos días, hasta que volvía a las andadas. Como era haragán y rastrero, todos lo miraban con profundo desprecio. Era de pequeña estatura, muy delgado, y cuando no estaba absorto en sus pensamientos miraba con ojos espantados. Cuando refería algo se exaltaba, gesticulaba como un loco, se interrumpía, se perdía en mil digresiones y acababa por olvidar el objeto de la conversación.

Se enojaba por cualquier fruslería, insultaba al adversario, hablaba con aire sentimental y casi lloraba. Su pasión era la balalaica, que tocaba con bastante discreción y bailaba también con mucha destreza los días de fiesta, incitado por sus compañeros. Se podía hacer de él lo que se quisiera, no porque fuese obediente, sino por su afán de hacerse de amigos y complacerlos.

Durante largo rato, repito, no pude entender bien lo que Schíshkov contaba; me parecía que se apartaba a menudo del tema para hablar de otra cosa. Quizá había notado que Cherevin no prestaba atención a su relato, pero no se daba por advertido y continuaba impertérrito.

—Cuando iba al mercado, todo el mundo lo saludaba, porque era un ricachón, un labrador…

—¿No dijiste que se dedicaba al comercio?

—Sí, era tendero también. Entre nosotros, los labradores están siempre arruinados, parecen desposados con la miseria; las mujeres han de ir al río para tomar el agua que necesitan para regar las huertas, se matan trabajando y se afanan inútilmente, porque luego apenas pueden recoger para una ensalada. Pero el individuo de quien te hablo poseía un magnífico predio, muy bien cultivado y numerosas colmenas que producían mielem abundancia. Además, era tratante en ganados. En una palabra, en el pueblo era un personaje temido y respetado. Sesenta años bien contados llevaba ya sobre sus espaldas en la época a que me refiero y tenía los cabellos grises. Cuando se presentaba en el mercado todo el mundo lo saludaba.

”—¡Buenos días, compadre Ankudim Trofímich!

”—Buenos días —contestaba—. ¿Cómo vamos?

”Porque debes saber que no despreciaba a nadie.

”—Que Dios le conceda aún muchos años de vida, Ankudim Trofímich.

”—¿Cómo van tus negocios?

”—Muy bien, ¿y los suyos, compadre?

”—Hombre, no puedo quejarme; la tierra me va dando todo lo que puede.

"—Que Dios aumente sus bienes…

"Repito que no despreciaba a nadie, por humilde que fuera. Sus consejos eran buenos; cada palabra suya valía un rublo. Leía mucho, porque era muy instruido, pero siempre libros religiosos. Llamaba a su esposa María y le explicaba minuciosamente lo que acababa de leer.

"María Stepánovna, joven aún, era su segunda mujer. Se había casado con ella esperanzado en tener hijos, que no pudo obtener de su primera esposa, y en efecto, aquélla lo hizo padre de dos, que eran muy jóvenes aún, porque Vasia, el menor, nació cuando Ankudim Trofímich llegaba a los sesenta años y Akulka, la menor, no contaba arriba de diez y ocho."

—Esa Akulka es tu mujer, ¿verdad? —interrumpió Cherevin.

—Espera, ya hablaremos de eso.

"Filka Morosov comienza a hacerse el tonto y dice a Ankudim:

"—Separémonos, devuélveme mis cuatrocientos rublos, pues ni quiero continuar este tráfico, ni casarme con Akulka, sino divertirme. Puesto que mis padres han muerto, estoy decidido a darme buena vida, y cuando haya derrochado el último kopek me haré soldado y llegaré a general.

"Ankudim le restituyó su dinero, pues en otro tiempo negociaba asociado al padre de Filka.

"—¡Eres un perdido! —le dijo al entregárselo.

"—Si yo soy un perdido, viejo insolente —le contestó Filka—, tú eres el mayor ladrón que me he encontrado. En tu afán de acumular una fortuna no reparas en los medios, y no quiero tener que ver nada contigo y, sobre todo, no me casaré jamás con Akulka, porque me ha dado de antemano lo que las mujeres no entregan al hombre hasta que es su marido…

"—¿Cómo te atreves, miserable, a insultar las canas de un anciano y mancillar el honor de una joven como mi hija? ¡Mientes, miserable, víbora, perro sarnoso! —exclamó Ankudim, rojo de ira.

"—No sólo no me casaré con ella aunque me dieses montañas, sino que nadie querrá por esposa a una mujer deshonrada —insistió Filka al tiempo de abandonar la casa del anciano.

"Después de esto se dedicó a propalar la especie por todo el pueblo, valiéndose de varios amigos a quienes pagaba con este objeto.

"Vendió todas sus propiedades e iba diciendo a cuantos querían oírlo:

"—Quiero ver el fondo de mi bolsa, venderé luego la casa y sentaré plaza en el ejército o me echaré al campo.

"Estaba ebrio desde la mañana hasta la noche y paseaba en un coche tirado por dos caballos atalajados con grandes colleras sembradas de cascabeles. Entre las muchachas del pueblo tenía un gran partido…"

—¿Pero era cierto que había tenido que ver con Akulka? —volvió a interrumpir Cherevin.

—Ya llegaremos a eso, ten paciencia. Mi padre había fallecido. Mi madre amasaba y cocía pan por cuenta de Ankudim, y esto nos daba para ir viviendo, pero muy mal. Poseíamos, además, una parcela de tierra, que sembrábamos de trigo o cebada, pero en cuanto murió mi padre la vendí y derroché su importe, y para obligar a mi madre a que me diese dinero llegué a pegarle…

—Hiciste muy mal —interrumpió Cherevin—; una madre es sagrada para los hijos.

—A veces estaba ebrio todo el día y no me daba cuenta qué hacía. Poseíamos también una casucha, todo lo pobre y miserable que quieras, pero que al fin y al cabo era nuestra y algo nos habrían dado por ella. Padecíamos hambre, pues a veces nos pasábamos semanas enteras comiendo raíces. Mi madre me atormentaba a todas horas diciéndome simplezas, pero yo no le hacía caso, y me convertí en la sombra de Filka Morosov.

"—Tócame la guitarra —me decía—, y yo te escucharé tendido en la cama. Te pagaré bien porque soy el hombre más rico del mundo.

"No sabía ya qué inventar, pero no tomaba jamás nada que fuese de dudosa procedencia, porque se preciaba de honrado.

"—Vamos a embadurnar de pez la puerta de Akulka —me dijo un día—. No quiero que se case con Mikita Grigórich. Ahora estoy más empeñado que nunca en impedirlo.

"Tiempo hacía ya que el viejo Ankudim Trofímich quería casar a su hija con Mikita Grigórich, hombre ya entrado en años, con los anteojos calados siempre y comerciante, pero cuando oyó hablar de la mala conducta de Akulka, dijo a Ankudim, sin andarse por las ramas:

"—Haría un papel muy ridículo si tomase a su hija por esposa; además, ya soy demasiado viejo para casarme y renuncio al matrimonio.

"Embadurnamos, entonces, con humo de pez la puerta de la muchacha, y desde aquel momento comenzaron sus padres a propinarle tales palizas que la dejaban casi muerta. María Stepánovna gritaba:

"—¡Eso será mi muerte!

"Y el viejo Ankudim añadía:

"—Si estuviéramos en los tiempos patriarcales la sacrificaría sobre un altar; mas en este mundo todo es ahora podredumbre y corrupción.

"Los vecinos oían chillar de vez en cuando a Akulka, pues le pegaban atrozmente a todas horas.

"En cierta ocasión me tope con ella en el momento que salía de su casa para ir a la fuente y deteniéndome le dije:

"—Buenos días, Akulka Ankudímovna, ¿con quién vives y de dónde sacas el dinero para ir tan elegante?

"No le dije más: ella se limitó a mirarme con sus ojazos negros. Estaba más delgada que un huso.

"Su madre, creyendo que estaba chicoleando conmigo, le gritó desde la puerta:

"—¿Qué tienes que ver con ése, desvergonzada?

"Y volvieron a pegarle desde aquel día con más furia, si cabe.

"—Le pego —decía su madre—, porque ya no es mi hija."

—¿Entonces, en efecto, era una mujer de mala vida? —preguntó, intrigado, Cherevin.

—Todo lo sabrás, no te impacientes. No hacía más que emborracharme con Filka.

"Un día que estaba yo acostado, llegó mi madre y, sin más ni más, comenzó a llenarme de improperios y me dijo:

"—¿Qué haces ahí tendido, sinvergüenza, haragán? Cásate con Akulka, te la darán gustosos, con trescientos rublos de dote.

"—¿Pero no sabes que está deshonrada? —respondí.

"—¡Bah! Esas manchas desaparecen bajo la corona matrimonial. Tú vivirás como un rey, ella temblará delante de ti y nos daremos la gran vida con su dinero. Ya he hablado de este casamiento con María Stepánovna y estamos de acuerdo.

"—Denme en seguida veinte rublos y me caso —contesté.

"Así lo hicieron, pero desde aquel momento salía de empalmar una borrachera con otra.

"Filka Morosov, por otra parte, no hacía más que amenazarme:

"—¡Te voy a romper las costillas, prometido de una tal! —me decía—. Cuando estés casado, tu mujer será más mía que tuya.

"—¡Mientes, perro! —exclamé indignado.

"Volví a mi casa y dije resuelto:

"—No me casaré jamás si no me dan ahora mismo cincuenta rublos."

—¿Y te casaste, al fin?

—Por fuerza —contestó Schíshkov a la pregunta de Cherevin—, e hice mal, porque nosotros no éramos gente deshonrada. Mi padre quedó arruinado, poco antes de su muerte, a causa de un incendio, pero había sido más rico que Ankudim Trofímich.

"—¡Miserable descamisado —me dijo éste—, deberías sentirte muy honrado siendo el marido de mi hija!

"—Si no hubieran embadurnado su puerta con alquitrán, quizá; pero ahora…

"—¡Calla, imbécil, que no sabes lo que dices! ¡Demuéstrame que mi hija ha sido deshonrada! Sin embargo, las puertas de mi casa están abiertas de par en par para que te marches, pero me has de devolver el dinero que te he entregado.

"No hubo más remedio que pasar por el yugo matrimonial.

"Yo seguía empalmando borrachera con borrachera, pero en cuanto estuvimos en la iglesia me despejé por completo.

"El viejo Ankudim no hacía más que llorar.

"Yo me había metido un látigo en el bolsillo al ir a la iglesia, y estaba resuelto a emplearlo para que se supiese por medio de qué abominable engaño había sido víctima y demostrar que no era tan tonto como suponían…"

—Y que a la vez comprendiera tu esposa lo que podía esperar de ti, ¿no es cierto? —interrumpió Cherevin.

—Lo has adivinado, compadre. Pero me contuve. Terminada la ceremonia, nos condujeron a Akulka y a mí a la cámara nupcial, mientras los demás bebían en celebración de la boda.

"Akulka estaba pálida como la cera. Era muy linda, en verdad, de cabellos finos, de un rubio claro como el lino, y ojos grandísimos que miraban con espanto el látigo que yo había colocado sobre la cama.

"No despegaba los labios; se diría que se había vuelto muda de repente. En fin, me conmoví, no hice uso del látigo y… ya te puedes imaginar la escena que se desarrolló. Pero lo que no llegarías ni a sospechar siquiera es que Akulka era inocente, que nada vituperable tenía yo que reprocharle."

—¡Es posible!

—Lo que oyes, Cherevin. Era honrada, como pudiera serlo la muchacha más pura. ¿Por qué, pues, había sufrido sin chistar tales tormentos? ¿Por qué la había difamado Filka Morosov?

—Eso es precisamente lo que yo me pregunto.

—Salté entonces del lecho y, tras arrodillarme ante ella, junté las manos y exclamé: 'Perdóname, querida mía, por haber sido tan bestia prestando oídos a las calumnias que han propalado en contra tuya. ¡Perdóname, soy un canalla!'

"Ella estaba sentada en el borde de la cama y me miraba sin pestañear. Luego me puso ambas manos en los hombros y soltó el trapo a reír, a pesar de que las lágrimas rodaban por sus pálidas mejillas. Reía y sollozaba al mismo tiempo. Yo salí de la alcoba rojo de ira, y dije con voz estentórea, dirigiéndome a los convidados a la boda:

"—¡Que se cuide Filka Morosov en el momento que le eche la vista encima! ¡Es un vil calumniador!

"Mis suegros no podían articular palabra, embargados por la emoción, y María Stepánovna estaba por arrojarse a los pies de Akulka y pedirle perdón, cuando a Ankudim se le ocurrió exclamar:

"—¡Pobre hija de mi alma! Si hubiéramos sabido esto, no sería hoy tu marido ese animal.

"Yo no contesté, porque me di cuenta de que el pobre viejo no sabía lo que se estaba diciendo en aquel momento.

"Había que ver lo bien ataviados que íbamos el primer domingo, después de nuestra boda, al salir de la iglesia.

Todos se levantaban para mirarnos. Yo, la verdad, no hacía mala pareja con Akulka, que estaba monísima. Pero no hay que vanagloriarse, ni humillarse tampoco, porque personas como nosotros se encuentran a docenas y…"

—No jures, te creo por tu palabra —volvió a interrumpir Cherevin.

—No digas simplezas y escucha —prosiguió Schíshkov—. El día después de mi casamiento, logré escaparme de casa de mi suegro y, más borracho que una cuba, me planté en medio de la plaza gritando con todas las fuerzas de mis pulmones:

”—¡Que venga ese costalero de Filka Morosov! ¡Que venga ese vil calumniador de muchachas honradas, que le voy a arrancar la lengua!

”Yo gritaba como un energúmeno, y tres hombres hubieron de apelar a todas sus fuerzas para llevarme primero a casa de Vlasov y luego a mi domicilio. En el pueblo no se hablaba de otra cosa. Las muchachas se decían unas a otras en el mercado:

”—¿Sabes la noticia?

”—¿Cuál?

”—¡Pues sobre que Akulka había sido calumniada! ¡Que no había razón para señalar su puerta con alquitrán!

”Algunos días después me tropecé con Filka Morosov, el cual me dijo delante de varias personas:

”—Vende a tu mujer, y así no te faltará para aguardiente. El soldado Yaschka se casó únicamente por eso. No ha compartido el lecho ni una sola vez con su mujer, pero en cambio ha tenido siempre dinero para emborracharse y ya hace tres años…

”—¡Canalla ! —lo interrumpí.

”¡Imbécil! —me contestó—. Cuando te casaste no estabas en tu juicio y, claro, como no sabías lo que pescabas, te dieron gato por liebre.

”Estas palabras me abrieron los ojos y al volver a casa grité desesperado:

”—¡Me casaron ustedes estando borracho!

”La madre de Akulka iba a arrojarse sobre mí con la sana intención de arrancarme los ojos, pero yo la contuve a tiempo diciéndole:

”—María Stepánovna, tú no entiendes más que de dinero. Que venga mi mujer.

"Aquel mismo día le propiné la primera paliza de la serie que no había de tener interrupción. Entré en la alcoba y no dejé de azotarla hasta que, rendido, se me cayó el látigo de la mano. Durante tres días no pudo abandonar el lecho."

—¡Magnífico! —dijo Cherevin con flema—; si no se les pega a las mujeres, ellas se anticipan... ¿La sorprendiste algún día con su amante?

—No, nunca me dio el más ligero motivo ni para abrigar sospechas siquiera —repuso Schíshkov tras una breve pausa—. Pero estaba fuera de mí, porque era el blanco de las burlas generales, en especial de Filka Morosov, el cual me decía cada vez que me encontraba:

"—Tu mujer está destinada a ser al mismo tiempo de otros.

"Un día nos invitó a su casa y, a las primeras de cambio dijo, dirigiéndose a los demás convidados:

"—Éste es un marido dichoso. Tiene una mujer hermosa, noble, bien educada, afectuosa y, sobre todo, muy complaciente con nuestro sexo. ¿Te olvidas, amiguito —añadió volviéndose hacia mí—, que nos ayudaste a embadurnar su puerta con alquitrán?

"Estaba ebrio, como de costumbre, y tras asirme por los cabellos me echó a rodar por el suelo.

"—Vaya —me dijo—, baila un poco, esposo de Akulka; yo te tendré por el pelo para que no te caigas.

"—¡Canalla! —rugí encolerizado.

"—Déjate de palabras gruesas —contestó—. Te aseguro que iré a tu casa con unos cuantos amigos alegres y le daré una tunda de latigazos a tu mujer, porque eso me divertirá.

"¿Lo creerás? Durante un mes no salí de casa, por temor de que Filka llevase a cabo su amenaza. Entretanto, menudeaban las palizas a mi mujer."

—Perdías el tiempo lastimosamente —repuso Cherevin—; a las mujeres se les puede atar de manos y pies, pero no de la lengua. No conviene hacer uso del látigo más de lo necesario. Primero se les pega, luego se les sermonea y, por último, se les acaricia. Para esto ha sido creada la mujer.

Schíshkov guardó silencio unos instantes.

—Estaba furioso —prosiguió—. Volví a mi antigua costumbre y le pegaba desde la mañana hasta la noche por cualquier futilidad; si no le descargaba unos cuantos latigazos me aburría. A veces la sorprendía sentada en el hueco de la ventana llorando con amargura. Daba lástima verla llorar y me acercaba a ella para consolarla, y al punto exclamaba:

”—¡Eres un infame que merece ir a presidio!

”—¡Si no cierras la boca te estrangulo! —respondía yo—. ¿Te olvidas de que me casaron contigo aprovechándose de mi embriaguez? ¿No tienes presente que me engañaste?

”Al principio el viejo Ankudim quiso mezclarse en nuestros asuntos y me dijo un día:

”—No creas que infundes miedo a nadie; si me obligas, te haré entrar en razón.

”Pero no lo dejé continuar.

”María Stepánovna se había vuelto sumamente afable. Cierto día vino a verme deshecha en llanto.

”—No puedo más, Iván Semiónich —me dijo—. Tengo el corazón destrozado y lo que voy a pedirte nada te cuesta. ¡Déjala que se vaya!

”Y prosiguió entre sollozos, arrojándose a mis plantas:

”—¡Ten compasión de ella, perdónala! Los malvados la han calumniado; tú sabes muy bien que era honrada cuando te casaste con ella.

”Yo no hice caso de sus lágrimas ni de sus ruegos.

”—¡Basta, ni una palabra más! —le contesté—. Yo sé lo que tengo que hacer. En cuanto a Filka Morosov, sabe que es de mis mejores amigos…”

—¿Habían vuelto a emborracharse juntos? —preguntó Cherevin.

—¡Qué dices! Ya no se podían hacer migas con él. Se había bebido hasta el último kopek y, conforme a sus propósitos, se vendió para sustituir en el servicio militar al hijo de un rico burgués del pueblo. Entre nosotros, cuando un joven se decide a ser sustituto de un soldado, es el dueño de la casa y de sus moradores hasta que es llamado a incorporarse al cuerpo que le designen. La cantidad estipulada no la recibe hasta el día de la marcha, pero entretanto vive en la casa del sustituido, a veces durante seis meses. No hay horrores que esa gente no cometa. Es como para sacar de la vivienda las imágenes sagradas. Desde el momento en que consiente en reemplazar al hijo de familia, se considera como un bienhechor y cree que todo le está permitido. Así, pues, Filka Morosov era el amo, el déspota de aquella casa.

”Cohabitaba con la hija, no respetaba a la madre, y al padre lo llevaba de aquí para allá tirándole de la barba. Exigía que le preparan a diario el baño a vapor, que produjesen éste con aguardiente y que las mujeres de la casa lo llevasen al baño sosteniéndolo por debajo de los brazos.

”Cuando volvía a casa del burgués, después de una de sus orgías, se detenía en la acera gritando:

”—¡No quiero entrar por la puerta! ¡Que abran una brecha en la pared cerca del jardín para que pueda pasar!

”Y era preciso obedecerlo.

”Llegó, finalmente, el día en que fue llamado a incorporarse a su regimiento. Desde aquel momento lo hicieron pasar la borrachera.

”Todo el pueblo se apiñaba en las calles para verlo pasar exclamando con pesar:

”—¡Se llevan a Filka Morosov!

”Akulka volvía del huerto, y apenas la vio, Filka saltó del carro y, arrodillándose ante ella, exclamó:

"—Hermosa mía, bastoncito de rosa, hace dos años que te amo locamente. Ahora me llevan al regimiento, y quién sabe si nos volveremos a
ver. Perdóname, hija honrada de un padre honradísimo, yo soy el causante
de todas tus desventuras. ¡Soy un miserable, un canalla!

"Akulka estaba espantada, pero se rehízo con rapidez, lo saludó con
una inclinación tan profunda que por poco se rompe el espinazo y replicó:

"—Perdóname tú también, no te guardo rencor.

"Entré en casa en pos de ella.

"—¿Qué le has dicho a ese hombre, perra maldita? —le pregunté
echando espumarajos por la boca.

"¿Lo creerás? Mi mujer ni se inmutó siquiera y, mirándome con aire
de desafío, me contestó:

"—¡Pues que lo amo con toda mi alma!

"—¡Oh!

"Me quedé como petrificado. De momento no le dije palabra, ni en
todo el día hice la más ligera alusión a lo ocurrido; únicamente al tiempo
de ir a acostarnos, le susurré al oído:

"—Akulka, tengo que matarte.

"No pude pegar ojo en toda la noche. Apenas se hizo de día, salí de
la alcoba para beberme el kvas y al cabo de un rato volví para decirle:

"—Akulka, prepárate para venir conmigo.

"Ya había urdido mi plan.

"—Tienes razón; hay que recoger la cosecha y me han dicho que desde
hace días el trabajador que tenemos está enfermo y no hace nada —me
contestó, disponiéndose a seguirme.

"Enganché el rocín al carro sin decir palabra. A la salida del pueblo
hay un bosque que mide quince verstas de extensión, y al fondo estaba
situada nuestra parcela de tierra de labor; mas apenas hubimos recorrido
tres verstas a través del bosque, paré el caballo y dije a mi mujer.

"—Apéate, Akulka, que ha llegado tu última hora.

"Ella me miró con expresión de espanto.

"—Me has hecho sufrir demasiado y quiero acabar de una vez —añadí—. Encomienda tu alma a Dios.

"Dicho esto la agarré por sus largas y abundantes trenzas, la hice caer al suelo, la sujeté entre mis piernas, saqué el cuchillo, le eché la cabeza hacia atrás y le di una puñalada en la garganta. Ella gritó, la sangre brotaba a chorros de su herida. Entonces la tendí en el suelo y la abracé con todas mis fuerzas para que fuera mía por última vez… Yo aullaba, ella gritaba, se revolvía; la sangre, su sangre, me salpicaba el rostro, me teñía las manos… Tuve miedo entonces y la dejé… Abandoné también el caballo y el carro, atravesé el bosque como si me persiguiera el diablo y, entrando en la casa por la parte posterior, me escondí en el cuarto de baño que estaba medio derruido y nadie utilizaba."

—¿Y Akulka? —preguntó Cherevin.

—Se levantó también con ánimo de volver a casa. Más tarde la encontraron a cien pasos del sitio donde yo la había herido.

—¿De manera que no la remataste?

—No.

Schíshkov guardó silencio.

—Sí —prosiguió Cherevin—, sin duda no le cortarías la vena que llaman yugular y, sin eso, aunque arrojase torrentes de sangre, escaparía…

—Pues no escapó. La encontraron muerta al atardecer. De inmediato sospecharon de mí y se pusieron a buscarme. A medianoche me descubrieron en el baño… y ya hace cuatro años que estoy aquí —añadió Schíshkov tras una breve pausa.

—Ciertamente —prosiguió sentencioso Cherevin—, si no se les pega no se puede sacar partido de ellas… Sin embargo, amiguito, has obrado como un solemnísimo burro. Yo sorprendí a mi mujer con un amante: tomé un ronzal y doblándolo en dos le pregunté: "¿A quién juraste fidelidad? ¿A quién juraste tu fe en la iglesia?". Y sin esperar la respuesta, le estuve dando gusto a la mano durante una hora, hasta que, medio destrozada por las caricias del ronzal, exclamó: "Te lavaré los pies y me beberé después el agua". Se llamaba Avelotia.

V
Durante el verano

Estamos en abril, la Semana Santa se avecina y se da comienzo a los trabajos de la época de calor. El sol es cada día más cálido y esplendoroso, y el aire está impregnado de los efluvios primaverales e influye sobre el sistema nervioso.

El recluso que está encadenado siente también el influjo de los días espléndidos que engendran en él nuevos deseos, vivas aspiraciones y nostálgica tristeza. Creo que siente mayor añoranza de libertad en un día de sol que en los lluviosos y grises del otoño y del invierno.

Observé un hecho notable en todos los penados: si experimentaban algún placer en un día hermoso y claro, se volvían impacientes, irascibles. Noté, además, que en primavera las disputas y las pendencias eran más frecuentes, mayor el estrépito, las riñas casi todas cruentas. Durante las horas de trabajo se sorprendía una que otra mirada pensativa, obstinada, perdida en el lejano horizonte azul, a la otra orilla del Irtich, donde comenzaba la llanura que se extendía uniformemente por centenares de verstas, la libre estepa de los cherqueses.

Se sentían hondos suspiros, exhalados de lo más profundo del pecho, como si aquel aire lejano y libre invitase a los forzados a respirar a plenos pulmones y aliviar su alma oprimida y prisionera.

El pobre forzado trata, al fin, de sacudir su arrobamiento, de sustraerse a los tristes recuerdos que lo embargan y empuña furiosamente el pico o carga con los ladrillos que ha de transportar de un sitio a otro.

Al cabo de un momento ha olvidado aquella sensación fugaz y se pone a reír o a borbotar, según su carácter. Acomete la tarea que le han señalado con ardor insólito, como si tratase de sobreponerse, sofocado por el dolor que lo atormenta. Son todos individuos vigorosos, en la flor de su vida, en el pleno goce de sus fuerzas… ¡Qué pesadas son las cadenas en esta estación! No hago alarde de sentimentalismo; garantizo la exactitud de mis observaciones.

Durante la estación calurosa, bajo un sol de fuego, cuando se siente con todas las fuerzas del alma y del corazón, y la naturaleza renace a nuestro alrededor exuberante de vida, resulta mucho más penosa la prisión, la vigilancia constante de la escolta, la tiranía de una voluntad ajena.

Además, en primavera, con el primer canto de la alondra, comienza la vagancia en toda Siberia y en toda Rusia. Los presos se escapan de las cárceles y buscan un refugio en los bosques. Después de la prisión sofocante, de los calabozos lóbregos, de las cadenas, de las varas y de los azotes, vagabundean donde mejor les parece, a la ventura, en los parajes en que suponen que la vida es más agradable y más fácil. Beben y comen lo que encuentran, duermen tranquilos en el bosque o a campo abierto, sin pensamientos tristes, sin las angustias de la cárcel, como los pajarillos del aire, dando las buenas noches sólo a las estrellas del cielo, bajo la mirada única de Dios.

Pero no todo es dicha: a veces se padece hambre "al servicio del general Cucú". A menudo no encuentra el vagabundo un pedazo de pan que llevarse a la boca, tiene que ocultarse, se ve obligado a robar y, a veces, perseguido, a asesinar también.

"El deportado es un niño que se precipita sobre todo lo que ve", se dice en Siberia. Pero este dicho puede y debe aplicarse en toda su extensión al vagabundo. Casi todos son ladrones y forajidos, más por necesidad que por vocación.

Los vagabundos desalmados son numerosos. Existen forzados que escapan, una vez purgada su condena, cuando ya son colonos y están en condiciones de ser felices y asegurarse el pan de cada día. La vida de los bosques, miserable y triste, pero libre y aventurera, tiene, para los que la conocen, un atractivo fascinador y misterioso. Nos sorprende encontrar entre esos fugitivos individuos ordenados y pacíficos que prometían convertirse en excelentes agricultores y maridos modelo. No obstante, el forzado se casa, tiene hijos, vive tranquilo cinco o seis años en el mismo lugar, y de improviso desaparece y abandona mujer, hijos y hacienda, para acabar, a la larga, por volver al presidio.

En el penal me indicaron a uno de estos desertores del hogar doméstico. No había cometido ningún delito o, por lo menos, no se le imputaba nada, pero había desertado... desertado para siempre. Había residido en la frontera meridional del Imperio, del lado de allá del Danubio, en la Kirghizia, en la Siberia oriental, en el Cáucaso, en todas partes.

¡Quién sabe! En otras condiciones, este hombre, llevado por su afición a los viajes, tal vez habría sido un Robinson Crusoe. Estos pormenores los supe por otros penados, pues el interesado no despegaba los labios sino por absoluta necesidad.

Era un muchik de cincuenta años, tosco, pacífico, de aspecto sencillo, casi imbécil. Gustaba de permanecer horas y horas sentado al sol, tarareando entre dientes alguna canción, pero tan quedo que no se le oía a cinco pasos de distancia. Comía poco, casi siempre pan moreno, y jamás compraba pan blanco ni aguardiente.

Yo creo que nunca tenía dinero ni lo deseaba, pues todo lo miraba con indiferencia. De vez en cuando daba de comer con sus propias manos a los perros del penal, lo cual jamás hacían los otros, porque, por lo general, en Rusia no se siente inclinación por dar de comer a esos fieles amigos del hombre. Se decía que se había casado, no una, sino dos veces, y que tenía hijos residentes no recuerdo dónde.

Ignoro por qué lo enviaron a presidio. Todos estábamos persuadidos de que se escaparía tarde o temprano, pero, sea porque aún no hubiese llegado la hora o porque ya no fuese tiempo, lo cierto es que expiaba tranquilamente su condena. No tenía relaciones de ninguna clase en el ambiente en que vivía; era demasiado concentrado en sí mismo para tenerlas. No había, empero, que fiarse de su calma aparente; mas ¿qué habría ganado si se fugaba?

Si se comparaba su vida errante por los bosques con la del penal, ésta resultaba una felicidad paradisiaca. El destino del vagabundo es muy desgraciado, pero al menos es libre. He aquí por qué todo preso, cualquiera que sea el punto de Rusia en que radique su cárcel, se siente inquieto apenas lo acarician los sonrientes rayos de la primavera, sin que por esto piensen todos en la fuga; es más, por temor a los obstáculos y al castigo que les aguarda si de nuevo son cogidos o fracasan sus tentativas, hay uno entre cien que se decide, pero los otros noventa y nueve no hacen más que soñar cómo y dónde podrían escaparse.

Este deseo, la sola idea de una esperanza, por remota que sea, los consuela. Me refiero a los que ya han sido condenados; pues los detenidos que no han comenzado aún a expiar su pena, se deciden con más facilidad.

Los reclusos escapan, por lo general, al principio de su encierro. Cuando llevan dos o tres años en el penal, lo piensan mejor y prefieren pagar legalmente su cuenta y trocarse luego en colonos, que arriesgarse en empresas cuyas consecuencias pueden ser terribles.

No hay un penado de cada diez que logre "cambiar de suerte". Y los que lo intentan son, casi siempre, los condenados a reclusión por tiempo indefinido. "Cambiar de suerte" es un término técnico en los penales. Si un forzado es sorprendido en flagrante delito de fuga, responde, al ser interrogado, que trataba de "cambiar de suerte".

Esta expresión no es literaria, pero describe a la perfección el acto que designa. Ningún fugado espera llegar a ser completamente libre, pues sabe que esto es imposible, pero quiere que lo envíen a otro establecimiento, que lo hagan colonizar el país, que lo juzguen nuevamente por un crimen cometido durante su vagancia. En resumidas cuentas; no le importa el lugar adonde lo envíen, siempre que no sea al presidio en que haya estado antes, pues su estancia en él le resulta insoportable.

Si estos fugitivos no encuentran en verano un lugar a propósito para pasar el tiempo o no cuentan con personas interesadas en ocultarlos, o si no encuentran, en fin, la manera de hacerse de un pasaporte, aunque sea perpetrando un asesinato que le permita vivir sin inquietudes en todas partes, se aglomeran en la ciudad o en las cárceles. Confiesan su condición de vagabundos y pasan la estación de frío en las prisiones del Estado, esperanzados con escapar el próximo verano.

La primavera ejerció también su influencia sobre mí. Mi angustia y mi tristeza aumentaron por momentos; el penal se me hacía odioso. La aversión que mi cualidad de hidalgo inspiraba a los forzados durante los primeros años de mi condena me envenenaba la vida, y esto me hacía pedir con frecuencia que se me permitiera pasar al hospital, sin tener ninguna dolencia, simplemente para librarme de ese odio obstinado e implacable.

—Ustedes, los nobles —me decían—, son aves de rapiña. ¡Bien clavaron sus garras y sus picos en nuestras carnes cuando éramos siervos!

¡Cómo envidiaba a los individuos de baja condición social que ingresaban en el presidio! Estos, por lo menos, eran al punto compañeros y amigos de todos los demás.

Así, la primavera, el fantasma de la libertad vislumbrado a medias, la alegría de la naturaleza, todo contribuía a aumentar mi tristeza y mi exacerbación nerviosa.

La sexta semana de la gran cuaresma tuve que cumplir con los preceptos religiosos, pues dividían la población penal en siete secciones, conforme al número de semanas cuaresmales, y por riguroso turno hacía cada sección sus devociones.

Aquellos días respiré más libremente, como si me hubieran quitado un gran peso de encima.

Íbamos dos o tres veces cada día a la iglesia que no estaba lejos del penal. Hacía mucho tiempo que no ponía los pies en ningún templo, pero desde mi infancia conocía a la perfección los oficios cuaresmales, por haberlos practicado con mis mayores, las plegarias de ritual, las genuflexiones, prosternaciones, y todo esto hacía revivir en mí un pasado lejano, muy lejano, y despertaban mis antiguas impresiones.

Recuerdo que experimentaba una satisfacción muy honda cuando por la mañana íbamos a la iglesia, caminando sobre la tierra helada durante la noche y acompañado de una escolta de soldados con los fusiles cargados y caladas las bayonetas. Esta escolta se quedaba en la puerta de la iglesia.

Nosotros permanecíamos junto al cancel, de suerte que apenas oíamos la voz del diácono. De vez en cuando percibíamos una dalmática negra y el cráneo pelado del sacerdote.

Recuerdo cuando, siendo niño aún, la masa del pueblo se aglomeraba ante las puertas del templo y retrocedía servilmente ante unas charreteras, un señor barrigudo o una dama vestida con elegancia provocativa, pero de suma devoción, que se disputaba los primeros puestos y llegaba a los golpes por ganar las primeras filas.

Era allí, ante la puerta de la iglesia, donde me parecía entonces que se oraba con fervor, con humildad, prosternándose hasta tocar con la frente el suelo, con la plena conciencia de nuestra nulidad.

Y ahora yo ocupaba el sitio del pueblo, es decir, estaba detrás del pueblo, cargado de cadenas y menospreciado. Todos se apartaban de nosotros, huían de nuestro contacto, y nos temían; algunos, empero, nos daban limosna.

Los forzados oraban con fervor. Cada cual llevaba su pobre kopek para una velita o para la colecta a favor de la iglesia, y decían para sí al depositar su óbolo: "También yo soy hombre... ante Dios todos somos iguales. Recibimos la comunión en la misa de las seis".

El sacerdote, con el copón en la mano, recitó la plegaria de ritual: "Ten piedad de mí como la tuviste del ladrón que salvaste". Los forzados se arrodillaban con prontitud, haciendo resonar sus cadenas. Creo que suponían que por ellos se hacía aquella oración.

Llegó la Semana Santa. La administración nos dio un huevo de Pascua por barba y un trozo de pan de harina de trigo.

La ciudad fue con nosotros pródiga en limosnas, y, como en Navidad, se repitieron las visitas del sacerdote, que asperjaba los pabellones, y la de los jefes; nos sirvieron la menestra con buen caldo, se repitieron las fiestas y algazaras, y menudearon las borracheras, todo exactamente igual que en la Pascua de Navidad, con la única diferencia de que podíamos pasear por el patio y lucía un sol espléndido.

Todo parecía más claro, más amplio que en invierno, pero también más triste. Los interminables días de verano resultaban más angustiosos aún cuando eran festivos: por lo menos en los laborables se pasaban las horas sin sentir, distraídos por la tarea que debíamos acabar.

El trabajo en verano era incomparablemente más fatigoso que en invierno. Se nos ocupaba en especial en las construcciones que disponían los ingenieros. Los forzados realizaban todas las obras, desde los cimientos hasta el tejado, y hacían también las reparaciones de albañilería, carpintería y pintura en los edificios de propiedad del Estado.

Otros eran enviados a los tejares para cocer ladrillos. Esta era la ocupación que considerábamos más penosa. La fábrica estaba enclavada a unas cuatro verstas del penal, y durante toda la estación de calor enviaban, a las seis de la mañana, una cuadrilla de cincuenta forzados, elegidos de preferencia entre los que no tenían oficio conocido ni servían en las oficinas del establecimiento. Les entregaban el pan de todo el día, que era su único alimento hasta terminar la jornada, pues a causa de la distancia no podían volver a la hora de la comida de los demás ni ellos habrían querido hacer ocho verstas más a diario con este único objeto. Así, pues, tomaban la menestra al anochecer.

Les señalaban tarea para toda la jornada, pero tan penosa que a duras penas podían terminarla. Era preciso ante todo cavar y retirar la arcilla, transportarla luego, formar el barro y, por último, hacer doscientos o doscientos cincuenta ladrillos.

Yo sólo estuve dos veces en el tejar. Los forzados que hacían este trabajo volvían al atardecer rendidos de cansancio y recriminaban acerbamente a sus compañeros, como si ellos tuvieran la culpa de que los eligieran para las faenas más penosas. Creo, empero, que esas recriminaciones no eran más que un desahogo natural.

Algunos, sin embargo, preferían esto, porque era necesario atravesar la ciudad e ir a las orillas del Irtich, a un lugar abierto y cómodo. Los alrededores eran mucho más agradables a la vista que los tétricos edificios del Estado. Allí se podía fumar con libertad e incluso tenderse media hora para tomar una siesta mientras se transportaban ladrillos a los edificios en construcción. Esto último hube de hacerlo durante dos meses seguidos.

Tenía que transportar mi carga de ladrillos desde la margen del Irtich a una distancia de ciento cuarenta metros, aproximadamente, y atravesar los fosos de la fortaleza antes de llegar al pabellón que se estaba construyendo.

Este trabajo convenía a mi salud y me agradaba, a pesar de que la cuerda de que me servía para llevar los ladrillos me rozaba lastimosamente el hombro.

Al principio sólo podía transportar ocho ladrillos, de un peso total de ochenta o cien libras, en un solo viaje, pero con gran satisfacción mía, porque sentía que se vigorizaban mis fuerzas; llegué a transportar doce y aun quince ladrillos de una vez.

No se necesitaba menos fuerza física que moral para soportar aquella existencia maldita, y yo quería vivir mucho tiempo una vez purgada mi condena. Experimentaba un vivo placer transportando ladrillos, no sólo por lo que acabo de decir, sino porque tenía que ir a orillas del Irtich.

Hablo a menudo de este sitio porque era el único desde donde se veía el mundo, el espacio puro y claro, las estepas libres y desiertas, cuya desnudez producía siempre una extraña impresión.

Todas las otras canteras estaban en la misma fortaleza o en los alrededores, y a la fortaleza le había cobrado odio desde el primer momento.

La casa del mayor de plaza me parecía un lugar maldito, repugnante, y la miraba con odio invencible cada vez que pasaba por delante de ella, mientras que en la orilla del río podía olvidar, al contemplar aquel espacio inmenso y desierto, como un preso olvida mirando el mundo libre a través de las rejas de su cárcel.

Todo me era caro en aquel sitio: el sol que brillaba en el cielo límpido, la canción lejana de los cherqueses. Fijo mi mirada en la humeante chimenea de un baiguch, contemplo el humo que se remonta formando espirales y la kirghiza que guarda sus ovejas. Este espectáculo es salvaje, pobre, pero libre.

Sigo con los ojos el vuelo de un pájaro que hiende el aire transparente y puro: el pájaro pasa a ras del agua, se remonta luego en el espacio azul y bruscamente reaparece como un punto negro apenas visible…

También veo la florecilla que languidece en una hendidura de la ribera y que al principio de la primavera atrae mi atención y me enternece.

La tristeza de este primer año de trabajos forzados era intolerable, enervante. Esta angustia me impedía observar en los comienzos lo que me rodeaba: cerraba los ojos, no quería ver.

Entre los hombres corrompidos con quienes vivía a mi pesar, no distinguía uno solo capaz de pensar y de sentir. No podía entrever ni una palabra afectuosa en medio de las ironías venenosas que llovían por todas partes. Sin embargo, esta palabra la había pronunciado, sin segundas impresiones, un hombre que había sufrido y soportado muchos más dolores que yo. Mas ¿para qué extenderme sobre estos pormenores?

El trabajo era para mí fuente de satisfacciones, porque me hacía esperar un sueño reposado y tranquilo. Durante el verano, el sueño era un tormento aún más intolerable que las infecciones del invierno. Se disfrutaba, a decir verdad, de noches deliciosas.

El sol, que no cesaba de inundar en todo el día el patio del penal, acababa por ocultarse; el aire era entonces más fresco y durante la noche, noche de las estepas, se sentía un poco de frío.

Los forzados, en espera de que los encerraran en sus respectivas cuadras, paseaban formando grupos, en especial por la parte de las cocinas, porque era allí donde se discutían las cuestiones de interés general, allí donde se recogían los rumores de afuera, absurdos con frecuencia, pero que atraían siempre la atención de aquellos hombres separados del mundo.

De pronto anuncian, por ejemplo, que nuestro mayor ha sido destituido. Los penados son crédulos como niños. Saben que esta noticia es falsa, inverosímil, y que su inventor, Kvásov, es un embustero empedernido.

Sin embargo, la toman a pecho, la discuten, gozan con esto, se consuelan y, finalmente, se tienen por dichosos de haber sido víctimas de semejante engaño. Celebran aquella mentira como una ocurrencia afortunada.

—¿Quién lo destituirá? —exclama un forzado—. ¡A ese hombre no hay quien lo eche de aquí!

—Tiene superiores que mandan sobre él —replica otro, amigo de contradecir.

—Los lobos no se comen unos a otros —dice un tercero con aire apático, como hablando consigo mismo, un viejo que está devorando su ración de menestra.

—¿Crees tú que esos jefes vendrán a consultarte sobre si conviene o no destituirlo? —observa otro penado, rasgueando su balalaica.

—¿Y por qué no? —grita el que había hablado en segundo lugar—. Y si nos preguntaran, deberíamos contestar con toda franqueza. Pero, ¡basta! Chillamos mucho y, cuando llega la hora, nos quedamos mudos de repente.

—Es verdad —repone el de la balalaica—. Por algo somos forzados.

—Estos últimos días —prosiguió aquél sin hacer caso de la observación—, había sobrado un poco de harina, una tontería que apenas valía un puñado de kopeks. Querían venderla, pero en cuanto lo supo el mayor, se apoderó de esos miserables restos y los vendió por su cuenta, porque aquí el único que se puede comer la sopa boba es él. ¿Qué les parece?

—¿A que no le cuentas eso a quien corresponde?

—¿A quién?

—¡A quién ha de ser! Al inspector que se espera de un día a otro.

—¿Un inspector?

—Lo que oyen, y la noticia es cierta, porque no la debemos a Kvásov —tercia un joven inteligente que había leído La Duquesa de La Vallière o algún otro libro del mismo género, y había sido furriel de un regimiento.

El joven es un perfecto bufón, pero, como demuestra poseer algunos conocimientos de los que carecen los otros, sus camaradas lo tratan con cierto respeto.

Y sin preocuparse por la discusión que tanto interesa a los forzados, se vuelve hacia el cocinero y le pide una ración de ánade.

Nuestros furrielas solían vender esta clase de guisos, de los que sacaban bastantes ganancias, pues de un ánade hacían numerosas raciones.

—¿De dos o de cuatro kopeks? —pregunta el cocinero.

—De cuatro, hombre, para que se enojen los demás.

En el grupo continúa la conversación cada vez más animada.

—Sí —dice uno de los que presumen de bien enterados—, un general, y de los gordos, viene desde San Petersburgo para inspeccionar todos los presidios de Siberia. Lo han dicho en casa del comandante.

La noticia produce una profunda sensación. Durante un cuarto de hora no se hizo otra cosa que preguntarse mutuamente quién era ese general, qué título tenía y si era de mayor graduación que los generales residentes en la ciudad. Los penados gustan de hablar de graduaciones y de jefes, de saber quién manda más y obliga a los otros a inclinarse ante él. Disputan acaloradamente sobre este asunto, y a veces llegan a los golpes por sostener cada cual su opinión.

¿Qué les puede importar esto? Si se les oye hablar de generales y de jefes, puede apreciarse exactamente el grado de desarrollo de sus inteligencias y de su instrucción cuando vivían en la sociedad, esto es, antes de ingresar en el penal. Es preciso tener en cuenta, por otra parte, que hablar de generales y de elevados funcionarios se considera entre los penados como signo de distinción.

—¿Ven ustedes cómo pondrán al mayor de patitas en la calle? —insistió Kvásov, un hombrecillo rubio, exaltado y algo bobalicón.

—¡Sobornará al general y aquí no ha pasado nada! —replicó el viejo que se estaba comiendo su plato de rancho.

—¡Vaya si lo hará! —apoyó otro—. ¡Acaso no ha robado mucho ese bribón! Se dice que fue mayor de un batallón antes de venir aquí, y no hace mucho que pidió la mano de la hija del arcipreste.

—Pero no se la dieron, lo que demuestra que es pobre. ¡Vaya partido para la hija de un sacerdote! Un novio que no posee más que la ropa que lleva puesta —dice Skurátov, interviniendo en la conversación.

—¿Quién te ha dado vela en este entierro? —replica con desdén el ex furriel—. En cuanto a ti, Kvásov, sólo tengo que decirte que eres un grandísimo animal. Si crees que el mayor puede sobornar a un general-inspector, te equivocas. ¿Supones que lo envían desde San Petersburgo nada más para entenderse con tu mayor? Vamos, hombre, es preciso ser tonto de remate.

—¿Y te imaginas tú, mastuerzo, que por ser general va a rehusar el dinero que le ofrezcan? —observa uno del grupo.

—¡Claro que no! Pero si se vende no será por poco.

—Desde luego ha de estar en proporción con su jerarquía.

—Los generales se dejan siempre sobornar —dice sentencioso Kvásov.

—¿Has sobornado a uno para que puedas hablar con tanta seguridad? —interviene Bakluschin en tono de desprecio—. ¡Si en tu vida has visto a un general!

—Sí.

—¡Embustero!

—¡El embustero eres tú!

—Bueno, camaradas, ya que dice que ha visto a un general, que nos diga a cuál, pues yo los conozco a todos.

—El que yo conozco se llama Zibert —responde Kvásov en tono indeciso.

—¿Zibert? No hay ningún general de ese apellido. Probablemente ese Zibert te miraba la espalda mientras te apaleaban y no era más que teniente coronel, pero el miedo te hizo confundirlo con un general.

—Escúchenme ustedes con la consideración que merece un hombre casado —dice Skurátov—. En efecto, en Moscú había un general que se llamaba Zibert. Era alemán, pero súbdito ruso. Se confesaba todos los años con el sacerdote para contarle los pecados que había cometido con las muchachas que lo deseaban y bebía más que una esponja. Se tragaba tranquilamente, después de emborracharse de aguardiente, más de cuarenta vasos diarios de agua del Maskva, para curarse de no sé qué enfermedad. Su mismo asistente me contó.

—¿Y no le nadaban los peces en el estómago? —pregunta el forzado que toca la balalaica.

—Eso no lo vio el asistente. Pero déjate de bromas, que estamos hablando en serio.

—¿Qué inspector es el que va a venir? —interroga otro penado, Martinov, un viejo que está siempre atareado y sirvió en húsares.

—¡Pero si es una mentira! ¡Quién sabe de dónde han sacado esa noticia peregrina!

—No es mentira, sino la verdad pura —replica con tono dogmático Kulíkov, que hasta entonces ha guardado silencio.

Kulíkov es un personaje de importancia en el penal. Tiene cincuenta años, facciones regulares y aspecto soberbio, despreciativo, vanidoso. Es gitano y albéitar de profesión, y gana muy buen dinero curando caballos en la población y vendiendo aguardiente en el penal. No tiene pelo de tonto, al contrario; es inteligente, astuto y de una memoria privilegiada, y deja caer las palabras lentamente, como si cada frase suya valiese un rublo.

—Es cierto —prosigue—; lo oí decir la semana pasada. Se trata de un general de muchos fueros, que viene a hacer una visita de inspección a Siberia. Puede ser que lo sobornen, pero no "Ocho ojos". Sin embargo, les aseguro que nuestro mayor continuará en su puesto. Nosotros no tenemos lengua, no tenemos derecho a hablar, y en cuanto a nuestros superiores inmediatos, no serán ellos los que denuncien las fechorías de su jefe. El inspector vendrá aquí, nos dará una ojeada y afirmará que todo lo ha encontrado en el más perfecto orden. ¡Y si no, al tiempo!

—Sí, pero lo cierto es que el mayor tiene miedo. Está borracho desde la mañana, hasta la mañana siguiente en que vuelve a cargar la cuba.

—Anoche hizo traer dos carros… Lo ha dicho Fedka.

—Pueden lavar a un negro cuanto quieran, que no lo volverán blanco. ¿Han visto alguna vez que no estuviera ebrio?

—Sería una injusticia tremenda si el general-inspector no le sienta la mano —dijeron a una voz varios penados.

La noticia de la visita de inspección se propagó como reguero de pólvora por todo el penal. Los forzados vagan impacientes por el patio repitiendo la extraordinaria nueva.

Algunos callan y permanecen impasibles, para darse aire de importancia; otros fingen indiferencia.

A las nueve nos contaron, después de lo cual nos encerraron en nuestras cuadras respectivas.

Era una noche de verano muy corta. Nos despertaban a las cinco de la mañana y, sin embargo, no se podía conciliar el sueño hasta las once, pues sólo a esa hora cesaban las ruidosas conversaciones. Algunos jugaban también a las cartas como en invierno.

El calor era sofocante, insoportable. La ventana abierta dejaba pasar el fresco de la noche, pero los forzados no hacen más que revolverse en sus camas y agitarse como presas del delirio.

Las pulgas nos levantaban en vilo. En invierno no escaseaban, pero en cuanto llegaba la primavera se multiplicaban de una manera tan asombrosa, que no lo habría creído de habérmelo dicho antes de comprobarlo por mí mismo. Y a medida que el verano avanza, más pican las condenadas.

Es posible que se pueda uno acostumbrar a esos insectos, pero el tormento que dan es tan insoportable que produce fiebre. Se nota aun en el sueño, pues no se duerme, se delira.

Finalmente, hacia el alba, cuando el implacable enemigo se ha cansado y nos dormimos con sueño de plomo, el redoble, no menos implacable que las pulgas, nos despierta.

Nos vestimos a regañadientes e involuntariamente pensamos en que lo mismo será mañana, y el otro y durante varios años aún, hasta que recobremos nuestra libertad. ¿Cuándo llegará ese día?

Los penados, soñolientos, se dirigen al trabajo, pensando en la siesta de una hora que podrán dormir a mediodía. La noticia de la visita de inspección era cierta. Los rumores se confirmaban día con día; se aseguraba que el general, enviado de San Petersburgo a inspeccionar toda Siberia, se encontraba ya en Tobolsk.

Diariamente se sabía algo nuevo. Se decía en la ciudad que todos tenían miedo y que cada cual hacía los preparativos necesarios para que no se notase ninguna deficiencia. Las autoridades organizaban bailes, recibimientos y variados festejos.

Se enviaron cuadrillas de forzados a reparar los desperfectos de los caminos que conducían a la fortaleza, a pintar postes y vallas, a revocar fachadas y poner en orden todo lo que saltaba a la vista.

Nuestros compañeros comprendían a la perfección lo que significaba semejante ajetreo y sus discusiones se animaban, eran cada vez más ardientes y fogosas. Sus fantasías no reconocían límites. Se disponían también a formular quejas y reclamaciones al general-inspector, y para ponerse de acuerdo, no encontraban otro procedimiento más adecuado que injuriarse mutuamente y promover pendencias entre ellos.

El mayor estaba sobre ascuas. Menudeaba sus visitas a nuestro penal, gritaba, se enfurecía, y por una nonada enviaba a cualquier desgraciado recluso al cuerpo de guardia para que le suministrasen un centenar de azotes.

En aquel entonces ocurrió un suceso que, lejos de conmover o irritar a las autoridades del penal, les produjo una vivísima satisfacción: un penado hirió a otro con una lezna en el pecho, casi en el corazón, al que iba dirigido el golpe.

El delincuente se llamaba Lomov y la víctima era conocida en el establecimiento por Gavrilka, que sin duda no era su verdadero nombre; uno de los vagabundos impenitentes de que he hablado.

Lomov era un labrador acomodado del gobierno de T, distrito de K. Eran cinco individuos de la misma familia: dos hermanos Lomov y tres hijos, todos muy ricos.

Se decía por todo el distrito que poseían más de trescientos mil rublos. Su profesión era la de curtidores, pero se dedicaban sobre todo a la usura, a recoger a los vagabundos, a comprarles los objetos robados y a otros negocios de la misma índole.

La mitad de los muchiks del distrito les debían algunas cantidades y, por consiguiente, estaban en sus garras. Pasaban por inteligentes y astutos, y se daban aires de grandes señores.

Un elevado funcionario se hospedó cierto día en su casa y, entusiasmado por la excelente acogida que le dispensaron y las raras cualidades de activos, listos y emprendedores que le pareció descubrir en los Lomov, decidió protegerlos, alentándolos así a proseguir en mayor escala con sus negocios de más que dudosa legalidad.

La aversión que toda la población y sus contornos sentían por ellos era muy evidente; sin embargo, se desentendían de ella y, a medida que aumentaba el odio que inspiraban, crecían sus audacias, a ciencia y paciencia del jefe de policía y de los asesores del tribunal. Finalmente, la suerte les dio la espalda y fueron condenados a presidio, no por sus delitos, sino en virtud de una abominable calumnia.

A diez verstas del pueblo poseían una alquería en la que, durante el otoño, trabajaban seis obreros cherqueses, que desde hacía largo tiempo habían reducido la esclavitud.

Cierto día aparecieron asesinados los seis trabajadores, y de inmediato se abrió un juicio que sacó a relucir cosas nada limpias e indicios inequívocos de que los Lomov eran autores de aquellos crímenes; en consecuencia, fueron condenados a quince años de trabajos forzados dos de los Lomov, tío y sobrino.

Ellos mismos habían contado su historia y, por tanto, era conocida en todo el penal. Pero sostenían con obstinación que eran inocentes de los delitos que les imputaban.

Y, en efecto, un bribón de siete suelas, llamado Gavrilka, conocido por ladrón, de carácter jovial y muy avispado, se confesó en cierta ocasión autor de la muerte alevosa de los seis infelices obreros, víctimas, según se creía, de la avaricia de los Lomov, que de esta manera quisieron librarse de pagarles las cantidades que les adeudaban.

No sé realmente si aquella confesión fue sincera, pero los penados, sin excepción, la tenían por tal, y así lo hacían suponer las circunstancias del hecho.

Durante su vida de vagabundo, Gavrilka había tenido una cuestión con la familia Lomov, con la que había vivido poco tiempo, perseguido por el delito de deserción. Para vengarse, pues, del ultraje recibido y con la esperanza de dar un buen golpe saqueando la alquería, Gavrilka y otros cuatro bandidos amigos suyos degollaron a traición a los seis trabajadores.

Los Lomov eran malquistos en el penal, no sé por qué razón. Uno de ellos, el sobrino, era un joven vigoroso, inteligente y muy sociable. En cambio, su tío, el agresor de Gavrilka, era un muchik exaltado, que armaba camorra con todos los penados.

Gavrilka era muy estimado en el penal por su carácter franco y jovial. Los Lomov sabían a la perfección que aquél era el autor del delito que ellos expiaban, pero no fue esta la causa de la riña, sino una muchacha repugnante que Gavrilka disputaba al viejo. El antiguo vagabundo se jactaba de la condescendencia que la joven le había demostrado, y el muchik, cegado por los celos, acabó por clavarle una lezna en el pecho.

Aunque el proceso había reducido casi a la miseria a los Lomov, se les tenía por muy ricos, y así lo daban a entender, pues siempre disponían de dinero, tenían colchones y almohadas en sus camas y tomaban té a todo pasto.

Esta era la causa del odio con que los distinguía nuestro mayor, que no había vejación que les ahorrase para obligarlos, según decían los penados, a aflojar la mosca.

Si la lezna de Lomov hubiera penetrado media pulgada más, Gavrilka habría muerto en el acto; pero, en cambio, sólo le produjo una herida insignificante. De inmediato se dio conocimiento del hecho al mayor, el cual se presentó en el penal gritando como un poseído pero sin lograr disimular su satisfacción.

Se dirigió a Gavrilka y, con tono afectuoso, casi paternal, le dijo:

—Dime, amigo mío, ¿puedes ir por tu pie al hospital o prefieres que te conduzcan en una camilla? Pero no, será mejor otra cosa. ¡Que preparen en seguida un caballo para trasladar al herido! —ordenó, dirigiéndose al teniente…

—¡Pero si no tengo nada, nobleza! Ha sido un puntazo insignificante que ni siquiera…

—Tú no entiendes de eso —le interrumpió el mayor—. Te ha herido en muy mal sitio, al lado del corazón. ¡Ah, miserable bandido! —añadió, amenazando con el puño a Lomov—; ¡ya te ajustaré las cuentas! ¡Llévenlo en seguida al cuerpo de guardia! Esta orden fue obedecida en el acto. Sin pérdida de tiempo, se instruyó el proceso y el tribunal pronunció su sentencia aumentando a varios años la condena que estaba purgando Lomov e infligiéndole, además, el castigo corporal de mil varazos.

Llegó, finalmente, el general-inspector un domingo a primera hora y, tras un breve descanso en la ciudad, se trasladó al penal para realizar su visita.

Desde hacía varios días, en el establecimiento brillaba la limpieza, tanto en las personas como en los objetos. Habíamos sido cuidadosamente rasurados, la ropa blanca podía competir con la nieve y, de conformidad con lo dispuesto, vestíamos el uniforme de verano: o sea, pantalones y chaquetilla de tela clara y ostentando en la espalda un círculo negro, cosido a la ropa, de ocho centímetros de diámetro.

Durante una hora habían dado lecciones a los penados sobre lo que debían contestar en caso de que el elevado funcionario que se esperaba se dignase hacerles algunas preguntas, y como algunos se mostraron torpes, les destinaron repetidores para que el examen resultase brillante.

Una hora antes de la visita, los penados ocupábamos nuestros sitios respectivos en formación casi militar, inmóviles, como estatuas, graves y silenciosos.

Finalmente, a mediodía, llegó el comisario imperial. Era un general de aspecto tan imponente, que no sería de admirar que todos los funcionarios de la Siberia temblasen en su presencia.

Entró con aire severo y majestuoso, seguido de una numerosa comitiva de generales, coroneles y otros jefes residentes en la ciudad, y acompañado de un caballero de elevada estatura, fisonomía simpática y aire aristocrático y desenvuelto, vestido de levita con suprema elegancia.

El general lo trataba con tanta deferencia, que intrigó sobremanera a los penados, mucho más que el inspector y que su visita. Más tarde supimos quién era y el cargo que desempeñaba.

Nuestro mayor, vestido de punta en blanco, no causó una impresión muy agradable al general, a causa de sus ojos sanguinolentos y su cara violácea, su nariz aborrachada y granujienta.

Por respeto a su superior jerárquico, se había quitado los anteojos y, derecho como un huso, se mantenía a cierta distancia, esperando febrilmente que su excelencia le diese alguna orden para cumplirla en el acto.

Pero no fueron necesarios sus servicios. El general recorrió en silencio los pabellones y dio una ojeada a la cocina en la que probó el rancho, que, como es natural, era inmejorable.

Me presentaron a él y le dieron a conocer mi posición social y el motivo de mi reclusión.

—¡Ah! —exclamó el general—. ¿Y qué tal se porta aquí?

—Su conducta no deja nada que desear —le contestaron.

El general me saludó con una ligera inclinación de cabeza y abandonó el penal a los pocos minutos de haber llegado. Los reclusos se quedaron embobados, desorientados, perplejos.

En cuanto a formular alguna reclamación o queja, no había ni qué pensar en ello. El mayor estaba tranquilo por esta parte.

VI
Los animales domésticos del penal

La compra de Gniedko, un caballo bayo, que se verificó pocos días después, fue para los forzados una distracción mucho más agradable e interesante que la visita del elevado personaje de que acabo de hablar. En el penal teníamos necesidad de un caballo para transportar el agua, la basura y demás. Un presidiario debía cuidarlo y conducirlo, bajo escolta, como es de suponer.

A nuestro caballo no le faltaba trabajo desde por la mañana hasta la noche; era un magnífico animal, aunque ya en decadencia porque llevaba muchos años de servicio.

Cierto día, la víspera de San Pedro, Gniedko, que llevaba una cuba de agua, cayó y murió a los pocos minutos. Los penados, profundamente conmovidos, rodearon el cuerpo exánime de la pobre bestia, comentando y discutiendo su muerte.

Los que habían servido en caballería, los gitanos, los albéitares y otros demostraban poseer profundos conocimientos sobre los caballos en general, y eran quienes disputaban con más ardor. Pero todo esto no valió para resucitar a nuestro bayo, que yacía inerte y con el vientre hinchado. Todos se creían obligados a tocarlo con el dedo.

Por último se dio cuenta de lo ocurrido al mayor, quien mandó comprar otro de inmediato. El día de San Pedro, después de la misa, cuando todos los presidiarios se hallaban reunidos, llevaron al penal varios caballos para verlos. El cuidado de elegir uno estaba confiado a los penados, porque entre ellos había muchos peritos en la materia, y habría sido difícil engañar a doscientos cincuenta hombres que habían sido tratantes en ganados.

Llegaron los gitanos, cherqueses, albéitares y menestrales. Los forzados esperaban con impaciencia la aparición de un nuevo caballo y estaban contentos como chiquillos. Lo que más los halagaba era que podían comprar como hombres libres, por sí mismos, como si el dinero saliera de sus bolsillos. Los tratantes de caballos miraban con cierto estupor y timidez a los soldados de escolta que nos acompañaban.

Es verdad que doscientos hombres con la cabeza rasurada, marcados algunos de ellos con el hierro infamante y llevando todos cadenas a los pies, además en su terreno, en su madriguera de presidiarios, cuyo umbral nadie traspasa, inspiraba algo parecido al respeto.

Los nuestros hacían gala de su malicia y recurrían a mil argucias para demostrar que entendían el negocio. Los cherqueses montaban el caballo, sus ojos brillaban y en su dialecto ininteligible balbuceaban ciertas palabras mostrando sus dientes blancos y dilatando las ventanillas de su nariz morena y corva.

Los rusos los observaban con gran atención y parecían dispuestos a caer sobre ellos. No comprendían las palabras que los cherqueses cambiaban entre sí, pero se notaba que habrían querido adivinar, por la expresión de sus ojos, si el caballo era bueno o no.

¿Qué podía importar, sin embargo, a un forzado, sobre todo a un forzado deshonrado y estúpido, que no hubiera podido pronunciar dos palabras seguidas delante de sus compañeros, que se comprase este o aquel caballo, como si la operación se hiciese por su cuenta o como si no le fuese indiferente que se eligiera un animal u otro?

Además de los cherqueses, a quienes los presidiarios daban la preferencia en este asunto, intervenían los gitanos y los que habían sido tratantes.

Hubo una especie de duelo entre dos forzados, el gitano Kulíkov y un cuatrero y veterinario por afición, astuto muchik siberiano que había sido condenado hacía poco tiempo a trabajos forzados y había logrado quitarle toda la clientela de la ciudad a Kulíkov.

Es preciso decir que se tenía mucha confianza en los veterinarios sin título que había en el penal, y que no sólo los menestrales y comerciantes de la ciudad, sino los altos funcionarios de la ciudad recurrían a ellos para que curasen a sus caballos, con preferencia a los veterinarios titulados.

Hasta la llegada de Yolkin —que así se llamaba el muchik siberiano de que he hablado—, Kulíkov había recibido señaladas muestras de reconocimiento por parte de sus clientes. No tenía rivales y procedía como un gitano, engañando y embrollando, porque no entendía de su oficio tanto como aparentaba. Era muy jactancioso, pero estaba dotado de verdadera energía. Sus ganancias lo habían dotado de una suerte de aristocracia dentro del penal; se le escuchaba y obedecía, pero él hablaba poco y sólo mostraba su postura en las grandes ocasiones.

Era un hombre entrado en años, de bello aspecto y muy inteligente. A nosotros, los nobles, nos hablaba con exquisita complacencia, pero conservaba una perfecta dignidad.

Estoy seguro de que si lo hubieran vestido decentemente y llevado a un club de la capital, haciéndole pasar por conde, habría mantenido su propio decoro, jugado al whist y hablado de un modo encantador, como hombre de mundo que sabe callar cuando conviene. Nadie habría adivinado que era un vagabundo. Probablemente había visto muchas cosas.

Su pasado nos era desconocido en absoluto. Formaba parte de la sección especial. Mas, en cuanto llegó al penal, Yolkin, simple muchik, pero listo y astuto en extremo, comenzó a eclipsarse la gloria del veterinario Kulíkov.

En menos de dos meses el siberiano le quitó casi a todos los parroquianos de la ciudad, porque curaba en muy poco tiempo a los caballos que Kulíkov había desahuciado, al igual que los veterinarios de la ciudad.

Este muchik había sido condenado a trabajos forzados por monedero falso. ¿Cómo se le había ocurrido dedicarse a semejante industria? Él mismo nos contó, riendo, cómo se necesitan tres monedas de oro legítimas para fabricar una falsa.

Kulíkov estaba muy contrariado por los éxitos de su rival. Él, que había vivido hasta entonces como gran señor y usaba camisa de franela, chaqueta de terciopelo y calzado elegante, se vio obligado a poner un tenducho.

Por estas razones, todos esperaban que se promoviera una riña con motivo de la compra del caballo. La curiosidad estaba vivamente excitada, cada uno de los albéitares tenía sus partidarios, y entre los más exaltados comenzaron a cruzarse injurias.

El propio Yolkin ya había contrariado su rostro malicioso, componiéndo la sonrisa más sarcástica; sin embargo, ocurrió todo lo contrario de lo que se esperaba. Kulíkov no tenía ganas de cuestiones e hizo todo lo posible para evitarlas. Al principio cedió y escuchó con deferencia las opiniones de su rival, pero lo contuvo con una sola palabra al hacerle observar, con aire tranquilo y modesto, que se engañaba.

Y antes de que Yolkin tuviera tiempo de reponerse y rectificar, su rival le demostró que había cometido un error. En suma, Yolkin fue derrotado en toda la línea, de un modo tan inesperado y hábil, que los partidarios de Kulíkov quedaron sumamente contentos.

—Amigos —decían a sus contrarios—, hay que confesar que nadie puede con él y que sabe lo que hace.

—¡Ése no le llega a la suela de los zapatos a Yolkin!

Pero los dos partidos hablaban en tono conciliador y estaban dispuestos a hacerse mutuas concesiones.

—Y no sólo sabe más, sino que tiene la mano más ligera que el otro… En cuestión de ganados, Kulíkov no teme la competencia de nadie.

—Tampoco la teme Yolkin.

—¡No hay quien iguale a Kulíkov!

Finalmente se eligió el caballo que se quería comprar.

Era un magnífico animal, húngaro, joven, vigoroso y de agradable aspecto: un caballo irreprochable en todos los aspectos. Comenzó el regateo. El dueño pedía treinta rublos y los forzados no querían dar más de veinticinco.

—¿Acaso sacarás el dinero de tu bolsillo? —preguntó uno, riendo—. ¿A qué viene tanto regatear?

—¿Quieres hacer economías a favor del Estado? —añadía otro.

—Sin embargo, camaradas, se trata del dinero de todos.

—¿De todos? ¡Ya se ve que no hay necesidad de sembrar los tontos! ¡Brotan espontáneamente!

Por último se cerró el trato en veintiocho rublos. El mayor aprobó la compra y de inmediato, después de darle el pan y la sal, se condujo en triunfo al penal al nuevo pensionista de cuatro patas.

Creo que no hubo forzado que no le pasara la mano por el cuello. El mismo día lo hicieron transportar agua, y los presidiarios lo contemplaban con curiosidad cargado con las cubas, pero el que estaba más entusiasmado era nuestro aguador, el penado Roman.

Este ex muchik, de unos cuarenta años de edad, era serio y taciturno, como casi todos los cocheros turcos, como si el continuo roce con los caballos les imprimiera esa gravedad de carácter. Roman era apacible y afable con todos, pero hombre de pocas palabras. Desde tiempo inmemorial tenía a su cuidado los caballos del penal; el que se había comprado aquel día era el tercero que le confiaban desde su llegada.

El empleo de carrero y aguador le correspondía por derecho a Roman, y a ningún camarada se le habría ocurrido la idea de disputárselo. Cuando murió el caballo bayo, nadie, ni siquiera el mayor, pensó en acusar a Roman de imprudencia: Dios había decretado la muerte del pobre animal, sin que para nada interviniese el encargado de su custodia.

Muy pronto aquel caballo fue el favorito de la penitenciaría, y los forzados, pese a la dureza de su corazón, iban con frecuencia a acariciarlo.

A veces, de vuelta del río, cuando Roman cerraba el portón que el sargento había abierto, Gniedko se quedaba inmóvil esperando a su guardián, al que miraba de soslayo.

—¡Vete solo! —le gritaba Roman.

Gniedko seguía andando con tranquilidad hasta la cocina, donde se detenía para que los rancheros llenasen de agua los cubos.

—¡Qué listo es nuestro Gniedko! —exclamaban—. Ha traído las cubas solo. Da gusto ver lo obediente que es a todo lo que se le manda.

—¡Como que entiende todo lo que se le dice!

Gniedko sacudía entonces la cabeza y relinchaba como si quisiera dar a entender que agradecía aquellos elogios.

Alguno le llevaba sal y pan, y Gniedko volvía a sacudir la cabeza como diciendo: "Te conozco. Yo soy un buen caballo y tú un hombre excelente".

Yo también acostumbraba dar pan a Gniedko. Me gustaba mirar su hermosa cabeza y sentir en la palma de mi mano sus belfos blandos y calientes que cogían con avidez lo que yo le ofrecía.

Los forzados querían tanto a los animales que, si se los hubieran permitido, habrían llenado el penal de pájaros, perros o cualquier otro animal.

¿Qué ocupación mejor que ésta habría podido ennoblecer y dulcificar el carácter salvaje de los presidiarios? Pero no se concedía el permiso necesario, porque lo prohibía el reglamento; sin embargo, en mi tiempo, había varios animales domésticos en el penal. Además de Gniedko, teníamos perros, patos, un macho cabrío, Vaska, y un águila, que perdimos pronto.

Nuestro perro, como ya he dicho, se llamaba Schárik, y era un animal inteligente, al que cobré mucho cariño, pero, como el pueblo considera a los perros como seres impuros, nadie le hacía caso.

Schárik vivía en el recinto penitenciario, dormía en el patio, comía las sobras de la cocina y no hacía nada por captarse las simpatías de los forzados, aunque los conocía a todos y los consideraba sus amos.

Cuando los hombres de servicio volvían del trabajo y gritaban "¡Cabo de guardia!", el perro corría hacia la puerta y saludaba con alegría a los que llegaban, saltando delante de ellos y mirándolos a la cara, como si esperase alguna caricia. Pero, durante años, sus esfuerzos fueron inútiles; nadie, excepto yo, le hacía caso, y por eso me quería más que a los otros.

No recuerdo cómo fue que compramos otro perro, Chuschka. En cuanto al tercero, Kultiapka, lo llevé yo al penal, recién nacido. Nuestro Chuschka era un perro singular. Lo había arrollado un carro y tenía la espina dorsal doblada hacia dentro. Al verlo correr desde lejos, se habría dicho que eran dos perros gemelos, que habían nacido pegados el uno al otro. Además, era sarnoso, de ojos legañosos y rabo largo y pelado, que llevaba siempre entre las piernas.

Maltratado por la fortuna, había decidido permanecer impasible en todo y por todo; no ladraba a nadie, como si temiera que lo acabaran de estropear. Estaba siempre detrás de los pabellones, y si alguno se le acercaba se tendía patas arriba, como diciendo:

—Haz de mí lo que quieras; yo no pienso defenderme.

Y cada forzado que veía a Chuschka tendido de aquella forma le propinaba un tremendo puntapié, murmurando:

—¡Qué animal tan asqueroso!

Pero Chuschka no se atrevía siquiera a quejarse; a lo más, exhalaba un gemido sordo y ahogado.

El pobre animal se tendía panza arriba ante cualquier otro perro que iba a disputarle las sobras de la cocina. Los perros gustan de que los otros sean humildes y sumisos; así es que el mastín furioso que se precipitaba sobre él ladrando y enseñando los dientes, se calmaba de inmediato y permanecía quieto, reflexionando, ante aquel humilde suplicante, y lo olfateaba después por todas partes.

¿Qué pensaría en esos momentos el pobre Chuschka, que temblaba como un azogado?

"¿Me morderá este bergante?", se preguntaría, lleno de terror.

Luego de haberlo olfateado, el mastín lo dejaba en seguida, probablemente por no haber descubierto en él nada extraordinario.

Chuschka echaba a correr tras una larga fila de compañeros suyos que daban caza a una perra cualquiera.

De sobra sabía Chuschka que aquella perra no se rebajaría hasta él, que era demasiado orgullosa para eso; no obstante, correr tras ella, cojeando, era un consuelo para sus desventuras.

En cuanto a honradez, Chuschka tenía una noción muy vaga. Al haber perdido toda esperanza en el porvenir, no sentía otra ambición que tener la barriga llena, y de ello hacía gala con el mayor cinismo.

Traté una vez de acariciarlo. Esta fue para él una novedad tan inesperada, que al punto se tendió sobre sus cuatro patas aullando de placer. El pobre animal me daba lástima y lo acariciaba con frecuencia, por eso, cada vez que me veía se ponía a gañir con tono plañidero. Murió en los fosos del penal, destrozado por los otros perros.

Kultiapka era muy diferente. No sé por qué lo recogí de una cantera donde había nacido y lo llevé al penal. Experimentaba un verdadero placer en alimentarlo y verlo crecer.

Schárik tomó en seguida bajo su protección a Kultiapka y dormía con él, y cuando el perrito creció llegó a sentir verdaderas debilidades por él: le permitía que le mordiera las orejas y el rabo, y jugaba con el perrito como suelen jugar los perros viejos con los pequeños.

Lo más curioso era que Kultiapka no se hacía más alto: crecía de largo y engordaba a todas luces. Tenía un pelo muy espeso y brillante, del color de los ratones, y llevaba una oreja caída y la otra enhiesta.

De temperamento ardiente y entusiasta, como todos los perros jóvenes que ladran alegremente al ver a su amo y le saltan a la cara para lamerlo, no disimulaba a los otros sus sentimientos. "Con tal que sea notada mi alegría, las consecuencias me importan un comino", decía para sí.

Dondequiera que yo estuviese bastaba que gritase "¡Kultiapka!" para que saliera de cualquier rincón como si brotase de debajo de la tierra y corriera hacia mí con ruidoso entusiasmo, rodando como una pelota o haciendo cabriolas.

Yo quería mucho a aquel perrito, para quien parecía que el destino sólo tenía reservadas alegría y satisfacción en este bajo mundo. Mas un día, el forzado Neustroyev, que fabricaba zapatillas de señora y preparaba por sí mismo las pieles, reparó en Kultiapka e indudablemente algo le llamó la atención, porque lo llamó, lo tendió en el suelo y se puso a examinarlo acariciándole la piel.

El perro, que no sospechaba nada, ladraba de placer... y al día siguiente lo llamé en vano repetidas veces. Lo busqué por todas partes, pero sólo al cabo de dos semanas supe lo que había sido del pobre animal: su piel había seducido a Neustroyev, el cual lo desolló para hacer unas zapatillas, que luego me enseñó ufano.

Eran muchos los forzados que se ocupaban en trabajos de tenería y llevaban al penal perros de hermoso pelaje, que desaparecían de inmediato. Aquellos perros los adquirían por compra o los robaban de sus dueños.

Recuerdo que un día sorprendí a dos presidiarios que discutían acaloradamente detrás de la cocina. Uno de ellos tenía sujeto con un lazo a un magnífico perro, negro, de buena raza.

Un costalero se lo había robado a su amo y vendido a nuestros curtidores por treinta kopeks. Éstos se disponían a ahorcarlo. La operación era muy fácil. Luego desollaban al pobre animal y arrojaban el cadáver a un foso-letrina que despedía un hedor insoportable, sobre todo en verano, porque lo vaciaban muy de tarde en tarde.

Creo que el perro adivinaba lo que iban a hacer con él, porque miraba con aire inquieto y escrutador a uno y a otro. De vez en cuando movía también su lanuda cola como para movernos a piedad con la confianza que demostraba tener en nosotros. Me apresuré a separarme de los forzados, los cuales llevaron a cabo su obra sin el menor obstáculo.

En cuanto a las ocas que había en el penal, se habían establecido allí por casualidad. ¿Quién las cuidaba? ¿A quién pertenecían? Lo ignoro; pero lo cierto es que divertían a los forzados y eran famosas en la ciudad. Habían nacido en el presidio y tenían su cuartel general en la cocina, de donde salían a bandadas en el momento que los penados iban al trabajo.

Cuando redoblaba el tambor y los detenidos se aglomeraban en la puerta, los ánades corrían hacia ellos graznando y agitando las alas, saltaban después por el huerto, uno detrás de otro, y, mientras los presidiarios trabajaban, las aves picoteaban a su lado.

—¡Mira, los penados van con las ocas! —decían los transeúntes.

—¿Cómo las han amaestrado para que los sigan? —preguntaban algunos.

—Tomen, para las ocas —decía otro entregándonos unas monedas.

A pesar de todo el cariño que se les tenía, se les habría retorcido el cuello de buena gana para celebrar alguna fiesta.

En cambio, nadie se habría atrevido a matar, sino en circunstancias excepcionales, a Vaska, nuestro macho cabrío.

No sé por qué se hallaba en el penal ni quién lo había llevado. Era blanco y de espeso y largo pelaje. A los pocos días todos pusieron en él especial cariño; llegó a ser un objeto de diversión y de consuelo. Y como se necesitaba un pretexto para conservarlo en el penal, se dijo que era indispensable tener un chivo en la cuadra.

Empero no era en la cuadra sino en la cocina donde vivía, y al cabo del tiempo tenía por casa todo el presidio.

Era un animal divertidísimo: saltaba sobre las mesas, hacía equilibrios, luchaba con los forzados y acudía adonde se le llamaba, siempre alegre y retozón.

En suma, todos queríamos a Vaska, que tenía unos cuernos muy desarrollados. Cuando llegó a la época de la pubertad, tras una larga y seria deliberación de los presidiarios, se le sometió a una delicada operación que le hicieron con el mayor cuidado los veterinarios del establecimiento.

—Por lo menos no se acordará de que es cabrón —decían los detenidos.

Vaska comenzó entonces a engordar de una manera sorprendente, a lo que contribuía mucho el pasto que se le daba hasta verlo saciado. Nos acompañaba también a los trabajos, lo cual divertía tanto a los penados como a los transeúntes, porque todos conocían al macho cabrío del presidio.

Si se trabajaba cerca del agua, los penados cortaban hojas de sauce y flores para adornar a Vaska, el cual, cuando ostentaba guirnaldas sobre el lomo y floridos ramos en los robustos cuernos, volvía al frente de la comitiva pavoneándose como si quisiera lucir su atavío.

Este cariño hacia el macho cabrío llegó a tal extremo que algunos detenidos trataron muy seriamente la pueril cuestión de si convendría dorarle los cuernos. Pero no pasó de simple proyecto.

Pregunté a Akim Akímich, que era el mejor dorador del penal, y después a Isaí Fomich si se podía realmente dorar los cuernos de Vaska, y ambos, tras un detenido examen, me contestaron afirmativamente, pero que sería trabajo perdido a causa de la escasa duración del adorno.

Vaska habría vivido aún largos años en el penal y muerto de asma o de algún atracón de pasto, si un día, al volver del trabajo, a la cabeza de la cuadrilla de penados, como de costumbre, no hubiese tropezado con el mayor, que paseaba en carruaje. Aquel día fatal, el macho cabrío iba adornado con guirnaldas y flores.

—¡Alto! —gritó el mayor—. ¿De quién es ese animal? —se lo dijeron, y replicó, furioso, el mayor—: ¡Cómo! ¡Un macho cabrío en el penal, sin permiso mío! ¡Sargento!

Y el sargento recibió la orden terminante de matar y descuartizar a Vaska. La piel se vendería en el mercado y su importe ingresaría en la caja del presidio. En cuanto a la carne, ordenó que se sirviera a los forzados.

Se habló mucho de aquel suceso en el establecimiento penitenciario, compadeciéndose la triste suerte del querido Vaska, pero nadie se habría atrevido a desobedecer al mayor. El macho cabrío fue sacrificado junto al albañal. Un penado compró la carne, y el rublo y cincuenta y cinco kopeks que dio por ella se empleó en panecillos blancos para todos. Al cabo de un minuto, el comprador de Vaska vendía sus pedazos cuidadosamente asados.

Tuvimos también, por poco tiempo, un águila de las estepas, de una especie muy pequeña. La llevó un forzado, herida y medio muerta, y todos los demás la rodearon para contemplar la pobre ave de rapiña, que no podía volar porque tenía rota una pata y el ala derecha. Miraba con expresión feroz y el adunco pico abierto a la curiosa multitud, dispuesta a vender cara su vida.

Cuando nos separamos, después de haberla contemplado largo rato, el águila fue a refugiarse en un rincón, saltando sobre la pata sana y arrastrando su ala herida.

Durante los tres meses que permaneció en nuestro patio, no salió jamás de debajo del banco donde se había refugiado. Al principio, los forzados iban a verla con frecuencia y azuzaban a Schárik contra la pobre ave; mas el perro se limitaba a ladrar furiosamente, sin atreverse a ponerse al alcance del pico de su enemiga, lo cual divertía sobremanera a los detenidos.

—¡Qué bicho tan arisco! —decían algunos—. ¡No se deja acariciar!

Pero Schárik acabó por perder el miedo y atormentaba constantemente a la desdichada ave. Cuando lo azuzaban, la mordía furioso en el ala quebrada, y el águila se defendía con las garras y el pico, y volvía a acurrucarse en su escondrijo con aire altivo y salvaje, cual rey herido, mirando fijamente a los curiosos que la rodeaban. Por fortuna para ella, los penados se cansaron pronto y la dejaron olvidada bajo el banco.

De algún modo, alguien le llevaba cada día trozos de carne y le cambiaba el agua del bebedero. Los primeros días el águila no quería comer, pero al fin devoraba lo que le ofrecían, aunque nunca lo tomó de las manos de quien la cuidaba ni comió ante testigos. Yo pude observarla varias veces desde lejos. Cuando no veía a nadie y se creía sola, se arriesgaba a salir de su nido, andaba unos cuantos pasos a saltitos sobre su patita sana a lo largo de la empalizada y volvía a encerrarse, precisamente como si le hubieran recomendado un paseo higiénico.

En vano traté de acariciarla, no había modo de domesticarla. En cuanto la tocaba, aleteaba furiosamente e intentaba clavarme su pico en la mano.

Solitaria y rencorosa, esperaba la muerte, desafiando a todos con la mirada. Finalmente los penados se acordaron de ella, tras dos meses de olvido, y le demostraron un cariño inesperado. Decidieron echarla fuera.

—¡Que reviente —decían—, al menos que muera en libertad!

—En efecto, un pájaro libre e independiente como ella no se habituaría jamás a la vida del presidio —añadía otro.

—No se parece a nosotros —replicaba un tercero.

—¡Qué descubrimiento! ¡El águila es un pájaro y nosotros somos hombres!

—El águila, compañeros, es la reina de las montañas… —comenzó a decir Skurátov, pero nadie le hizo caso.

Una tarde, cuando redobló el tambor para reanudar los trabajos, cogieron al águila, le ataron el pico por si intentaba defenderse y la llevaron fuera del penal a la explanada. Los doce forzados que componían la cuadrilla estaban deseosos de ver lo que haría el ave y adónde se dirigiría. ¡Cosa curiosa! Estaban tan contentos como si fueran ellos mismos los que recobraban su libertad. La echaron a la estepa, por encima de la muralla. Era un día frío y agrisado de últimos de otoño. El viento silbaba en la llanura desnuda y gemía entre la hierba amarillenta y seca. El águila escapó en línea recta, arrastrando su ala quebrada, como si tuviera prisa por ocultarse de nuestras miradas.

—¿La ven? —dijo un forzado con acento pesaroso.

—¡Ni una vez siquiera ha mirado hacia atrás! —observó otro.

—¿Creías que iba a volver para darnos las gracias?

—Es ya libre y goza con su libertad.

—¡Ah, sí! ¡La libertad!

—No la volveremos a ver, compañeros.

—¿Qué hacen ahí? ¡En marcha! —gritaron los soldados de la escolta y todos echaron a andar lentamente…

VII
ANGUSTIAS Y PREJUICIOS

Al comenzar el presente capítulo, el editor de este libro, escrito por el hoy difunto Aleksandr Petróvich Goriánchikov, se cree obligado a hacer una advertencia a los lectores: En el primer capítulo "La casa muerta", se hace mención de un parricida, noble de nacimiento, presentado como ejemplo de la insensibilidad y despreocupación con que los forzados hablan de los crímenes que han cometido.

Se decía también que este individuo había negado terminantemente ser el autor del horroroso delito que se le imputaba, que sostuvo con obstinación su inocencia ante los tribunales y que fue, no obstante, condenado porque las declaraciones de numerosos testigos demostraron su culpabilidad hasta la evidencia.

Caritativas personas fueron también las que contaron al autor de Memorias de la casa muerta que dicho delincuente era un individuo de vida disoluta, agobiado de deudas y desalmado, que asesinó a su padre con el único objeto de entrar cuanto antes en posesión de su herencia.

Por otra parte, toda la ciudad, en cuyo penal estaba recluido el asesino, hablaba del hecho en los mismos términos que los empleados por el autor del manuscrito y, por consiguiente, no cabía la menor duda de que era cierto.

Se ha dicho también que el parricida hacía alarde en el penal de un buen humor y de una despreocupación que helaba la sangre en las venas, pues semejante cinismo era inconcebible; mas, a pesar de esto, no observó jamás que revelase instintos de crueldad; el autor de este libro no lo creyó jamás culpable.

Ahora bien, hace poco, el editor de Memorias de la casa muerta recibió de Siberia la noticia de que el supuesto parricida era inocente y que había expiado, sin merecerla, una condena de diez años de trabajos forzados. Su inocencia fue oficialmente reconocida. Los verdaderos delincuentes se hallaban convictos y confesos, y la desdichada víctima del error judicial fue puesta en libertad. No es posible dudar de la autenticidad de esta noticia.

Huelgan los comentarios. El trágico hecho habla por sí solo demasiado alto. Si semejantes errores son posibles, su propia posibilidad añade a nuestro relato una nota muy saliente que ayuda a completar y caracterizar las escenas que llevamos descritas.

Ahora, continuemos.

***

He dicho ya que me había acostumbrado finalmente a mi situación, pero este "finalmente" había sido muy penoso y me costó no poco llegar a él. En realidad necesité casi un año, y siempre he considerado ese lapso como el más espantoso de mi vida entera. De tal manera está grabado en mi memoria, que recuerdo todos los pormenores y podría referir, hora por hora, en qué lo empleé.

He dicho también que tampoco los otros reclusos podían habituarse a la vida que hacían. Durante ese primer año yo me preguntaba a menudo si realmente estaban tan tranquilos como parecía. Esta cuestión me preocupaba sobremanera.

Conforme también dejo dicho en otro lugar, todos los reclusos se encontraban en el penal como fuera de su centro; no era aquél su propio domicilio, sino una posada o una venta donde se hallaban de paso en una etapa de su viaje.

Estos hombres desterrados por toda su vida parecían, unos, agitados; otros, abatidos, pero todos soñaban con algo imposible.

Esta inquietud constante, que rara vez dejaban traslucir pero que con facilidad se sorprendía, el ardor y la impaciencia de sus esperanzas, involuntariamente exteriorizadas, pero de tal manera absurdas que más bien parecían manifestaciones del delirio, daban un aspecto y un carácter tan extraordinarios a aquel lugar siniestro, que constituían, sin dudar, toda su originalidad. Se notaba que no podía existir en el mundo nada semejante.

Todos fantaseaban allí, esto era evidente. Era esta sensación una verdadera hiperestesia, pues el continuo fantasear daba a la mayor parte de los forzados un aspecto tétrico y perezoso, un aire enfermizo. Casi todos eran taciturnos e irascibles; no gustaban de manifestar sus esperanzas secretas.

Se despreciaba la ingenuidad y la franqueza. Mientras más imposibles eran las esperanzas, más se confesaba el penado a sí mismo su imposibilidad y con mayor celo las ocultaba en las más profundas tinieblas de su corazón, sin renunciar a ellas.

¿Se avergonzaba, acaso? ¡Es el carácter ruso tan positivo y sobrio en su modo de ver, tan escarnecedor de los propios defectos…! Tal vez este descontento de sí mismo era lo que engendraba la intolerancia en el trato cotidiano de los forzados y la crueldad sarcástica.

Si uno de ellos, más ingenuo o menos paciente, formulaba en voz alta lo que otros se dicen a sí mismos y exponía sus sueños y sus castillos en el aire, lo hacían callar de inmediato y lo abrumaban con burlas y sarcasmos. Creo que sus más encarnizados perseguidores eran precisamente los que les sobrepujaban en sueños insensatos y en esperanzas locas.

Ya he consignado que, en el penal, los individuos sencillos e ingenuos eran tenidos por imbéciles y se les hacía objeto del desprecio general.

Eran los forzados tan huraños y quejosos que odiaban a sus compañeros dotados de carácter jovial y exentos de vano amor propio. Además de estos ingenuos habladores, los penados se dividían en buenos y malos, y en alegres y malhumorados. Los últimos eran mayoría.

Si por casualidad se encontraban entre los expansivos, se mostraban invariablemente sarcásticos, maldicientes y envidiosos, metiéndose, como vulgarmente se dice, "en camisa de once varas" y fiscalizando los actos de sus compañeros. Se guardaban, empero, de exponer en público sus pensamientos íntimos. Esto era de mal gusto.

Los buenos —en número muy reducido— eran pacíficos y ocultaban en silencio sus esperanzas. Tenían más fe en sus ilusiones que sus compañeros huraños y descontentadizos.

Creo que existía también otra categoría de reclusos: la de los desesperados como el viejo de Staróduvo, pero eran muy escasos. Aparentemente este anciano estaba tranquilo, pero ciertos indicios permitían suponer que su estado moral era intolerable, horrible. Tenía un refugio, un consuelo: la oración y la idea de que era un mártir de su fe.

El penado absorto siempre en la lectura de la Biblia, del que ya he hablado, y que en un acceso de demencia trató de asesinar al mayor arrojándole a la cabeza un ladrillo, era, probablemente, uno de los que también había perdido toda esperanza. Y como es de todo punto imposible vivir sin esperanzas, buscó la muerte en un martirio voluntario, como lo demuestra el hecho de haber declarado que agredió al mayor, no por resentimiento ni odio personal, sino sencillamente por deseo de sufrir.

¡Quién sabe el proceso psicológico que se había realizado en su alma! Únicamente el hombre sin ideales ni esperanzas puede caer en semejantes accesos. Una vez que la esperanza o el ideal se han desvanecido, el hombre se convierte en monstruo… Nuestro ideal, nuestro fin único, era común a todos: la libertad, salir del presidio.

He tratado de subdividir a los penados en diferentes categorías. ¿Es esto posible? La realidad es de variedad tan infinita que se sustrae a las deducciones más ingeniosas del pensamiento abstracto; no admite clasificaciones netas y precisas. La realidad tiende siempre al fraccionamiento, a la variedad infinita.

Cada uno de nosotros tenía su vida propia, interior y personal, fuera de la vida oficial y reglamentaria. Pero, como ya he dicho, al principio de mi reclusión no sabía penetrar en esta vida interna, porque todas las manifestaciones exteriores me impresionaban y me llenaban de indecible tristeza.

Me ocurría entonces que odiaba a estos mártires que sufrían ante mis ojos, y los odiaba por envidia, porque se encontraban bien juntos y se comprendían recíprocamente.

Realmente, este espíritu de compañerismo, bajo el látigo y la vara, esta comunidad forzada, les inspiraba tanta repugnancia como a mí, y cada cual procuraba vivir aparte.

La envidia que me agitaba en los momentos de sobreexcitación tenía motivos muy legítimos, pues los que afirman que un noble, un hombre culto y educado no sufre en los trabajos forzados más que un simple muchik, no saben lo que se dicen.

He leído y, aun he oído, sostener el aserto contrario al mío. En teoría, la idea parece justa y generosa: todos los forzados son hombres, pero es una idea demasiado abstracta.

Conviene no olvidar un cúmulo de circunstancias que no se pueden comprender si no se pasa por ellas en la vida real. No quiero decir con esto que el noble, el hombre culto sienta más delicada y vivamente porque sus sentidos están más desarrollados. Colocar todas las almas a un mismo nivel es imposible. Yo puedo asegurar que entre estos mártires, en medio de los menos instruidos, entre los más abyectos, he encontrado trazas de un desarrollo moral.

Existían en nuestro penal algunos individuos a los que conocía de varios años y tenía por fieras del bosque, despreciándoles como tales, y de pronto, en el momento más inesperado, su alma se explayaba involuntariamente con tal riqueza de sentimiento y de cordialidad, y tal comprensión de los sufrimientos ajenos, que parecía caérseles, al fin, la venda de los ojos. Al principio el estupor hacía dudar sobre lo que se había visto y oído.

Sucedía también lo contrario. El hombre culto se significaba con actos de barbarie, con un cinismo que producía náuseas, y por mucho empeño que en ello se pusiera no se le podía hallar excusa ni justificación.

Pasaré por alto lo que al cambio de costumbres, de alimentación y género de vida se refiere. Este cambio es doblemente penoso para un hombre perteneciente a la alta sociedad, que para un muchik, pues éste, a veces, cuando está libre, perece de hambre y en el penal está ahíto.

No discutiré sobre este punto. Admitamos que para un hombre dotado de cierta entereza de carácter sea esto una bagatela en relación con cualquier otro castigo. Pero quedará siempre el hecho de que un cambio radical de costumbres no es cosa fácil ni de poca importancia.

La vida del forzado tiene horrores ante los cuales todo palidece, hasta el fango que nos rodea, aun la escasez del inmundo alimento, aun las cadenas que nos oprimen y cortan las carnes.

El punto capital es que al cabo de una hora todo recluso recién llegado se encuentra al nivel de los otros. Está en su casa, goza de los mismos derechos que sus compañeros, él comprende a los demás, y por los demás es comprendido y considerado como uno de ellos. No sucede lo mismo con el noble. Por justo, bueno e inteligente que sea, lo odian y desprecian durante años enteros y, sobre todo, no le creen jamás. Nunca llega a ser el amigo ni el camarada y, si logra, al fin, que no lo ofendan, no por eso dejará de ser un extraño y habrá de resignarse a vivir siempre en la soledad y el aislamiento, en medio de tantas personas con las que forzosamente ha de cohabitar.

Este vacío en torno suyo lo hacen, a menudo, sus camaradas sin mala intención, sin darse cuenta, sólo porque no es de su esfera. Nada hay tan horrible como no vivir en el propio ambiente.

El muchik que es deportado de Taganrog al puerto de Petropovlovsk encontrará allí otros muchiks, con los cuales se entenderá y se pondrá de acuerdo. En menos de dos horas habrán intimado, se reunirán y vivirán pacíficamente en la misma isba, incluso en la misma choza.

No se puede decir lo mismo de los nobles. Un abismo sin fondo los separa del pueblo bajo. Esto se ve en cuanto pierden sus derechos primitivos y de nobles se convierten a la vez en plebeyos. Y aunque esté durante toda la vida en relaciones diarias con el labriego, aunque durante cuarenta años esté en contacto con el muchik, teniéndolo, por ejemplo, a su servicio, jamás llegará a comprender a fondo al hombre del pueblo. Todo lo que crea saber serán ilusiones.

Los que me lean dirán, quizá, que exagero, pero estoy convencido de que mi observación es exacta. Desde los primeros días los sucesos confirmaron mis observaciones e influyeron morbosamente en mi organismo.

Durante el primer verano vagaba solitario por el penal. Repito que me encontraba en tales condiciones morales, que no me permitían juzgar ni distinguir a los penados que más adelante podrían cobrarme afecto, ni poder colocarme a un mismo nivel. Tenía, es cierto, algunos camaradas ex nobles como yo, pero su compañía no me convenía, habría preferido no ver a ninguno.

¿Dónde refugiarme? He aquí uno de los incidentes que me hizo comprender mi soledad y situación en el presidio. Era la una de la tarde de un calurosísimo día de agosto. Los penados, que a esa hora acostumbraban dormir la siesta después de la primera parte del trabajo, se levantaron como un solo hombre para reunirse en el patio del penal. Yo no sabía nada aún. Estaba tan absorto en mis pensamientos, que no me daba cuenta de lo que sucedía a mi alrededor.

La agitación había comenzado, probablemente, mucho antes, a juzgar por ciertas frases que llegaron a mis oídos, por el visible descontento de los reclusos y por la sobreexcitación que desde hacía tiempo se observaba en todos ellos. Yo atribuía todo esto a los trabajos penosos del estío, a los días largos y aplastantes, a las locas ilusiones que se forjaban pensando en los bosques y en la libertad, y a las noches demasiado breves para dar al cuerpo el descanso necesario. Quizá produjeron todas estas cosas la irritación que estalló al fin con motivo de la comida.

Desde hacía algunos días, los penados se quejaban en voz alta y rondaban por los pabellones, en especial cuando se hallaban en las cocinas, a la hora de las comidas, y aun habían logrado que fuese reemplazado uno de los cocineros; pero al cabo de dos días, el nuevo tuvo que dejar su puesto al que había sido despedido. Esto produjo cierta efervescencia que no tardaría en manifestarse en forma violenta.

—Nos reventamos trabajando y nos dan de comer unas porquerías que hasta a los perros darían asco —decía alguno en la cocina.

—Si no te gustan, encarga tus platos favoritos, que aquí no hay más que pedir —replicaba otro.

—Es menestra de coles, pero yo la encuentro, si no exquisita, por lo menos suculenta —observaba un tercero en discordia.

—Y si te dieran de comer otra cosa que no fuera siempre tripa de buey, ¿estarías más contento?

—¡Claro está que nos deberían dar de vez en cuando un poquito siquiera de carne, pues bien la merece el que está medio muerto de tanto trabajar! —observaba otro de los descontentos.

—Cuando se les ocurre darnos algo mejor, lo condimentan con porquerías, si no con tripas, con corazón.

—Es cierto; estas comidas no hay estómago que las resista.

—Algo sale ganando con ello el mayor…

—¡Eso no te importa!

—¡Cómo no me ha de importar! ¡Es mi estómago el que lo paga! Si no nos quejamos, cualquier día acaban por suprimimos la comida.

—¿Crees que nos debemos quejar?

—¡Sin duda!

—¿Te olvidas de que cada vez que alguno se ha quejado, le ha contestado con una tanda de palos? ¡No seas burro, hombre!

—Tienes razón. "Vísteme despacio, que estoy de prisa" —dice sentenciosamente un amigo de refranes—. "Poco a poco hila la vieja el copo". Caminemos, pues, con pies de plomo. Vamos a ver, ¿de qué te quieres quejar?

—Hombre, ¿de qué ha de ser? Si todos lo hacen, yo no me quedaré atrás… Los que comen por su cuenta pueden echarse atrás, pero los que no tenemos más remedio que apechugar con lo que nos quieran dar…

—Pues bien, camaradas, hay que decidirse. ¡Bastante hemos aguantado ya! ¡Esos bribones están abusando de nosotros! ¡Adelante!

—¿Pero qué adelantaremos? ¿No estamos condenados a trabajos forzados?

—¡Precisamente por eso! Aquí, como en todas partes, el pez grande se come al pequeño, y los únicos que comen en el penal son los jefes, que cada día echan más barriga.

—Es verdad. El mayor ha engordado de un modo atroz. Además, se ha comprado un tronco de caballos tordos.

—¡Y lo que le gusta empinar el codo! ¡No le hace ascos a la botella, como hay Dios!

—Hace unos días se desafió con el veterinario a una partida de naipes, y estuvo jugando dos horas sin llevar un kopek en el bolsillo, lo ha dicho Fedka.

—¡Por eso sólo nos da menestra de coles con caldo de tripas de buey!

—Son ustedes un atajo de imbéciles. ¿Qué les importa eso?

—¡Calla tú, mastuerzo! Sí, reclamaremos, y ya veremos cómo se justifica. ¡Decidámonos!

—¿Justificarse? Puede ser. ¡Con un par de morradas en las narices y un puntapié en lo tierno! ¡Buenas las gasta el hombre para que le vayan con reclamacioncitas!

—Si es que no le forman expediente a pesar de sus humos.

Todos los penados estaban muy agitados, y no sin razón, pues la comida era en verdad detestable. Lo que colmaba la medida del descontento era la angustia, el sufrimiento continuo, la ansiedad. El forzado es pendenciero y rebelde por temperamento, pero raras veces busca compañeros para sublevarse, porque jamás están de acuerdo unos con otros. Esto lo sabíamos todos y, por consiguiente, estábamos seguros de que las palabras no se traducirían en hechos.

Sin embargo, esta vez nos equivocamos. En los pabellones se formaban grupos que comentaban, discutían, maldecían y criticaban acerbamente la pésima administración del penal, sondeando sus misterios. En tales casos se ponen de manifiesto en seguida los instigadores y los agitadores.

Los agitadores suelen ser en semejantes ocasiones individuos que se distinguen o sobresalen de sus compañeros no sólo en el penal, sino en todas las cuadrillas de trabajadores que se forman, en los pabellones, en las cocinas. Estos tipos son en todas partes los mismos. Son individuos fogosos, ávidos de justicia, ingenuos en exceso y honradamente convencidos de la posibilidad absoluta de realizar sus deseos. No son más tontos que los otros, pero sí demasiado entusiastas para ser prudentes y astutos.

Se encuentran fácilmente personas que saben dirigir las masas y conseguir lo que quieren, pero pertenecen a un tipo diverso del de los agitadores populares, que son muy raros entre nosotros. Aquellos a quienes me refiero obtienen casi siempre lo que desean, pero acaban por aumentar el contingente de los que pueblan los presidios y las cárceles, para que allí se enfríen sus entusiasmos de instigadores y revoltosos.

Merced a su impetuosidad, llevan siempre la peor parte, pero a esta impetuosidad deben precisamente su ascendiente sobre las turbas. Les siguen todos gustosos, hasta los más irresolutos, porque los arrastra con su palabra de fuego y su honrada indignación. Su ciega confianza en el éxito de su empresa seduce incluso a los más reacios y escépticos, si bien esta seguridad tiene, con frecuencia, fundamentos tan débiles e infantiles que causan verdadero estupor. El secreto de su influencia estriba en que van siempre a la cabeza de los más decididos, sin que nada les arredre ni les haga retroceder, sin pensar ni saber lo que hacen. Sin ese jesuitismo práctico con que el hombre abyecto y vil vence todos los obstáculos, consigue su objeto y sale limpio y sin mancha de un barril de tinta.

Estos individuos sienten una necesidad imperiosa de que les rompan la fe de bautismo. En la vida ordinaria son biliosos, irascibles, intolerantes, desdeñosos y en exceso cortos de entendimiento; en ello, por otra parte, radica su fuerza.

El suboficial que desempeñaba las funciones de sargento mayor, llegó en seguida despavorido, y apenas se puso al habla con los penados le pidieron éstos que avisase al mayor, pues deseaban hacerle algunas preguntas.

La comisión que se le encargaba al suboficial era de tal modo extraordinaria, que llenó de espanto al pobre hombre, suponiendo, tal vez, que iban a ocurrir sucesos horribles. El miedo que los penados infundían a nuestros jefes tocaba los límites de lo inverosímil, y de aquí que el suboficial, pálido y tembloroso, se apresurara a poner el hecho en conocimiento de su superior, sin intentar siquiera hacer entrar en razón a los revoltosos. Comprendía que esto habría sido perfectamente inútil, porque los forzados no se habrían entretenido en discutir con él.

Como yo ignorara de qué se trataba, me puse en fila, y hasta más tarde no supe los pormenores de esta historia. Se me figuraba que iban a pasarnos revista, pero al no ver a los soldados de la escolta, que solían hacer el recuento, miré, sorprendido, a mi alrededor.

Mis compañeros tenían el rostro pálido unos; rojos, otros, de indignación, y algunos lívidos. Preocupados y silenciosos cada cual pensaba lo que había de decir al mayor.

Observé que sorprendía a muchos forzados mi presencia entre ellos. No podían creer que me pusiese yo de su parte para apoyar las reclamaciones que se proponían hacer en forma imperiosa al jefe del establecimiento. Finalmente, sin poder contenerse, comenzaron a interrogarme, colmándome de injurias.

—¿Qué se le ha perdido aquí? —me dijo groseramente y en voz alta Basilii Antónov que, no sé por qué razón, jamás me tuteaba.

Yo lo miré perplejo, esforzándome por adivinar lo que su pregunta significaba. Entonces adiviné que ocurría en el penal algo extraordinario.

—Sí, hombre, sí, ¿qué se le ha perdido aquí, cobarde? ¡Váyase ahora mismo a su pabellón! —añadió un joven, perteneciente a la sección militar, en quien no había reparado hasta entonces y parecía de carácter pacífico—. Esto no va con usted —añadió.

—¿Pero no están ustedes formados? —repuse—. ¿No van a pasar lista?

—¿Quién le ha dado vela en este entierro? —insistió otro.

—¡Entrometido! —apoya éste.

—¡Farsante! —exclama aquél.

—¡Matamoscas! —dice graciosamente otro.

Este chiste provocó una carcajada general.

—Estos señoritos están entre nosotros como gallina en corral ajeno.

—¡Basta! —interrumpe otro—. Están como en la propia gloria. Comen pan blanco, lechoncitos cuando les acomoda y todo lo que desean. ¿Quién les mete, pues, en este guisado?

—¡Este no es su sitio, váyase! —me dijo entonces Kulíkov y, cogiéndome de una mano, me hizo salir de las filas.

También él estaba sumamente pálido; sus ojos negros lanzaban destellos de ira y se había mordido los labios hasta sacarse sangre. No era de los que podían esperar con calma al mayor.

Me gustaba ver a Kulíkov en semejantes casos, es decir, cuando se revelaba tal como era, con todas sus cualidades y sus defectos. Creo que habría ido al encuentro de la muerte con cierta elegancia.

Cuando todos me tuteaban u ofendían, él redoblaba sus atenciones conmigo, pero su acento era tan firme y resuelto qué no admitía réplicas.

—Lo que nos ha reunido, Aleksandr Petróvich, no le concierne, es asunto exclusivamente nuestro —me dijo luego—. Váyase adonde le parezca; mire, sus compañeros están en la cocina, reúnase con ellos, que eso será lo mejor.

—¡Esos se curan en salud! —barbotó un penado.

En efecto, a través de la ventana se veía a los ex nobles y otros forzados que se habían refugiado en la cocina. Y allí me dirigí, acompañado de las burlas, los insultos y los maullidos, que simulaban una silba, de los reclusos que quedaban en el patio.

—¡Parece que no le gusta! —dijo uno.

—¡Cógele! ¡Cógele! —exclamaron varios—. ¡Ahí va un ratón asustado!

Era la primera vez, desde que ingresé en el penal, que me insultaban de aquella manera tan despiadada. Aquel momento, que sin embargo habría debido esperarlo, fue para mí uno de los más dolorosos de mi vida. Los ánimos estaban demasiado excitados.

En la antesala encontré a T…skii, joven noble de escasa instrucción pero de carácter firme y generoso. Los penados hacían una excepción con él en su odio por los nobles. Casi lo querían, pues hasta en sus gestos más insignificantes revelaba un alma bien templada, un valor a toda prueba y una resolución que infundía respeto.

—¿En qué piensa, Goriánchikov? —me dijo—. Venga usted acá, hombre, que en eso no debemos mezclarnos.

—¿Pero qué pasa?

—Quieren reclamar al mayor contra el rancho; es decir, perder el tiempo y ganarse una paliza soberana. Ya van buscando a los instigadores del plante, y si nos vieran entre esa gente cargaríamos con la culpa y, lo que es peor, con la pena también, que no será suave. Nunca olvide que somos condenados políticos y que el mayor nos detesta cordialmente a causa de nuestra condición de nobles. Los forzados escaparán con unos centenares de azotes, pero a nosotros nos someterían a un remedo de juicio para agravar nuestra condena.

—Los forzados nos entregarían atados de pies y manos —añadió M…tskii cuando llegamos a la cocina.

—No se compadecerían de nosotros —apoyó T…tskii.

Además de los nobles se encontraba en la cocina una treintena de forzados que no querían tomar parte en el motín, unos por cobardía y otros porque lo consideraban perfectamente inútil.

Akim Akímich —enemigo natural de todo lo que pudiese ofender a la disciplina y al servicio— esperaba con tranquilidad el desenlace de aquella escena, persuadido de que al fin triunfaría el orden y la autoridad administrativa.

Isaí Fomich, con la cabeza baja, confuso y perplejo, escuchaba lo que se decía con curiosidad y espanto, estaba agitadísimo. A los polacos hidalgos se les habían reunido algunos plebeyos de la misma nacionalidad y varios rusos, tímidos por naturaleza, que jamás habían hecho buena amistad con el resto de sus camaradas y esperaban tristes y silenciosos la solución del conflicto.

Se encontraban también allí, finalmente, algunos forzados perezosos y descontentos, que se habían abstenido de tomar parte en la rebelión, no por timidez, sino por estar plenamente convencidos de que nada se conseguiría. Sabían que les faltaba razón y que las consecuencias de aquello serían las que habían previsto, pero estaban desasosegados e inquietos, como si con su actitud pasiva hicieran traición a sus compañeros.

El viejo de Stáróduvo era otro de los que se abstenían. Los cocineros tampoco abandonaron sus puestos, probablemente porque se consideraban parte integrante de la administración y no les parecía bien tomar partido contra ella.

—Sin embargo —observó M…tskii—, a excepción de los que están aquí, no falta un forzado en el patio. La cosa va tomando mal cariz.

—¿Y qué nos importa? —replicó B—. Nosotros habríamos arriesgado mucho más que ellos. ¿Por qué habríamos de mezclarnos en los asuntos de esos bandidos? ¿Creen ustedes que, llegado el momento, se atreverán a protestar? ¡Vaya gusto meterse en la boca del lobo!

—Eso no conducirá a nada —dijo un viejo de carácter avinagrado en tono desabrido.

Almázov, que se encontraba entre los abstenidos, se apresuró a manifestarse del mismo parecer.

—Azotarán a una cincuentena de infelices y aquí no ha pasado nada.

—¡El mayor! —gritó una voz.

Todos nos precipitamos hacia las ventanas. El mayor, en efecto, acababa de llegar, hecho una furia, y avanzó resuelto hacia las filas de penados, pues en semejantes casos demostraba un valor acreditado y no perdía jamás su presencia de espíritu. Verdad es que estaba casi siempre ebrio. Lo acompañaba Diátlov, personaje de suma importancia en el penal, pues en realidad era él quien administraba el establecimiento. El mayor no veía más que por sus ojos ni tenía más voluntad que la de Diátlov, que era un joven de excelentes disposiciones y muy astuto, que había logrado conquistar las simpatías de los penados. Seguían al mayor nada más que cuatro soldados y el suboficial, que había recibido ya una fuerte reprimenda, preludio de los malos ratos que lo aguardaban.

Los forzados, que desde la llegada del suboficial permanecieron con la cabeza descubierta mientras aquél iba a dar parte al mayor de lo que ocurría, se irguieron prontamente, pero ninguno osó dar un paso adelante ni despegar los labios, esperando, sin duda, que otro rompiese el hielo.

Es verdad que el mayor tampoco les dio tiempo, pues al punto se puso a gritar como un energúmeno. Nosotros lo veíamos recorrer las filas hecho una furia, gesticulando con aire amenazador, pero, como estábamos lejos, no podíamos oír las preguntas que dirigía a los reclusos ni las respuestas que éstos daban. Finalmente, lo oímos gritar con voz estentórea:

—¡Rebeldes! ¡Todo el mundo al cuerpo de guardia para ser apaleados!… ¿Quiénes han sido los promotores de este motín? ¡Ah, eres tú uno de los cabecillas! —añadió encarándose con alguno que murmuró unas palabras que no llegaron a nuestro oídos.

Pero al cabo de un minuto vimos salir de filas al penado y dirigirse con las orejas gachas al cuerpo de guardia. Otro lo siguió en seguida, y después otro y otro.

—¡A todos se les formará sumaria! ¡A todos, no quiero que escape ni uno! —prosiguió el mayor—. A ver, ¿quiénes son los que están en las cocinas? —añadió, al divisarnos asomados a las ventanas—. ¡Que salgan de inmediato!

El furriel Diátlov se dirigió hacia nosotros, y en cuanto le dijimos que no teníamos nada que ver con los revoltosos ni formulamos ninguna reclamación, volvió inmediatamente para comunicarlo a su jefe.

—¡Ah, con que nada tienen que reclamar! —gritó, pero dulcificando la voz y en tono satisfecho—. ¡No importa, tráiganlos aquí a todos!

Salimos de la cocina. Yo estaba avergonzado y, como mis compañeros, caminaba con la cabeza baja.

—¡Hola, Prokófiev! Yolkin, Almázov, vengan ustedes acá —nos dice algo más calmado—. ¿Tú también, M…tskii?… Diátlov, toma los nombres de todos, de los descontentos y de los que no han tomado parte en el motín, pero en lista aparte. ¡Que no se te pase ni uno siquiera!… ¡ Los bribones la han de pagar cara!

La lista produjo su efecto.

—Nosotros tampoco reclamamos —gritó uno de los amotinados con voz sorda e insegura.

—¿Ahora salimos con ésas? —replicó el mayor—. Pues bien, los que estén satisfechos, que den dos pasos adelante.

Así lo hicieron varios reclusos.

—¿De manera que nada tienen ustedes que decir en contra de la comida? ¿Así, pues, han sido arrastrados a este conato de motín por los eternos agitadores? Pues bien, peor para éstos. El Consejo de guerra les asentará la mano… Peor para ellos…

—¿Pero qué significa esto? —gritó una voz de los que permanecían en las filas.

—¿Quién ha sido ese temerario? —rugió el mayor precipitándose hacia el lado de donde partió la voz—. ¡Ah, eres tú, Rastórguyev! ¡Al cuerpo de guardia en seguida!

Rastórguyev, un joven corpulento y de elevada estatura, se apresuró a obedecer. Él no había dicho siquiera esta boca es mía durante toda aquella escena y, por consiguiente, no era el autor de aquel grito, al parecer subversivo, pero no se atrevió a contradecir al irascible jefe.

—El tener la barriga llena es lo que les hace ser exigentes —prosiguió el mayor—, pero yo les quitaré esos humos, bribones. ¡No ha de escapar de rositas ni siquiera uno! Los que estén conformes con la administración, que salgan de las filas.

—¡Nosotros, nosotros! —exclamaron varios penados, uniendo la acción a la palabra. Los demás permanecieron con obstinación en sus puestos.

Pero el mayor había conseguido su objeto: dominar por completo el conato de motín, dividiendo a los revoltosos. Le interesaba mucho resolver en seguida y de la mejor manera un conflicto del que acaso habría salido mal parado, por bien que le viniesen las cartas, si llegaba a oídos de sus superiores.

—¿De manera que ninguno se queja ya? —añadió—. ¡Bien lo sabía yo! Son esos malditos instigadores. Es preciso, Diátlov, averiguar quiénes son. Y ahora… al trabajo todo el mundo. ¡Tambor, redobla!

Presenció la formación de las diferentes cuadrillas con aire de triunfo. Los penados se separaron tristes, en silencio, pero contentos en su interior del desenlace que había tenido aquella escena que amenazó con ser trágica y acabó siendo cómica. Una vez formadas las cuadrillas, el mayor se dirigió al cuerpo de guardia, donde tomó sus disposiciones contra "los instigadores", pero no fue demasiado cruel.

Más tarde contó uno de los penados que en el momento de ir a sufrir el castigo corporal, pidió perdón y lo dejó marchar impune el suboficial.

Era evidente que el mayor no las tenía todas consigo. Había tenido miedo, pues al fin y al cabo se trataba de un asunto muy espinoso, pues una rebelión en el penal habría acabado mal para todos. Lo que lo alarmó en especial fue la unanimidad de los penados en amotinarse. Era preciso, por lo tanto, satisfacer a toda costa sus reclamos y, como primera providencia, envió a los instigadores a sus respectivos pabellones.

Al día siguiente se notó una mejora muy notable en el rancho, pero esto duró poco. El mayor menudeaba sus visitas al penal, hallando siempre pretexto para castigar a uno y a otro. El suboficial que desempeñaba las funciones de sargento mayor iba y venía desorientado, como si no pudiera sacudir su estupor. En cuanto a los forzados, transcurrió largo tiempo antes de que se calmaran por completo, pero su agitación en nada se parecía a la de los primeros días. Estaban intranquilos y cohibidos; algunos bajaban la cabeza sin despegar los labios; otros hablaban del pasado movimiento, pero de mala gana, con impaciencia. Muchos se burlaban de ellos como para castigarlos por haberse amotinado.

—¿Verdad, camarada, que somos tremendos? Cuando nos proponemos una cosa, hacemos temblar hasta los cimientos del penal… con los palos que recibimos en las espaldas. ¡Aquí no se hace más que lo que queremos!

—¿Dónde está el ratón que ha querido poner el cascabel al gato?

—Las varas y el látigo son argumentos de peso, los únicos que nos convencen. Menos mal que algunos han escapado de rositas…

—Piensa más y habla menos —interrumpe uno de los castigados, en tono desabrido—. Es lo mejor que puedes hacer.

—¿Pretendes darme una lección? ¿Eres maestro de escuela?

—¡Y falta que te hace!

—¡Tú no eres más que un cobarde y un sinvergüenza!

—Lo serás tú, m…

—¡Ya basta! ¿Se van ustedes a pelear ahora? —gritan varias voces al mismo tiempo, poniendo fin al altercado.

La misma tarde de la rebelión encontré a Petrov detrás de las cuadras, después del trabajo. Me buscaba. Al acercarse a mí masculló unas frases que no pude comprender, pero guardó silencio en seguida y me saludó con una inclinación de cabeza. Yo estaba aún con el corazón encogido por la escena de que había sido víctima, y esperaba que Petrov me diese algunas explicaciones.

—Dime, Petrov —le pregunté—, ¿tus compañeros están indignados contra nosotros?

—¿Por qué?

—Los forzados… parece que no miran con buenos ojos a los nobles y…

—Bueno, ¿y qué?

—Como no los hemos secundado hoy…

—¿Por qué habían ustedes de secundarnos? —me interrumpió bruscamente—. Ustedes comen aparte y nada tienen que ver con nosotros.

—¡Oh! Algunos de los nuestros se han amotinado con ustedes, a pesar de que tampoco comen el rancho del penal. Nosotros habríamos debido secundarlos, aunque sólo fuese por compañerismo.

—¡Vamos, hombre! ¿Los nobles son acaso compañeros nuestros? —replicó con estupor.

Lo miré fijamente. No alcanzaba él a comprender el sentido de mis palabras, pero yo sí comprendí perfectamente las suyas. Por fin veía con toda claridad una idea que turbaba confusamente mi cerebro y me atormentaba desde hacía mucho tiempo; comprendí entonces lo que sólo había adivinado de un modo imperfecto, o sea, que jamás llegaría a ser camarada de los forzados, aunque entre ellos pasase todo el resto de mi vida, ni aun perteneciendo a la sección especial.

La expresión del rostro de Petrov en aquel momento se quedó grabada en mi imaginación, para no borrarse jamás. Su pregunta: "¡Vamos, hombre! ¿Los nobles son acaso compañeros nuestros?", encerraba tan ingenua franqueza, tan ingenuo estupor, que no pude menos que sospechar que se burlaba de mí. Pero no, había dicho la verdad: los forzados no podían tenerme por camarada; todo lo más podíamos caminar por senderos paralelos, pero juntos y por el mismo, ¡jamás!

Creía realmente que, después de la rebelión, nos habrían insultado y encarnecido como nunca; haciendo de nuestra vida un infierno, pero me engañé. No se nos hizo el menor reproche ni la más ligera alusión a nuestra conducta. Continuaron burlándose de nosotros, como antes, cuando se les ofrecía ocasión, pero nada más.

Ninguno guardó rencor a los que se negaron a amotinarse y permanecieron en la cocina, mientras los demás desafiaban la cólera del mayor, como tampoco a los que en el momento culminante abandonaron las filas declarando que nada tenían que reclamar contra la administración del penal. Sobre esto, con gran sorpresa de mi parte, no se dijo jamás una palabra.

VIII

MIS CAMARADAS

Como es lógico, yo me sentía más inclinado a relacionarme con los míos, es decir, con los nobles, en especial durante los primeros años de mi reclusión. Pero de los tres nobles rusos que había en nuestro penal —Akim Akímich, A...v, el espía, y el que se tenía por parricida— sólo tenía tratos con Akim Akímich. A los otros no les hablaba siquiera.

A decir verdad, sólo me dirigía a aquél por desesperación, en los momentos de tristeza más insoportables, cuando creía que no me habría podido acercar a ninguna otra persona.

Akim Akímich constituía una categoría especial de forzados: la de los indiferentes, para quienes es lo mismo vivir en libertad que condenado a trabajos forzados. Estos son realmente una excepción, y Akim Akímich el más vivo ejemplo de ella. Se había establecido en el penal como si allí hubiera de pasar toda su vida. Debía expiar aún varios años de condena, pero aseguraría que no pensaba jamás en su liberación. Más que por buen corazón, se había amoldado a aquella vida por espíritu de subordinación.

Era un hombre excelente. Con frecuencia vino en mi ayuda con sus consejos y sus servicios, sobre todo en los comienzos de mi reclusión, pero me infundía una indecible tristeza que agravaba mi propensión a la melancolía.

Cuando estaba desesperado, lo buscaba porque gustaba de oírlo hablar, pues lo hacía con lentitud, reposadamente, con voz tranquila y acompasada, como agua que cae gota a gota. No se animaba ni aun cuando le hablaba del hecho que le valió ser condecorado con la orden de Santa Ana: sólo su voz se hacía más grave, bajaba de tono al pronunciar el nombre de Santa Ana y guardaba silencio por dos o tres minutos.

Durante el primer año, tenía yo momentos horribles en los que odiaba, sin saber por qué, a Akim Akímich y maldecía al destino que me había llevado a dormir en un entarimado en que mi cabeza se tocaba con la de aquél. Pero luego me enojaba conmigo mismo por no haber sabido dominar esos accesos de desesperación. Por fortuna, de esos ímpetus sólo fui presa el primer año de mi prisión. Más tarde me acostumbré al carácter de Akim Akímich y me avergonzaba de mis sentimientos de otro tiempo. No recuerdo haber reñido jamás con él ni que tuviésemos el más ligero altercado.

Además de estos tres nobles, había en el penal otros ocho, con alguno de los cuales estreché relaciones de amistad, pero no con todos. Los mejores eran enfermizos, egoístas y en extremo intolerantes.

Me abstuve aun de hablar con dos o tres de ellos. Sólo había tres que eran instruidos: B…kii, M…tskii y el anciano J…skii, quien había sido profesor de matemáticas, un hombre excelente, muy original y de mediana inteligencia, a despecho de su erudición.

M…tskii y B…kii eran muy diferentes. Desde el primer momento, M…tskii y yo nos entendimos, y jamás tuvimos una rencilla, pero nunca lo quise de veras ni pude intimar con él. Esto me resultaba imposible, porque era excesivamente áspero, desconfiado, muy cuidadoso de sí mismo y reservado como una tumba. Esto último era lo que más me desagradaba, pues comprendía que era incapaz de abrir su pecho a quienquiera que fuese. Sin embargo, mi apreciación podía ser injusta. Estaba dotado de un carácter noble y firme. Su escepticismo inveterado se traslucía en su habilidad extraordinaria y en la prudencia y circunspección con que hablaba aun a sus más íntimos amigos. El dualismo de su alma era manifiesto, pues a la vez que escéptico era profundo creyente y tenía una fe inquebrantable en ciertas esperanzas y convicciones.

Mas a pesar de toda su habilidad estaba en guerra declarada con B… kii y su amigo T… skii. El primero era un pobre enfermo, propenso a la tisis, irascible y nervioso, pero generoso y bueno.

Su misma irritabilidad nerviosa lo hacía caprichoso como un niño. Yo no podía soportar un carácter semejante y rompí toda clase de relaciones con B…kii, pero sin dejar de quererlo. Era todo lo contrario de M…tskii, con el cual no disputaba jamás, pero no lo quería. Rota mi amistad con B…kii hube de romperla también con su inseparable T…skii. Esto lo sentí sobremanera, porque a su ilustración no superficial unía un corazón de oro y, como he dicho en el capítulo anterior, un valor a toda prueba.

Quería y respetaba de tal modo a B…kii, que los enemigos de éste no podían ser amigos suyos. Por esta razón riñó con M…tskii. Todos estos individuos eran biliosos, susceptibles, desconfiados, padecían de aguda hiperestesia moral. Esto se comprende. Su situación era penosísima, mucho más dura que la nuestra, pues habían sido desterrados de su patria y condenados a diez o doce años de deportación. Su estancia en el penal la hacían aún más dolorosa los prejuicios que habían arraigado en sus mentes y la opinión que tenían de los forzados. A su juicio, éstos no eran más que fieras y no debían ser tratados como criaturas humanas.

El penal era pues, para esos polacos, un verdadero infierno. Eran amables con los circasianos, con los tártaros y con Isaí Fomich; mas por el resto de los penados no sentían más que desprecio. Hacían una sola excepción: el viejo y mojigato creyente.

No obstante, durante todo el tiempo que estuve en el presidio, jamás observé que ningún forzado se burlara de su origen, de sus creencias religiosas ni de sus convicciones, a lo que tan propensa es la plebe de Rusia en sus relaciones con los extranjeros, en especial si son alemanes. En el fondo, no hace más que burlarse de los tudescos, porque para el pueblo ruso son seres bufos y estrafalarios.

Los forzados tenían mucha más consideración con los polacos nobles que con sus compatriotas, los rusos nobles. Mas, al parecer, los polacos no querían notar esta conducta ni tenerla en cuenta para nada. Volvamos a hablar de T…skii.

Cuando, en compañía de su camarada, abandonó su lugar de destierro para ingresar en nuestro penal, llevó sobre sus hombros, casi todo el viaje, a su amigo B…kii, de constitución tan débil y de salud tan delicada que no podía caminar por su pie ni la mitad de la etapa.

Fueron desterrados primero a Y…gorsk, donde estaban relativamente bien. Su vida era mucho más cómoda que en el penal. Mas a causa de la correspondencia que mantenían con los deportados de otra ciudad, se consideró necesario trasladarlos a nuestro penal para que allí fuesen más estrechamente vigilados.

Hasta su llegada, M…tskii había estado completamente solo. ¡Cuánto hubo de sufrir durante el primer año de destierro!

J…skii era el viejo de quien he hablado que consagraba la mayor parte de la noche a la oración. Todos los condenados políticos eran muy jóvenes, casi niños, mientras que J…skii pasaba de los cincuenta años. Por esto lo llamo viejo. Era ciertamente un hombre excelente, pero raro si los hay. Sus camaradas T…skii y B…kii lo aborrecían y jamás le hablaban. Decían, y con razón, según pude comprobar, que era tozudo y caviloso.

Creo que en un penal —como en cualquiera otro lugar donde las personas viven reunidas a la fuerza, contra su voluntad— se odia y se riñe más fácilmente que en libertad. Son muchas las causas que contribuyen a estas continuas querellas.

J…skii era realmente antipático y corto de luces; no podía congeniar con ninguno de sus compatriotas. Conmigo no pudo reñir ni una sola vez, porque jamás fuimos amigos. Supongo que era un buen matemático. Cierto día me explicó en su jerga, medio ruso, medio polaco, un sistema astronómico de su invención. Me dijo que había publicado sobre el mismo argumento un libro que hizo las delicias de los hombres de ciencia. Dados su estrecho criterio y su limitado talento, no me costó trabajo creerlo.

Oraba de rodillas durante días enteros, y esto le conquistó el respeto de los forzados, respeto que le guardaron hasta la muerte, pues yo lo asistí hasta sus últimos momentos y puedo atestiguarlo.

Cuando los condujeron, a cortas jornadas, de Y…gorsk a nuestro penal, no se cuidaron de afeitarlos jamás, por lo cual tenían las barbas y los cabellos crecidos en exceso, y esto enfureció a nuestro mayor, como si los infelices fuesen culpables de esta transgresión del reglamento.

—¡Miren qué facha! —exclamó, rojo de ira—. ¡Son vagabundos o bandidos!

J…skii, que presumía entender algo el ruso, creyó que les preguntaban si eran vagabundos o bandidos, y contestó:

—Somos condenados políticos, no bandidos.

—¡Cómo! ¿Te atreves a replicar a tu superior? ¡A ver, que lo lleven al cuerpo de guardia y le den cien azotes en seguida! ¡Habrá visto el insolente!

La orden del mayor se cumplió sin pérdida de tiempo. J…skii ofreció, tendido en tierra, sus espaldas a las varas, sin oponer resistencia, y soportó el suplicio, mordiéndose la diestra sin lanzar un quejido ni estremecerse siquiera.

B…kii y T…skii llegaban en aquel momento al penal. M…tskii los esperaba en la puerta con los brazos abiertos, aunque no los había visto en su vida. Indignados por la acogida que les había dispensado el mayor, le contaron al punto la horrible escena que acababa de desarrollarse.

—Al saberlo —me decía más tarde M…tskii—, me quedé primero como petrificado y en seguida se apoderó de mí una rabia salvaje. Esperé a J…skii junto al portón por donde había de pasar a su salida del cuerpo de guardia, después de sufrido el castigo. La puerta se abrió, al fin, y vi aparecer a J…skii con el rostro pálido y los labios temblorosos y exangües. No miró a ninguno y atravesó por en medio de los grupos de forzados como si el patio hubiese estado desierto —M…tskii se exaltaba a medida que iba hablando—. Aquellos forzados —prosiguió—, sabían que acababa de sufrir un noble el infamante castigo de las varas…

J…skii entró en el pabellón, se postró de rodillas y se puso a orar con tranquilidad. Los penados se quedaron estupefactos y aun se sintieron conmovidos. Cuando vi a aquel hombre de cabellos blancos, desterrado de su patria, en la que lo lloraban su mujer y sus hijos, después de haber pasado por tan vergonzoso castigo, arrodillado y absorto en la oración, huí como loco de la cuadra…

Desde aquel momento, los forzados tuvieron hacia J…skii las mayores atenciones y el más profundo respeto. Lo que les admiraba, sobre todo, era que no hubiese lanzado un gemido bajo los tremendos golpes que le habían asestado.

Pero es preciso ser justos y decir la verdad. No se deben juzgar por este ejemplo las relaciones de la administración con los deportados nobles, sean rusos o polacos.

La anécdota que acabo de referir demuestra únicamente que podemos tropezar con un malvado, y si este malvado es comandante de un penal donde tengamos la desgracia de ser encerrados, nuestra suerte no tendrá nada de envidiable.

Pero la administración superior de los trabajos forzados que da la palabra de orden y confiere la dirección a los comandantes subalternos es muy diferente con los deportados nobles y, a veces, se muestra más indulgente con ellos que con los forzados de baja condición. Las causas son evidentes.

En primer lugar, los jefes son también nobles. Además, se citaban casos de nobles que se habían negado resueltamente a tenderse para recibir el castigo de varas y habían agredido a los ejecutores, y las consecuencias de esas rebeliones son siempre de temer. Por último, y creo que es esta la causa principal, mucho tiempo antes, treinta y cinco años si no me equivoco, había sido deportada a Siberia una multitud de nobles, los cuales supieron portarse y recomendarse tan bien, que los encargados de los trabajos forzados trataron a los nobles de muy distinta manera que a los demás condenados.

Los comandantes subalternos habían seguido el ejemplo de sus jefes y obedecían ciegamente este sistema. Muchos de ellos criticaban y deploraban estas disposiciones de sus superiores, y se consideraban dichosos cuando podían hacer su gusto, pero no solían extralimitarse.

La segunda categoría de trabajos forzados, a la cual pertenecía yo, compuesta por siervos penados, sometidos a la autoridad militar, era mucho más dura que la primera (minas) y que la tercera (construcciones). Y era más dura no sólo para los nobles, sino para los demás forzados, porque la administración y la organización eran militares y se asemejaba mucho a la de los presidios de Rusia.

Los jefes eran más severos y las costumbres más rigurosas que en las otras categorías. Se llevaba siempre la cadena, la escolta nos vigilaba constantemente y estábamos a todas horas encerrados, lo cual no sucedía en otras partes, al menos así lo aseguraban forzados que tenían motivos para saberlo.

Mis compañeros habrían ido gustosos a las minas, aunque, según la ley, éstas eran el mayor castigo. Los que habían estado en los presidios rusos hablaban horrores y aseguraban que no hay infierno peor, y que Siberia era un paraíso comparado con las fortalezas de Rusia.

Por esta razón se nos tenía alguna consideración a los nobles en nuestro penal, que estaba directamente vigilado por el general gobernador y cuya administración era militar; se debía a la benevolencia con que se trataba a los forzados de la primera y tercera categorías. Puedo hablar con conocimiento de causa de lo que pasaba en Siberia.

Los relatos que me han hecho los deportados de la primera y tercera categorías confirman mi aserto. Nos vigilaban más estrechamente que en cualquier otra parte, no escapábamos a ninguno de los rigores del trabajo y la reclusión, llevábamos los mismos hierros y sufríamos iguales penalidades que los otros detenidos.

Era en absoluto imposible que nos protegieran, porque yo sé que en fecha no remota, mejor dicho, en fecha muy reciente, las denuncias y las intrigas que amenazaban con la destitución de los funcionarios se habían multiplicado de tal modo, que la administración temía las delaciones, y en aquel tiempo, mostrar un poco de indulgencia con cierta clase de forzados, se consideraba un delito.

Y así, como cada cual temía por sí mismo, habíamos llegado al mismo nivel que los forzados por delitos comunes. La única excepción que existía a nuestro favor era no aplicarnos castigos corporales. Nos habrían vapuleado de haber cometido un delito cualquiera, porque el reglamento exige que, respecto al castigo, seamos todos iguales; pero se guardaban de azotarnos sin motivo o por simples faltas, como se hacía con los demás penados.

Cuando nuestro comandante tuvo conocimiento del castigo infligido a J...skii, montó en cólera y reprendió severamente al mayor, para que en lo sucesivo fuera más cauto y menos impetuoso. La noticia de esta reprimenda cundió con velocidad por el penal, llenando de júbilo a los forzados, que odiaban al mayor; y la alegría no tuvo límites cuando se supo que al rapapolvo del comandante había seguido una admonición mucho más severa del general gobernador, a pesar de que éste tenía gran confianza en el mayor por sus excelentes cualidades como funcionario y fidelidad en el cumplimiento de la ley.

Nuestro mayor no echó en saco roto la advertencia de sus superiores, pero soñaba con el desquite y buscaba la ocasión de volver a azotar a J... skii, haciéndole incurrir en alguna de las faltas previstas en el reglamento. Pero no lo consiguió.

El asunto de J...skii se supo también en la ciudad, y la opinión pública se mostró unánimemente contraria al mayor, y no fueron pocas las personas de elevada posición que le manifestaron su desagrado en forma demasiado ostensible y de sobra humillante.

Recuerdo mi primera entrevista con el mayor. En Tobolsk nos habían espantado ya, a otro compañero y a mí, refiriéndonos anécdotas respecto a la crueldad inaudita de este hombre abominable.

Los viejos desterrados —nobles como nosotros, que habían sido condenados a veinticinco años de trabajos forzados—, que vinieron a visitarnos a nuestra cárcel de tránsito, nos previnieron en contra del jefe del penal a donde nos conducían y nos prometieron, al mismo tiempo, interceder con sus amigos influyentes para sustraernos, en lo posible, a sus persecuciones. En efecto, escribieron a las tres hijas del general gobernador, las cuales, según creo, intercedieron a nuestro favor. ¿Pero qué podían hacer? El general se limitó a decir al mayor que fuese justo en la aplicación de la ley. A cosa de las tres de la tarde llegamos mi camarada y yo a la ciudad, y la escolta nos condujo directamente a presencia del tirano. Quedamos en la antesala mientras avisaban al suboficial de guardia, y apenas llegó éste entró el mayor. Su cara roja, granujienta y de expresión feroz nos causó una impresión muy dolorosa. Parecía que una terrible araña trataba de aprisionar en su tela a una pobre mosca.

—¿Cómo te llamas? —preguntó a mi compañero.

Este le dijo su nombre y apellido.

—¿Y tú? —añadió, mirándome fijamente a través de sus gafas.

Contesté a su pregunta.

—¡Sargento! —exclamó—. Llévelos al penal, haga que les rasuren la mitad de la cabeza en el cuerpo de guardia y que ingresen en el departamento civil… ¿Pero qué capotes son éstos? —añadió bruscamente al ver los que llevábamos y que nos habían sido entregados en Tobolsk—. ¿Este es un nuevo uniforme? Cada día se ven novedades… cosas de San Petersburgo… ¿Traen algún equipaje? —prosiguió, dirigiéndose al guardia que nos acompañaba.

—Sus trajes ordinarios, alta nobleza —repuso el guardia cuadrándose como un quinto.

—Eso no puede entrar en el penal. Déjeles sólo la ropa blanca y el resto lo vende a un ropavejero. El forzado no puede poseer nada —añadió mirándonos con severidad—. Ahora, mucho cuidado, pórtense bien, pues a la menor falta les infligiría un castigo corporal. Las varas y los azotes no están jamás ociosos en el presidio. Conque ya están ustedes advertidos. ¡Marchen!

No estaba acostumbrado a ser tratado con semejante descortesía, y aquel grosero recibimiento por poco no fue causa de una enfermedad, pues sentía que la fiebre se iba apoderando de mí. Cuando pasé los umbrales del penal, me pareció que acababa de entrar en el infierno.

Ya he dicho que a los nobles no se les daba ninguna consideración ni se tenían preferencias con ellos, en lo que al trabajo se refiere; sin embargo, se trató de aliviar en lo posible nuestra situación, enviándonos a B...kii y a mí como escribientes, pero en secreto, a las oficinas de ingenieros.

Nadie ignoraba el favor de que habíamos sido objeto, pero todos fingían no haberlo notado. De esta buena suerte éramos deudores al jefe de ingenieros, que duró todo el tiempo que el teniente coronel G...kov fue nuestro comandante.

Este jefe (que sólo permaneció seis meses en Siberia) nos pareció un bienhechor enviado del cielo, y causó honda y agradable impresión a todos los forzados. No lo amaban sino que lo adoraban, si puedo emplear esta frase.

—Es un padre para nosotros —decían a cada momento los deportados, mientras G...kov dirigió los trabajos.

¿Por qué amaba a mis desgraciados compañeros? No sabría precisarlo, pero el hecho es que no podía ver un detenido sin dirigirle una palabra cariñosa y gastarle alguna broma para hacerlo reír. No tenía nada de autoritario; para los penados era un camarada más.

A pesar de esta condescendencia, no recuerdo que algún forzado se extralimitara ni fuera jamás irrespetuoso con él. Sucedía todo lo contrario: al ver al comandante, en los labios del recluso se dibujaba una sonrisa y, gorra en mano y sin cesar de sonreír, esperaba tranquilo y dispuesto a cumplir al momento las órdenes del querido jefe.

Los penados lo amaban por la confianza que tenía en ellos y por el horror que demostraba contra la tacañería y la mezquindad. Estoy seguro de que, si hubiese perdido un billete de mil rublos y lo encontrase el ladrón más empedernido de todo el penal, se lo habría devuelto en seguida radiante de gozo.

La simpatía de los forzados por el teniente coronel G...kov aumentó cuando se supo que odiaba a muerte a nuestro mayor, del que había sido compañero de armas.

La marcha de tan querido jefe fue sentidísima en el penal. G...kov fue quien, como dejo dicho, hizo que nos destinaran a las oficinas de ingenieros, y cuando partió, no varió nuestra situación, pues había un ingeniero que nos demostraba mucha simpatía.

Pero, ¡ay!, llegó al fin la hora de denunciarnos, y por orden superior hubimos de cesar en nuestro cargo de escribientes para formar en las cuadrillas de los trabajadores. En el fondo, este cambio no nos afligió gran cosa, porque ya estábamos cansados de hacer copias y más copias, aunque con ello se perfeccionaba nuestro carácter de letra.

Durante dos años enteros trabajamos B...kii y yo en las oficinas, charlando y discurriendo sobre nuestras esperanzas y nuestras convicciones. Las del buen B...kii eran extrañas, exclusivistas. Existe gente muy inteligente, cuyas ideas son, a veces, demasiado paradójicas; sin embargo, han sufrido tanto por ellas, de tal modo han perseverado en ellas y las han conservado a costa de tantos sacrificios, que sería una crueldad arrancárselas, aun en el caso de que esto fuese posible. B...kii no podía soportar una objeción y contestaba con distanciarnos, con gran sentimiento de mi parte, pues ya teníamos muchas ideas que nos eran comunes.

M...tskii, a medida que pasaban los años, se ponía más triste y sombrío. La desesperación se había apoderado de él. Al principio de mi reclusión era más comunicativo, dejaba entrever mejor sus pensamientos, se interesaba por las noticias que yo le llevaba, pues nada sabía de lo que ocurría fuera del penal; me interrogaba, escuchaba y se conmovía. Poco a poco se concentró en sí mismo, y no había medio de adivinar lo que pensaba.

Se exasperaba cada vez más y no cesaba de lanzar invectivas contra los forzados, a los que ya había comenzado a comprender. Los argumentos que yo empleaba en defensa de ellos no tenían ninguna eficacia.

No prestaba siquiera atención a lo que le decía, y si alguna vez se mostraba de acuerdo conmigo, al siguiente día volvía a las andadas.

Hablábamos siempre en francés, y sin duda por esto el soldado de ingenieros, Draníschnikov, dio en la flor de llamarnos "los dos sacamuelas". M…tskii sólo se animaba hablando de su madre.

—Es vieja y está enferma —me decía—, me ama sobre todas las cosas del mundo, y no sé si vive aún, si le han dicho que he sido azotado, pues esta noticia la mataría.

M…tskii no era noble y había sufrido castigos corporales antes de ser deportado. Cuando lo recordaba, se ponía furioso, rechinaba los dientes, parecía que los ojos se le iban a salir de las órbitas.

En los últimos tiempos de su reclusión paseaba casi siempre solo. Una mañana le ordenaron que compareciese ante el comandante, el cual lo recibió con la sonrisa en los labios.

—Vamos a ver, M…tskii —le dijo—, ¿qué soñaste anoche?

Sintió el corazón, como si presintiese el anuncio de una gran desgracia, y contestó al comandante:

—Soñé que había recibido una carta de mi madre.

—El sueño fue agradable, pero lo es más la realidad. Desde este momento eres libre, M…tskii. Tu madre ha suplicado al zar, y su ruego ha sido escuchado. Así, pues, abandonarás hoy mismo el penal.

Volvió a reunirse con nosotros, pálido como la cera, sin atreverse a creer que era verdad tanta dicha. Lo felicitamos cordialmente, estrechando sus manos frías y temblorosas.

Convertido en colono, M…tskii se estableció en la ciudad y venía con frecuencia al penal para comunicarnos, cuando podía, las noticias políticas que circulaban, que eran las que nos interesaban más.

Además de los cuatro polacos, condenados políticos de quienes ya he hablado, había otros dos, muy jóvenes, deportados por breve tiempo, poco instruidos, pero honrados, francos y leales; otro, llamado A…chukovskii, bastante simple, y un tal B…m, hombre ya entrado en años, que me causó pésima impresión.

No sé por qué había sido deportado éste, aunque él no tenía empacho en decirlo a quien lo quisiera oír. Su carácter era mezquino, con ideas y costumbres groseras, como las de un tendero enriquecido. Carecía absolutamente de cultura y sólo se interesaba por lo que a su oficio de pintor concernía.

Es forzoso reconocer que era un pintor de valía; su fama cundió pronto en la ciudad, donde le encargaban la decoración de techos y paredes, que era su especialidad.

En dos años decoró las viviendas de los funcionarios públicos, que le pagaron con relativa esplendidez, y gracias a esto podía darse buena vida. Lo acompañaban en sus trabajos tres penados, dos de los cuales, sobre todo uno llamado T…jvskii, aprovecharon tan bien sus lecciones, que en poco tiempo no desmerecieron sus pinturas de las de su maestro.

El mayor, que vivía en un edificio propiedad del Estado, quiso que B…m decorase todas las paredes y techos, y el pintor se esmeró tanto en este trabajo, que las habitaciones del general-gobernador parecían pobres y mezquinas al lado de las del jefe del penal.

El mayor se frotaba las manos con orgullo mal disimulado, anunciando que las mejoras introducidas en su domicilio obedecían a que en breve se casaría.

—¿Quién no se casa teniendo una casa como la mía? —decía con la mayor seriedad del mundo.

Cada día estaba más contento de B…m y de los que lo ayudaban. Aquel trabajo duró un mes. En ese tiempo el mayor cambió de parecer respecto a nosotros, y comenzó a proteger a los condenados políticos. Un día hizo comparecer a J…skii en su despacho.

—J…skii —le dijo—, te he ofendido haciéndote azotar injustamente. Pues bien, estoy arrepentido, ¿oyes? Yo, yo, estoy arrepentido. ¿Entiendes?

J…skii contestó que entendía perfectamente.

—Pues bien, quiero reconciliarme contigo, pero es preciso que te hagas cargo del favor que te hago al llamarte para que me perdones. ¿Qué eres tú respecto a mí? Un gusano, menos que un gusano de la tierra. Tú eres un forzado y yo, por la gracia de Dios, soy un mayor. ¡Mayor! ¿Lo entiendes?

J…skii volvió a repetir que lo entendía,

—¿Comprendes la grandeza de mi acción? ¿Sabes apreciarla? Fíjate, yo, yo, un mayor, te pide perdón…

J…skii me contó esta escena. ¿Entonces aquel bruto, ebrio, desordenado y tacaño era susceptible de sentimientos humanitarios?

Si se tienen en cuenta sus ideas y su desarrollo intelectual, es preciso convenir en que aquella acción era verdaderamente generosa. ¡Tal vez había contribuido a esto su perpetuo estado de embriaguez!

El sueño del mayor no se realizó: no pudo casarse, aunque estaba resuelto a ello en cuanto terminase la decoración de su domicilio, pues se le formó expediente y, a pesar de sus ruegos y lágrimas, no tuvo otro remedio que pedir el retiro. La gran noticia la celebraron los forzados con las mayores demostraciones de júbilo. El desdichado mayor tuvo que vender su tronco de caballos y cuanto poseía, y no tardó en caer en la mayor miseria.

IX
LA FUGA

Poco tiempo después de la destitución del mayor, se reorganizó completamente nuestro penal. Fueron abolidos los trabajos forzados y el presidio se trocó en una penitenciaría militar, semejante a las de Rusia. En lo sucesivo no se envió ningún penado de segunda categoría, puesto que sólo debía contener detenidos militares, esto es, personas que conservan sus derechos civiles.

Eran soldados como todos los demás, pero habían sido azotados, y su condena era de escasa duración, máximo seis años. Una vez expiada la sentencia, volvían a los batallones como soldados rasos.

Los reincidentes eran condenados a veinte años de reclusión. Hasta entonces había habido en nuestro penal una sección militar, pero sólo porque no se sabía dónde meter a los soldados presos.

En cuanto a los forzados paisanos que habían perdido sus derechos o estaban marcados con el hierro infamante y rasurados, debían permanecer en el presidio hasta la completa expiación de su condena, pero, como no llegaban otros nuevos y a los antiguos los iban poniendo en libertad poco a poco, al cabo de diez años no quedaría en el establecimiento ningún recluso de esta clase.

No cambió nuestro género de vida, sólo la administración había sido modificada, y se había vuelto más complicada. Fue designado jefe del penal un oficial superior, comandante de una compañía, quien tenía bajo sus órdenes cuatro oficiales subalternos, que hacían la guardia por turno.

Los inválidos fueron reemplazados por doce sargentos y un celador del arsenal. Se dividieron las secciones de reclusos en decenas, para cada una de las cuales fue nombrado un cabo de varas. Akim Akímich, como era justo, fue uno de los elegidos.

La vida que se hacía era la misma, pero se nos había librado del mayor y se respiraba. Por lo demás, tampoco podría yo describir minuciosamente esa vida: al evocar tales recuerdos, los pasados sufrimientos me oprimen el corazón y paralizan mi mano.

Sé que los años transcurrían lenta y tristemente, y que los días eran interminables, fastidiosos, y que las horas se deslizaban como gotas de agua…

Recuerdo también que lo único que me daba fuerzas para resistir, esperar y confiar era un ardiente deseo de resucitar, de renacer a una nueva vida. Me acostumbré, al fin, y contaba los días. Y aun cuando me quedaban todavía mil, era dichoso al siguiente al pensar que al cabo de novecientos noventa y nueve días abandonaría para siempre el penal.

Alguien se preguntará si era posible fugarse del presidio y si durante mi permanencia en él hubo alguna tentativa de fuga.

Ya he dicho en otro lugar que el recluso que lleva tres años en un penal, reflexiona que vale más purgar sin tropiezos su condena y convertirse en colono una vez que haya recobrado su libertad. Mas, los que hacen estos cálculos son los que han sido condenados por un tiempo relativamente corto; pero los que han sido sentenciados a muchos años no reparan en riesgos. Sin embargo, las tentativas de fuga son raras.

Esto se debe atribuir a la cobardía de los forzados, a la severidad de la disciplina militar y a la situación de nuestra ciudad, que no favorecía las fugas, porque se encontraba en plena estepa abierta por todas partes. En mi tiempo, empero, trataron de escapar dos presidiarios de cuidado.

Desde el momento en que fue destituido el mayor, quedó solo y sin amigos A…v, el espía del penal. Joven aún, su carácter iba adquiriendo con la edad cierta firmeza. Era descarado, resuelto y astuto. Si lo hubiesen puesto en libertad, de seguro habría vuelto a acuñar moneda falsa, pero con la experiencia adquirida en el penal, difícilmente lo habrían atrapado de nuevo. A la sazón se ejercitaba en falsificar pasaportes.

Tuve ocasión de penetrar en su alma y verla en toda su horrible fealdad. Su frío cinismo era repugnante, producía náuseas. Creo que por satisfacer un capricho no habría vacilado en cometer un asesinato, siempre que su crimen no pudiese ser descubierto. Había estudiado a fondo a todos los penados, y comprendió que ninguno era más a propósito que Kulíkov, individuo, como él, de la sección especial. Ya he hablado de este sujeto en otro lugar.

No era joven, pero sí lleno de ardimiento y de energía, y poseía cualidades extraordinarias. Se sentía fuerte y quería vivir mucho tiempo todavía.

Así, pues, Kulíkov no valía menos que A...v; el uno completaba al otro. Sospecho que el primero contaba con que A...v le facilitaría un pasaporte, falsificado desde luego. En seguida estuvieron de acuerdo. Mas era imposible huir sin tener de su parte a un soldado de la escolta.

En uno de los batallones que guarnecían la fortaleza, había un soldado polaco, hombre de edad madura, enérgico y digno de mejor suerte, serio y valeroso. Llegado a Siberia, muy joven aún, desertó, presa de una mortal nostalgia. Fue, empero, aprehendido y azotado, e incorporado por dos años a la compañía disciplinaria.

Expiada la pena, volvió a su batallón, distinguiéndose de tal modo por su celo en el servicio y por su intachable conducta, que le agraciaron con el empleo de cabo.

Lo vi una que otra vez entre los soldados que nos vigilaban, y observé que la nostalgia se había trocado en odio sordo, implacable, y que no habría retrocedido ante ningún obstáculo.

Kulíkov estuvo, pues, muy acertado, al elegirlo para que secundase sus planes de fuga. Este cabo se llamaba Kóler. Nos encontrábamos a la sazón en el mes de junio, la época de los grandes calores. El clima de nuestra ciudad, bastante igual, sobre todo en verano, era favorable para los vagabundos.

No había que pensar siquiera en huir directamente desde el penal, pues al estar situada la población sobre una colina, dominaba en toda su extensión la llanura y parte del bosque.

Además, se necesitaban ropas con que sustituir sus uniformes de presidiarios, y para procurársela era preciso ir al suburbio, donde Kulíkov tenía, desde hacía tiempo, un refugio.

Ignoro si sus amigos del suburbio eran partícipes de su secreto, pero creo que sí, aunque este extremo no se ha podido poner en claro.

Un año antes se había establecido allí una joven de vida ligera, bastante agraciada, llamada Vanika-Tanika, o "Fuego y llama", que por este nombre era más conocida. Supongo que estaba de acuerdo con Kulíkov porque, durante todo el año, aquél hizo verdaderas locuras por ella.

Llegó, finalmente, el día convenido para dar el golpe. Cuando por la mañana se formaron las cuadrillas, los dos amigos se las ingeniaron de manera que les designasen para acompañar al forzado Schilkin, fumista de oficio, encargado de hacer algunas reparaciones en los cuarteles que habían desocupado los soldados en las afueras de la población.

Kóler, por su parte, consiguió ser designado para escoltarlos, y como el reglamento disponía que cada tres forzados debían ir acompañados de dos soldados, le asignaron un joven recluta, al que, en su calidad de cabo, debía imponer en el servicio de escolta.

Era preciso que los fugitivos ejercieran gran influencia sobre Kóler para inducirlo a seguirlos, a él que era tan calculador, inteligente y serio, y que sólo le faltaba un año para cumplir. A las seis de la mañana llegaron a los cuarteles. Estaban completamente solos. Después de una hora de trabajo, Kulíkov y A...v dijeron a Schilkin con la mayor tranquilidad del mundo que fuese al depósito por una herramienta que necesitaban. Como no sabía de los planes, era preciso alejarlo.

Kulíkov, para despistarlo, le dijo al oído que entretanto ellos irían a la cantera para recoger el aguardiente que el día antes había ocultado uno de los proveedores. Schilkin se quedó solo con el recluta, mientras Kulíkov, A...v y Kóler se dirigían, no a la cantera, sino a casa de "Fuego y llama".

Transcurrió media hora sin que los ausentes dieran señales de vida. Schilkin se puso a reflexionar, y de pronto una vehemente sospecha cruzó por su mente, y atando cabos y recordando ciertos pormenores no dudó de que sus sospechas no fueran infundadas.

Sin poder contenerse un momento más, estuvo tentado de comunicar sus impresiones al soldado que lo acompañaba. Schilkin comprendía toda la gravedad de su situación, pues podían considerarlo cómplice de los fugados y su piel corría serios peligros. Todo retardo en dar conocimiento del hecho redundaba en perjuicio suyo. Así, pues, so pretexto de que había de volver al penal para recoger del arsenal una herramienta del depósito, se hizo acompañar de su vigilante y en cuanto llegó al cuerpo de guardia comunicó al sargento sus sospechas. Éste se apresuró a dar la novedad al mayor, quien a su vez fue corriendo a poner el hecho en conocimiento del comandante.

Eran ya las nueve de la mañana. Un cuarto de hora después se habían tomado todas las medidas necesarias para apresar a los fugitivos y se había dado parte del suceso al general-gobernador. El miedo que se apoderó de todos los jefes y oficiales no es para ser descrito, pues se trataba de dos individuos de la sección especial, o sea de los que debían ser más estrechamente vigilados, hasta el punto de que cada uno de ellos había de ser escoltado por dos soldados, y la responsabilidad que sobre los primeros pesaba era tremenda.

De inmediato se enviaron correos a todas las cabezas de partido de la provincia y a las ciudades circunvecinas, para advertir a las autoridades la fuga de dos presidiarios y remitirles su filiación, y los cosacos salieron en persecución de los fugados.

La noticia corrió por el penal como reguero de pólvora, y huelga decir que a todos agradó y que se hacían votos porque los fugitivos se pusieran fuera del alcance de sus perseguidores. El corazón de todos los penados daba saltos de emoción. Una especie de esperanza, de audacia repentina, los agitaba; les parecía entrever la posibilidad de cambiar de suerte.

—Ellos se han fugado, ¿por qué no hemos de poder hacerlo nosotros?

Todos asumieron un aire altanero y miraban con desdén a los sargentos desde la cima de su grandeza. Como es de suponer, todos los oficiales acudieron prontamente al penal, y con ellos nuestro comandante. Los forzados lo miraban con atrevimiento, desprecio y severa gravedad a la vez.

—¡Por vida de Lucifer! —murmuraban algunos—. Cuando nos lo proponemos de veras, salimos del paso a toda costa.

Era de esperar una visita de todos los jefes, registros, interrogatorios, recuento y demás. Así sucedió, en efecto, pero nada se pudo poner en claro.

Por la tarde nos acompañó al trabajo doble escolta, y por la noche los oficiales y sargentos iban a cada instante con objeto de sorprendernos. Se nos contó una vez más que de costumbre; y como por dos veces se equivocaran, se produjo una nueva alarma y nos hicieron salir al patio para hacer mejor el recuento, operación que volvió a repetirse cuando entramos en nuestros pabellones respectivos. Era evidente que se sospechaba que los fugitivos contaban con cómplices dentro del penal, pero, aunque se extremó la vigilancia, se nos espiaba sin cesar y escuchaban nuestras conversaciones, sin que de ello pudiéramos darnos cuenta. El resultado fue el que por fuerza debía ser: nulo.

—No son tan necios para dejar aquí cómplices que pudieran denunciarlos —observaba uno.

—El juego no se descubre cuando se trata de semejantes empresas —apoyaba otro.

—Kulíkov y A…v son demasiado listos. Se han portado como verdaderos maestros; no han dejado ni rastro. ¡Se han evaporado! ¡Como que son capaces de pasar a través de los barrotes de una reja como pájaros!

En una palabra, la gloria de Kulíkov y de A…v había crecido de pronto. Todos estaban orgullosos de haberlos tenido por compañeros. Se preveía que su hazaña pasaría a la posteridad y que sobreviviría al penal.

—¡Son unos valientes! —exclamaba uno.

—Se decía que era imposible fugarse; sin embargo, ellos han tomado las de Villadiego —añadían los otros.

—Sí —observaba un tercero, midiendo con los ojos a sus compañeros—; ¿pero hay aquí alguno que pueda codearse con los evadidos? ¿Quién de nosotros sería digno de atarles los cordones de los zapatos?

En cualquier otra ocasión, el forzado a quien le dirigieran semejante pregunta habría contestado con un reto en defensa de su honor; mas ahora todos enmudecieron.

—Es cierto; no todos se llaman Kulíkov ni A…v…

—Después de todo, ¿qué hacemos nosotros aquí? —interrumpió bruscamente un detenido que estaba a horcajadas en el alféizar de la ventana de la cocina.

—¿Que qué hacemos? Vivimos sin vivir, hemos muerto antes de morir. ¿No es así?

—¡Por Dios! No se puede dejar el penal como un par de zapatos viejos… Nos estrecha los pies y… ¿Qué estás ahí murmurando?

—Fíjate en Kulíkov, por ejemplo —comenzó a decir uno de los más soliviantados—; un hombre que parecía no valer nada…

—¡Kulíkov! —repuso otro, poniendo la mano en el hombro del que hablaba—. ¿Hay muchas docenas de Kulíkov?

—¿Y A…v? ¡Ese sí que vale!

—¡Ah! Ése se meterá a Kulíkov en el bolsillo cuando le parezca. ¡Buen punto está hecho!

—¿Estarán ya muy lejos? ¡Cómo me gustaría saberlo!

La conversación se iba animando.

—¿Se hallarán muy lejos de la ciudad? ¿Qué camino habrán tomado? ¿Cuál es el pueblo que está más cerca?

Como había forzados que conocían los alrededores del penal, eran escuchados con la mayor atención. Cuando se habló de los habitantes de las aldeas vecinas, se convino en que no había que fiarse de ellos, pues, lejos de favorecer la fuga, habrían salido en persecución de los fugitivos.

—¡Si supieran qué malos y qué bestias son los aldeanos!

—¡Bah! ¡Son unos cobardes!

—¡Qué han de serlo! El siberiano es malo por naturaleza y mata a un hombre como quien se bebe un vaso de agua.

—¡Oh! Pero los nuestros…

—Es cierto, no temen a nadie, pero ya veremos quién puede más.

—De todos modos, si no revientan, oiremos hablar de ellos.

—¿Crees que los aprehendan?

—¡Yo sostengo que no se dejarán agarrar jamás! —repuso uno de los más exaltados, dando un tremendo puñetazo sobre la mesa.

—¡Hum! ¡Quién sabe!

—Pues bien, amigos míos… —dijo Skurátov—, si yo tuviese la suerte de escapar, aseguro que no me volverían a poner la mano encima.

—¿Tú?

Y prorrumpieron todos en sonoras carcajadas. Pero Skurátov tenía intención de hablar, y replicó con énfasis:

—¡Sí, yo! Me lo digo a mí mismo con frecuencia, y no deben asombrarse. Sería capaz de pasar por el ojo de una cerradura antes que dejarme agarrar.

—¡Qué va! En cuanto te acosara el hambre irías a pedir un pedazo de pan a cualquier muchik.

Nuevas carcajadas.

—¿Yo mendigar pan? ¡Embustero!

—¿Pero a qué tanto charlar? Tu tío Vaska y tú cometieron un asesinato bovino, y por eso han sido enviados a presidio.

Resonaron nuevas carcajadas. Los forzados serios estaban indignados.

—¡Embustero! —rugió Skurátov—. ¿Fue Mikitka el que les vino con el cuento? Me han confundido con mi tío Vaska. Yo soy moscovita y vagabundo desde la infancia. Cuando el cura me enseñaba a leer la liturgia, me tiraba de la oreja y me hacía repetir: "¡Oh, Señor, por tu infinita bondad, ten piedad de mí", pero a mí sólo se me ocurrió murmurar: "Por tu infinita bondad me han llevado a la cárcel". He aquí lo que he hecho desde mi infancia.

Nuevas carcajadas acogieron esta salida, dejando satisfecho a Skurátov, que presumía de gracioso. Y volvió a hablarse en serio, en especial entre los viejos y los que eran prácticos en materia de escapes. Los otros forzados más jóvenes, o de carácter más apacible, los escuchaban con placer.

En la cocina había una gran aglomeración. Claro está que no andaban por allí los sargentos, pues en su presencia no se habría hablado con tanta libertad. Entre los reunidos se hallaba un tártaro, bajo de estatura, de abultadas mejillas y de rostro en extremo cómico. Se llamaba Mametka, no hablaba ruso y difícilmente podía comprender lo que decían los otros; sin embargo, alargaba cuanto podía el cuello entre los demás y escuchaba con no menos atención.

—Pues bien, Mametka, iakchi.

—Iakchi, oukh iakchi —respondía el tártaro sacudiendo su grotesca cabeza.

—¿No los atraparán, iok?

—¡Iok! ¡Iok!

Y Mametka volvía a sacudir la cabeza, levantando los brazos.

—¿Has mentido, o yo no te he podido entender?

—Así es, así es, iakchi —contestaba el tártaro.

Skurátov le encasquetó, de un manotazo, el gorro hasta las orejas, y se marchó alegremente, dejando a Mametka aturdido. Durante una semana la disciplina fue excesivamente severa en el penal; las patrullas no cesaban de pasar por los alrededores. No sé cómo sucedía, pero lo cierto es que los presidiarios tenían conocimiento de todas las disposiciones que la administración tomaría para dar con el paradero de los fugitivos. Los primeros días las noticias eran favorables para ellos, pues no habían dejado huella de sus pasos. Los reclusos se burlaban casi con descaro de los jefes y estaban seguros de la buena suerte de sus compañeros.

—No encontrarán nada —decían con íntima satisfacción—. ¡Ya verán cómo no vuelven a atraparlos! Se sabía que todos los habitantes de los lugares de las cercanías estaban prevenidos y que la vigilancia era extrema en todos los sitios sospechosos, en especial en los bosques y barrancos.

—¡Tiempo perdido! —decía uno, guiñando el ojo—. Se habrán escondido en casa de algún amigo de confianza.

—¡Claro está! No se habrían aventurado a escaparse de no haberlo tenido todo preparado previamente. Las suposiciones fueron más allá todavía.

Se decía que permanecerían escondidos en algún sitio del suburbio hasta que cesara el pánico y les creciera el pelo, después de lo cual, es decir, cuando hubieran transcurrido cinco o seis meses, se irían tranquilamente muy lejos.

En una palabra, cada penado forjaba una novela y daba rienda suelta a su fantasía. Ocho días después de la evasión, corrió la voz de que se estaba sobre la pista de los fugitivos. Este rumor fue desmentido al principio, desdeñosamente, pero como al atardecer se repitiera con insistencia, los penados comenzaron a preocuparse.

Por la mañana se decía en la ciudad que los presidiarios fugados habían caído, al fin, en manos de sus perseguidores, y que pronto serían conducidos al penal. Por la tarde se conocieron algunos pormenores. Habían sido detenidos a sesenta verstas de la población, en una mísera casucha. Finalmente se tuvo una noticia auténtica. El sargento mayor, que venía del domicilio del comandante, aseguró que serían conducidos aquella misma tarde al cuerpo de guardia. Sería imposible traducir la impresión que semejante anuncio causó a los forzados; primero se irritaron sobremanera y luego se desanimaron. No tardé en observar cierta tendencia a la burla, pero no hacia la administración, sino mofándose de los fugitivos.

Al principio fueron pocos, pero muy pronto les hicieron coro los demás, excepto algunos forzados serios e independientes, a quienes nada conmovía. Estos permanecieron silenciosos, observando con desprecio a las masas ignorantes. Las alabanzas prodigadas hasta entonces a Kulíkov y A…v se trocaron en dicterios y se les denigraba con placer, como si dejándose prender hubieran cubierto de oprobio a sus compañeros.

Se decía con desprecio que, acosados por el hambre e incapaces de resistirla, habían ido a mendigar un pedazo de pan a la miserable vivienda de algún aldeano, lo cual se tiene como la mayor abyección en que puede caer un vagabundo. Pero esta versión era completamente falsa. Los fugitivos habían sido perseguidos siguiendo las huellas que iban dejando de su paso, y como éstas se perdían en un pequeño bosque, los rodearon por todas partes y fueron estrechando el cerco hasta que aquéllos no tuvieron otro remedio que entregarse. Al caer la noche, fueron conducidos al penal atados de pies y manos, y custodiados por los cosacos.

Todos los forzados se apiñaban junto al cancel para verlos, pero los fugitivos sólo repararon en los carruajes del mayor y del comandante, que esperaban ante la puerta del cuerpo de guardia.

De inmediato fueron encerrados en un calabozo, donde les remacharon las cadenas, y al día siguiente comparecieron en juicio.

Las burlas y vituperios de sus compañeros cesaron como por ensalmo en cuanto fueron conocidos todos los pormenores del arresto.

Cuando se supo que se habían visto obligados a rendirse, porque estaban completamente cercados, todos se interesaron cordialmente por su suerte.

—¡Ah! —decían—. ¡No escaparán con menos de mil!

—Los azotarán hasta hacerlos morir.

—A...v recibirá, probablemente, los mil palos, pero el otro dejará la piel, porque pertenece a la "sección especial".

Pero los penados se engañaron. A...v fue condenado a recibir únicamente quinientos varazos: su conducta anterior fue considerada como una circunstancia atenuante, y aquélla era su primera falta.

El castigo, pues, no fue muy severo. Como hombres de buen sentido, no quisieron comprometer a nadie y declararon con firmeza que durante su fuga no habían entrado en ninguna casa.

A quien yo compadecía especialmente era a Kulíkov: había perdido su última esperanza, y fue condenado a dos mil golpes. Al poco tiempo fue trasladado a otro penal. A...v apenas fue castigado, gracias a la intervención de los médicos, pero en cuanto estuvo en el hospital empezó a echárselas de fanfarrón, diciendo que no retrocedería ante ningún obstáculo, y que aun daría mucho que hablar de sí.

Kulíkov siguió tan reservado y grave como siempre. De vuelta en el penal, una vez recibido el castigo, parecía que nunca se había separado de nosotros. Pero sus compañeros no le tenían ya la consideración de antes; aunque él no había cambiado en nada, lo trataban como a un igual, como a un simple camarada.

Desde el fracaso de su fuga, palideció sensiblemente la estrella de Kulíkov. El éxito lo es todo en la vida.

X

EN LIBERTAD

Esta tentativa de fuga se verificó en los últimos días de mi condena y la recuerdo tan bien como el primer periodo de mi reclusión. Pero, ¿de qué serviría extenderme en pormenores? A pesar de la impaciencia que me devoraba por recobrar mi libertad, el último año pasado en el presidio fue el menos doloroso de mi deportación. Tenía muchos amigos y conocidos entre los penados, los cuales no reparaban en afirmar que yo era un hombre de bien. Muchos de ellos me profesaban sincero cariño.

El zapador pudo a duras penas contener las lágrimas que pugnaban por salir de sus ojos cuando nos acompañó —conmigo fue puesto en libertad otro camarada— hasta la puerta del recinto; y desde que estuvimos completamente libres, nos visitó a menudo en la habitación que ocupamos en un edificio del Estado durante el mes que permanecimos en la ciudad.

Había, sin embargo, algunos rostros severos y desdeñosos de individuos a los que no pude cautivarme y de los cuales me separaba una barrera infranqueable. En aquel año se me concedieron algunos favores, y entre los oficiales de la guarnición de la ciudad encontré varios amigos y condiscípulos, que reanudaron sus relaciones conmigo. Gracias a ellos pude recibir libros y dinero, y establecer correspondencia epistolar. Hacía muchos años que no llegaba un libro a mis manos; y me sería imposible describir la emoción que me embargó la primera vez que leí uno en el penal. En cuanto cerraron la puerta del pabellón comencé a devorarlo y me sorprendió el nuevo día absorto en mi lectura. Aquel ejemplar de una revista me pareció un mensajero enviado del otro mundo. Trataba de adivinar si yo me había atrasado excesivamente y si en Rusia se había vivido mucho durante mi ausencia. Mi vida pasada se dibujaba por completo ante mis ojos. Ahora me preguntaba qué cuestiones agitaban o preocupaban a mi pueblo. Estudiaba cada frase, leía entre líneas, me esforzaba por encontrar algún sentido misterioso, alguna alusión al pasado que conocía, a lo que me había conmovido en mis días de libertad. ¡Cómo me apenó descubrir que era ajeno a la nueva vida desde que me convertí en un miembro abyecto de la sociedad!

Sí, me había atrasado en exceso, tenía que aprender a conocer una nueva generación. Me detenía en un artículo firmado por un amigo mío, pero todos los otros nombres me eran desconocidos; nuevos operarios habían aparecido en la escena. Me apresuraba a conocerlos y sentía poseer tan pocos libros y tener que vencer tantas dificultades para procurármelos. Antes, en tiempos del terrible mayor, se consideraba un grave delito introducir o retener libros dentro del penal. Si en uno de los frecuentes registros los superiores encontraban, aunque sólo fuera una hoja de papel, los castigos y las molestias eran inauditos.

—¿Quién te lo ha dado? —era la primera pregunta que hacían al poseedor del cuerpo del delito.

—Sin duda tienes cómplices —añadían.

¿Qué se les podía contestar? Por esto me resigné a vivir sin libros, concentrado en mí mismo y proponiéndome arduos problemas que trataba de resolver y cuya solución me preocupaba. Pero jamás podré expresar con justicia estas diversas impresiones. Como yo había ingresado en el penal durante el invierno, en invierno también debía ser puesto en libertad. ¡Con qué impaciencia esperaba la estación de los fríos! ¡Con qué placer veía alejarse el verano, amarillear las hojas de los árboles y secarse las hierbas de los campos! Pasó al fin el verano… Silbó el quejumbroso viento del otoño… Cayeron los primeros copos de nieve… ¡El invierno tanto tiempo esperado llegó al fin!

Mi corazón latía con inusitada violencia al pensar en mi libertad. Mas, cosa rara, a medida que se acercaba el término de mi detención, más tranquilo estaba, aumentaba más mi paciencia. Me sorprendía a mí mismo mi frialdad e indiferencia. Algunos de los forzados a quienes, después de los trabajos, encontraba en el patio, me detenían para felicitarme.

—Vaya, querido Aleksandr Petróvich —me decía uno de ellos—, pronto será usted puesto en libertad, mientras que aquí quedaremos muchos infelices…

—¿Y a usted, Martínov, le falta mucho para cumplir? —le pregunté, interrumpiéndole.

—¡Ay! Siete años aún de vida perra, insoportable.

Sí, muchos de mis compañeros me felicitaron sincera y afectuosamente; incluso me llegó a parecer que jamás habían estado tan afables y deferentes conmigo. No era ya más que ellos ni su igual tampoco; por eso me saludaban. A K…tchinskii, noble y joven polaco, le gustaba, como a mí, pasear por el patio de la prisión. Esperaba conservar su salud haciendo ejercicio y respirando el aire fresco que lo compensaba del malestar que le producía durante la noche la pestilente y sofocante atmósfera del pabellón.

—Espero con impaciencia que lo pongan en libertad —me decía una tarde que paseábamos juntos—, porque entonces sabré que sólo me queda un año de trabajos forzados.

Digamos de paso que a fuerza de fantasear nos parecía la libertad más libre de lo que es realmente. Los forzados exageraban la idea de libertad; esto es común a todos los prisioneros. El asistente harapiento de un oficial nos parecía un soberano, el tipo ideal del hombre libre en relación con los penados; él no llevaba cadenas ni rapada la cabeza y podía ir y venir, sin escolta, adonde quisiera.

El día que precedió al de mi liberación di mi última vuelta, a la hora del crepúsculo, por el recinto del penal. ¡Cuántas veces había hecho lo mismo en el espacio de diez años!

Aquí había ido errando, detrás de las cuadras, el primer año, solitario y triste. Recuerdo que contaba los días y que eran varios millares... ¡Cuánto tiempo había pasado! En tal punto se escondía el águila herida y en tal otro se me reunía Petrov, el cual ahora no me abandonaba jamás y paseaba a mi lado, silencioso siempre, cabizbajo y como atontado sin saber por qué...

Saludaba también las negras vigas de nuestra cuadra. ¡Cuánta juventud, cuántas fuerzas útiles se habían agotado y perdido entre aquellos muros sombríos! Allí languidecían los hombres más robustos y más fuertes, quizá, de nuestro pueblo. ¡Y estas fuerzas poderosas se perdían irremisiblemente! ¿Pero de quién es la culpa? Sí, ¿de quién es la culpa?

A primera hora de la mañana siguiente, antes de que tocasen llamada para formar las cuadrillas destinadas a los trabajos, recorrí todos los pabellones para saludar a los forzados y despedirme de ellos. Estreché con fruición muchas manos callosas y nervudas que se me tendieron con benevolencia. Algunos apretaban la mía como camaradas, pero eran los menos; los demás se daban cuenta a la perfección de que mi situación había cambiado, de que no podían considerarme como compañero y se mostraban un tanto retraídos y respetuosos. Sabían que yo contaba con muchos amigos en la ciudad, que dentro de pocas horas sería huésped de los señores, que me codearía con ellos y me sentaría a su mesa, porque era su igual. Así, aunque el apretón de manos de los forzados fue cariñoso, se diferenciaba del que se da a un compañero; para ellos, había recobrado mi condición de señor. Otros me volvían groseramente la espalda, sin dignarse a contestar mis saludos, y algunos me miraban con expresión de odio y de desprecio.

Redobló el tambor y todos los penados se dirigieron al trabajo. Yo solo quedé en el penal... Suschilov se había levantado antes que todos, con objeto de prepararme la última taza de té que podía servirme en el penal. ¡Pobre Suschilov! No pudo contener las lágrimas cuando le regalé mi uniforme de penado, mis camisas, mis sujetadores de cuero para las cadenas y un puñado de monedas.

—No, no es esto… —me decía con voz temblorosa, mordiéndose los labios para contener los sollozos—. Se va usted, Aleksandr Petróvich, no lo volveré a ver… ¿Qué será de mí, sin usted, en el presidio…?

Saludé también a Akim Akímich.

—También para usted llegará el día de su liberación —le dije.

—¡Oh! Yo he de estar aquí mucho tiempo todavía… —murmuró, estrechándome la mano.

Me arrojé a su cuello y nos abrazamos cordialmente. Diez minutos después de haberse marchado los forzados al trabajo, abandonaba yo el penal, para no volver nunca jamás. Fuimos a la fragua para que nos quitasen las cadenas, acompañados de un soldado, pero sin armas. Los penados que trabajaban en la fragua nos hicieron pasar al taller de los ingenieros. Esperé a que librasen a mi compañero de sus grilletes y luego me acerqué al yunque. Me volvieron de espaldas, me levantaron la pierna y comenzó la operación, en la que quisieron poner toda su destreza para terminar cuanto antes.

—¡En el remache! —ordenó el maestro herrero—. Busque el remache… Así… Ahora un martillazo con fuerza y tino… ¡Ajajá!

Cayeron mis cadenas. Las recogí del suelo; quise tenerlas una vez más en mis manos, contemplarlas por última vez… Me parecía mentira que momentos antes aprisionaran mis piernas.

—¡Adiós, pues, adiós! —me dijeron los forzados con su voz ronca y desagradable, pero que, sin embargo, parecía jubilosa.

¡Sí, adiós!

¡La libertad, la vida nueva, la resurrección de entre los muertos…!

¡Momento inefable!

Fin

Impreso en Litográfica Ingramex, S.A. de C.V.
Centeno 162-1, Col. Granjas Esmeralda,
C.P. 09810, Ciudad de México.